Otto Heilig

Grammatik der ostfränkischen Mundart des Taubergrundes

und der Nachbarmundarten. Lautlehre.

Otto Heilig

Grammatik der ostfränkischen Mundart des Taubergrundes
und der Nachbarmundarten. Lautlehre.

ISBN/EAN: 9783743629189

Hergestellt in Europa, USA, Kanada, Australien, Japan

Cover: Foto ©Paul-Georg Meister /pixelio.de

Weitere Bücher finden Sie auf **www.hansebooks.com**

GRAMMATIK
DER
OSTFRÄNKISCHEN
MUNDART DES TAUBERGRUNDES
UND DER NACHBARMUNDARTEN

VON

OTTO HEILIG.

LAUTLEHRE.

> So wuir nu hiar bigunnun
> in frenk'sga zungun.
> OTFRID, Evangelienbuch.

LEIPZIG
DRUCK UND VERLAG VON BREITKOPF & HÄRTEL
1898.

VORWORT.

Daß die Bewohner des nordöstlichen Badens sich des ostfränkischen Idioms bedienen, wird schon durch die Geschichte wahrscheinlich gemacht, die für diese Gegend ostfränkische Gaugrafschaften feststellt (vgl § 1; vgl Francia orientalis in SPRUNER-MENKES Handatlas der Geschichte des Mittelalters und der neueren Zeit [3], Gotha 1880, Blatt 34: Austriae pagus in Francia orientali a 870. Civitas Herbipolensis = Castrum Ostrofranciae a 967. — Vgl Chronicon Gotwicense I, Tegernsee 1732 fol pag 553). Vom sprachlichen Standpunkte aus wird § 3 die Zugehörigkeit zum Ostfränkischen direkt bewiesen. Vgl auch dazu § 310—312.

Es liegt die Frage nahe, ob die vor den Franken in unserer Gegend ansässigen Alemannen und Thüringer — dass erstere im nördlichen Württemberg und Baden, letztere in der Maingegend sassen, wird von den Historikern als bewiesen erachtet (vgl DAHN Urgeschichte der germanischen und romanischen Völker IV 89 ff; ONKENS allgemeine Geschichte II 2) und, was die Alemannen anlangt, auch durch Sagen, alemannische (?) Reihengräber, Waffenfunde und dergleichen bestätigt — noch in den heutigen Mundarten Spuren hinterlassen haben, oder ob das fränkische Element auf Kosten des alemannischen und thüringischen allein zum Siege gelangte. Als sehr fraglicher Rest einer früheren Sprache könnten die taubergründer Ortsnamen auf -i wie *Gissi* (Gissigheim), *Üssi* (Uissigheim) usw gelten, neben denen die Formen *Gissiche*, *Üssiche* usw bestehen, eine Erscheinung, die nach § 257,6 (vgl auch dazu Beiträge zu einem Wörterbuch der ostfrk Mundart des Taubergrundes vom Verfasser, Heidelberger Programmarbeit 1894 unter *kłsi*) sich sprachlich vielleicht so erklären lässt, dass erstere einer primären alemannischen, letztere einer sekundären fränkischen Form entsprungen sind. Der Umstand, dass der grösste Teil der Tauberorte erst für die fränkische Periode geschichtlich nachweisbar ist, kann die Annahme einer früheren alemannischen Besiedelung nicht entkräften, da jene Orte trotzdem früher bestanden haben können.

Ob mit alt-alemannischem bezw thüringischem Einfluss die Tatsache zusammenhängt, dass die angrenzende Mundart der Grün- und Wittichbach, die sogenannte 'Gaumundart', nach § 5 O-Mundart — ein Ausläufer der Ochsenfurter Gaumundart? (§ 1) — der des Taubergrundes und der *p*-Mundart (§ 3) nahezu als fremdes Idiom gegenübersteht, wage ich nicht zu entscheiden. Auffallend in dieser Hinsicht sind für den Kenner des Alemannischen, wie es zB im nördlichen Breisgau gesprochen wird, die offenen *e*-Laute der O-Mundart in *käs* Käse, *näwļ* Nebel, die getrübten *u*-Laute in *af* Affe, Diphthongierungen wie in *briɛf* Brief, *bluɛt* Blut, *myɛt* müde, *hɔər* Hühner, schliesslich das Fehlen der nasalierten Vokale.

Um in diese Frage Klarheit zu bringen, bedürfte es zunächst einer Darstellung der Ochsenfurter Gaumundart als solcher und der westunterfränkischen Mundart bei Würzburg, die wir so gut wie nicht kennen. Ferner wären Sitten, Gebräuche, Sagen und Trachten der fraglichen Gegenden näher ins Auge zu fassen.

Wie die O-Mundart, vertritt das schon genannte *p*-Gebiet eine andere Mundart, nach § 3 das Rheinfränkische, während dagegen W + N (§ 5) mit Tauberbischofsheim als eine relativ einheitliche Mundart zu betrachten sind, deren Nordgrenze jedoch nicht weiter als bis zum Spessart reicht, da dort die *p*-Mundart und das Rheinfränkische beginnt. Die in diesem Buche dargestellte Mundart von Tauberbischofsheim + N + W steht unter den ostfränkischen Mundarten am nächsten der südlich angrenzenden hohenlohischen Mundart, deren geschichtliche wie sprachliche Nordgrenze (vgl zur ersteren SPRUNER-MENKES Atlas, Blatt 40) etwa bis zu den Orten Dittigheim-Lauda-Heckfeld bei Tauberbischofsheim geht. Vgl zu diesen Ausführungen die Lautkarte und die Tabelle für die dialektischen Unterschiede (§ 285 ff).

Ausser der sprachlichen Einreihung der dargestellten Mundarten (§ 285—308) haben wir mit unserer Grammatik erstrebt, die Entwickelung eines grösseren Sprachkomplexes von mhd Zeit aus bis zur Gegenwart zu zeigen. Streifzüge in ältere Sprachperioden waren selbstverständlich notwendig. An der Hand der aufgestellten Lautregeln konnte eine Reihe fürs Mhd gar nicht oder nur ungenügend belegter Lautwerte und Wortformen erschlossen werden (§ 309 ff.). § 281 bringt eine relative Chronologie der Lautveränderungen.

Es erwächst mir die Pflicht, dem Herausgeber der Sammlung von 'Grammatiken deutscher Mundarten', Herrn Privatdozenten Dr. OTTO BREMER in Halle a/S. für dessen warme Anteilnahme am Gelingen meines Werkes herzlich zu danken. Sämtliche Korrekturen wurden von ihm mitgelesen. Die Lautkarte ist sein Werk. Ferner sind folgende §§ der Grammatik als sein geistiges Eigentum zu betrachten: § 18, § 85, § 87 a 2, § 96 a 2, § 99 a 2, § 101 a 3, § 103, § 106, 1 Anm, § 107, 1 Anm 1, § 113, 1, § 114 b, § 120, § 150 a, § 158, § 181, § 197, § 198, § 205, § 250, § 252, 2, § 253, § 281, § 282, 301—308 (ausser der Anm); Nachtrag zu § 73 Anm 5 b, § 114 f, § 117.

Unserer gemeinsamen Tätigkeit verdanken die § 41 und 42, § 101, § 122, § 133, § 146, § 157, § 263—266, § 287—300 ihre Entstehung.

Ferner danke ich namens der germanistischen Wissenschaft meinem Landsmann Dr. med. EDUARD JOHANN HESS, Oberarzt an der Irrenklinik zu Stefansfeld bei Strassburg, für seine Bemühung beim Untersuchen und Beschreiben der Laute (§ 19—48); sodann den Herren Dr. F. PFAFF, Universitätsbibliothekar in Freiburg i/Br., Dr. L. SUETTERLIN, Professor in Heidelberg und Prof. E. SCHMITT in Baden für gelegentliche Mitteilungen.

Ich schliesse mit der Hoffnung, dass meine Studie, die in ihrem ersten Entwurf 1889 und 1890 einem Grossherzoglich Badischen Oberschulrat unter dem Titel 'Laut- und Flexionslehre der Tauberbischofsheimer Mundart' als deutsche Facharbeit vorlag, weitere Anregung zur Erforschung der für die Geschichte unserer Muttersprache so ergiebigen badischen Volksmundarten schaffen möge.

Abgeschlossen

Tauberbischofsheim, im August 1898.

Otto Heilig,
Professor an der Grossherzoglich
Badischen Realschule zu Kenzingen.

Zur Transskription: Die stimmlosen Mediae sind einfach *b*, *d*, *g* geschrieben; jedes mundartliche *b*, *d*, *g* ist also stimmlos auszusprechen. Die aspirierten *p*, *t*, *k* sind einfach *p*, *t*, *k* geschrieben (§ 47) Überlänge ist einfach durch —, Halbkürze gar nicht bezeichnet (§ 16).

LITTERATUR.

H BAUER, Der ostfränkische Dialekt zu Künzelsau. Zeitschrift des historischen Vereins für das wirttembergische Franken Bd VI, Heft 3.

H BREUNIG, Die Laute der Mundart von Buchen und dessen nächster Umgebung. Gymnasialprogramm von Tauberbischofsheim 1891.

K VON BAHDER, Die Grundlagen des neuhochdeutschen Lautsystems. Strassburg 1890.

W BRAUNE, Althochdeutsche Grammatik [2]. Halle 1891.

O BREMER, Deutsche Phonetik. Leipzig 1893.

O HEILIG, Beiträge zu einem Wörterbuch der ostfränkischen Mundart des Taubergrundes. Heidelberger Programm 1894 (zitiert Wb).

HEIMBURGER, Grammatische Darstellung der Mundart des Dorfes Ottenheim. Lautlehre. PAUL und BRAUNES Beiträge XIII 211 ff.

FR KAUFFMANN, Geschichte der schwäbischen Mundart im Mittelalter und in der Neuzeit. Strassburg 1890.

FR KLUGE, Etymologisches Wörterbuch der deutschen Sprache [4]. Strassburg 1889.

PH LENZ, Der Handschuhsheimer Dialekt (Wörterverzeichnis) Konstanzer Programm 1887 (zitiert LENZ I); Nachtrag, Heidelberger Programm 1892 (zitiert LENZ II).

LEXER, Mittelhochdeutsches Handwörterbuch. Leipzig 1872.

PAUL und BRAUNE, Beiträge zur Geschichte der deutschen Sprache und Literatur (zitiert Beitr).

H PAUL, Mittelhochdeutsche Grammatik [3]. Halle 1889.

PFAFF, Zur Handschuhsheimer Mundart. PAUL und BRAUNES Beitr XV 178—189).

SCHMELLER, Bayrisches Wörterbuch [2]. München 1869/78.

WEIGAND, Deutsches Wörterbuch [2]. Giessen 1873.

ABKÜRZUNGEN.

ahd = althochdeutsch.
Comp = Comparativ.
Dim = Diminutivum.
f = Femininum.
fickt = flektiert.
germ = germanisch.
got = gotisch.
Inf = Infinitiv.
intr = verbum intransitivum.
m = Masculinum.
Ma, Maa = Mundart, Mundarten.
md = mitteldeutsch.
mhd = mittelhochdeutsch.
N = Mundarten von Impfingen, Dienstadt, Eiersheim, Hochhausen, Werbach, Reicholzheim und Wertheim.
n = Neutrum.
O = Mundarten von Grünsfeld, Poppenhausen, Krensheim, Grossrinderfeld und wohl auch Paimar, Grünsfeldhausen und Zimmern.
obd = oberdeutsch.
ostfrk = ostfränkisch.
p-Ma = Mundart von Buchen, Hainstadt, Walldürn und Hettingen.
Pl = Plural.
rheinfrk = rheinfränkisch.
S = Mundart von Dittigheim, Distelhausen, Gerlachsheim, Königshofen, Beckstein, Heckfeld, Windischbuch, Oberwittstadt, Künzelsau und wohl auch Kützbrunn.
Sg = Singularis.
Subst = Substantivum.
Superl = Superlativ.
Tb = Tauberbischofsheim.
trans = verbum transitivum.
W = Mundart von Dittwar, Gissigheim, Königheim, Uissigheim, Külsheim, Hardheim, Höpfingen, Brehmen.

INHALTSVERZEICHNIS.

	Seite
Vorwort.	V
Literatur.	IX
Abkürzungen.	X
Einleitung. § 1—6	1

Lautlehre.

Teil I. Phonetische Darstellung der Laute. § 7—47	5
I. Allgemeines über die Aussprache. § 7—12	5
II. Der musikalische Satz-, Silben- und Wortton. § 13—15	7
III. Dauer der Vokale und Konsonanten. § 16—17 . . .	14
IV. Die Aussprache der einzelnen Laute. § 18—47 . . .	15
A. Tabellarische Übersicht der Artikulation der Laute. § 18.	15
B. Die Aussprache der Vokale. § 19—37	16
1. Die Mundvokale. § 19—34	16
2. Die genäselten Vokale. § 35	19
3. Die reinen Diphthonge. § 36	19
4. Die genäselten Diphthonge. § 37	20
C. Die Aussprache der Konsonanten. § 38—47	20
1. Die Konsonanten mit schwachem Stimmton. § 38—42.	20
2. Die stimmlosen Reibelaute und der Hauchlaut. § 43—46	21
3. Die stimm- und aspirationslosen lenes explosivae b, d, g und ihre Aspiraten p, t, k. § 47	23
Teil II. Geschichtliche Darstellung der Laute. § 48—294 .	24
I. Geschichte der einzelnen Laute. § 48—156	24
A. Die Vokale. § 49—101	24
1. Kurze Vokale. § 48—68	24
2. Lange Vokale und Diphthonge. § 69—101	34

	Seite
B. Die Konsonanten. § 102—156	46
1. Halbvokale. § 102—107	46
2. Liquiden. § 108—110	49
3. Nasale. § 111—119	50
4. Reibelaute und *h*. § 120—135	54
5. Explosivlaute. § 136—156	61
II. Zusammenfassende Darstellung der wichtigsten Lautwandlungen der Mundart. § 157—280	69
A. Vokaldehnungen. § 157—175	69
1. Dehnung in offener Silbe. § 157—166	69
2. Dehnung bei einsilbigen Wörtern in geschlossener Silbe. § 167—175	76
B. Diphthongierung des aus mhd *e o u* gedehnten $\bar{e}$ $\bar{o}$ $\bar{\ddot{o}}$. § 176—179	80
C. Vokalkürzung vor Doppelkonsonanz. § 180—192	81
D. Veränderungen der Vokale vor *r*. § 193—204	88
1. Vor *r* hat sich in schon mhd geschlossener Silbe oder in sekundär geschlossener Silbe *ə* entwickelt. § 193 A	88
2. *r* hat die Diphthongierung der gedehnten $\bar{e}$, $\bar{o}$, $\bar{\ddot{o}}$ verhindert. § 194—200	89
3. Brechung der kurzen Vokale vor *r*. § 201—204	91
E. Nasalierung. § 205—246	94
F. Labialisierung. § 247—251	101
G. Kontraktion. § 252—253	103
H. Vokalkürzung und Vokalschwund in unbetonter Silbe. § 254—267	104
1. Behandlung der Komposita. § 255—257	106
2. Behandlung der suffixalen mhd Vokale ausser *e* (*ə*). § 258—259	108
3. Synkope und Apokope des mhd *e* (*ə*). § 260—267	110
a) Präfixe. § 260—261	110
b) Mhd Synkope. § 262—264	111
c) Nhd Apokope und Synkope. § 265—267	114
K. Vereinfachung alter Geminata. § 268—271	115
L. Konsonantenassimilation. § 272—276	119
1. Progressive Assimilation. § 273—274	119
2. Regressive Assimilation. § 275—276	121
M. Dissimilation. § 277	122
N. Svarabhakti. § 278	123
O. Moderne Fremdwörter. § 279—280	123
III. Relative Zeitfolge der Lautveränderungen. § 281—282	124
IV. Übersicht der Entsprechungen vom heutigen Bestande der Mundart aus. § 283—284	128
Die Vokale. § 283	128
Die Konsonanten. § 284	141

Inhaltsverzeichnis.   XIII
Seite

Teil III. Übersicht der mundartlichen Unterschiede.
§ 285—308. 150
  I. Rheinfränkisch / Ostfränkisch. § 285—288 150
  II. Rheinfränkisch + südliches oder ganzes Hohenlohisch / N, Tb + O. § 289—293 154
    A. Rheinfränkisch + südliches Hohenlohisch / W, N, Tb + O. § 289. 154
    B. Rheinfränkisch + ganzes Hohenlohisch / N, Tb + O. § 290—293 156
  III. W, N, Tb und Hohenlohisch / O. § 294—299 158
    A. W, N, Tb + Hohenlohisch / O. § 294—297 158
    B. N / O + Hohenlohisch. § 298 161
    C. W, N, Tb + O / Hohenlohisch. § 299 162
  IV. W, N, Tb / Hohenlohisch. § 300 163
  V. Mundartliche Besonderheiten. § 301 165
  VI. Verschiedenheiten innerhalb der einzelnen Mundarten. § 302—308 166
    A. Verschiedenheiten innerhalb der *p*-Mundart. § 302—305 . 166
    B. Verschiedenheiten innerhalb der W-, N-, Tb-Mundart. § 306. 170
    C. Verschiedenheiten innerhalb der Hohenlohischen Mundart. § 307 171
    D. Verschiedenheiten innerhalb der O-Mundart. § 308 . . . 172

Teil IV. Die in mhd Zeit anzusetzenden Lautwerte und Wortformen. § 309—312. 173
  I. Die mhd Lautwerte. § 309—311 173
  II. Die mhd Wortformen. § 312 176

Textproben.
  I. Proben der Urkundensprache um 1400. 188
  II. Gegenüberstellung eines mhd und modernen Textes. 192
  III. Moderne Textproben. 194

Verzeichnis der in § 1—280 besprochenen Wörter. 199
Nachträge. 233

EINLEITUNG.

§ 1. Die im folgenden auf Grundlage der Tauberbischofsheimer Mundart dargestellte ostfränkische Mundart des Taubergrundes und seiner Grenzgebiete wird in dem nordöstlichen, Bauland genannten Teile des heutigen Grossherzogtums Baden, im nordwestlichen Teile des alten ostfränkischen Herzogtums gesprochen. Tauberbischofsheim [= Tb] selbst mit den umliegenden Ortschaften gehörte zu der ostfränkischen Gaugrafschaft Taubergau, die Wertheim-Reicholzheimer Gegend zum Waldsassengau, die Gegend von Buchen zu der Wingarteiba.

Im Westen und Nordwesten grenzt die dargestellte Mundart an das Rheinfränkische. Die W- und die westlich davon liegende *p*-Mundart (§ 3) sind wohl als Übergangsmundarten zum Rheinfränkischen oder als (ostfrk-rheinfrk) Mischmundarten zu betrachten.

Anm. Bemerkenswert ist der Umstand, dass durch das Gebiet dieser Übergangsmundarten hindurch die geologisch wichtige Grenzscheide zwischen Buntsandstein und Muschelkalk zieht. Dem (sprachlich rheinfränkischen) Odenwald eignet Buntsandstein, dem (sprachlich ostfränkischen) Bauland dagegen Muschelkalk. Nach der geologischen Karte von Baden, von Dr Ph Platz, Karlsruhe, zieht fragliche Grenzlinie bei Wertheim, Külsheim, Walldürn, Buchen hin. Die Vermutung liegt nahe, dass mit diesem Wechsel der Gesteinsformation ein ursprünglicher Besiedelungs- und Stammeswechsel zusammenfällt.

Im Norden, Osten und Süden wird die Mundart ganz vom ostfränkischen Idiom umschlossen und zwar (vgl Bremers Karte der deutschen Mundarten in Brockhaus' Konversations-Lexikon, 14 Aufl Bd V) südlich vom Hohenlohischen (zu dem Mergentheim gehört), östlich von der Ochsenfurter

Gäumundart, zu der die O-Mundarten (§ 5) schon zu rechnen sind, nordöstlich von der Würzburger oder westunterfränkischen Mundart.

§ 2. Die Mundart wird nur von dem gewöhnlichen Manne (von Bauern, niederen Gewerbetreibenden u dgl) gesprochen. — Für das »Hochdeutsch« eines einheimischen Gebildeten bildet — wie wohl bei jedem Mitteldeutschen — das Vokal- bezw Konsonantensystem (incl Modulation) der lokalen Mundart die Direktive. Doch übt unsere Mundart als solche wegen ihres allzugrossen Abstandes von der nhd Gemeinsprache auf den Gebildeten der Gegend wenig Einfluss aus. Sie unterscheidet sich hierin vom Pfälzischen, das allenthalben auch der gebildete Pfälzer spricht, ja in dem er dichtet. Umgekehrt wird unsere Mundart von der Schriftsprache nicht wesentlich beeinflusst. Eine Ausnahme bildet vielleicht die »noblere« Aussprache des r als Velarlaut in Tb. Ferner gehören hierher wohl Erscheinungen wie die, dass die regelrechte Aussprache von Wörtern wie *ɔsəl Achsel durch ɔgsəl verdrängt wurde (§ 133).

Ausser einigen hebräischen Wörtern sind eine Anzahl jüngerer Fremdwörter (französischer oder schriftsprachlicher) zu verzeichnen.

Ein wesentlicher Unterschied besteht nicht hinsichtlich der Aussprache der älteren und jüngeren Leute. Hierher gehörige Einzelheiten kommen in der Lautlehre zur Sprache. Als Muster diente uns die Aussprache der Leute höheren und mittleren Alters.

Bezüglich der Geschichte der in Frage kommenden Ortschaften, der Sitte und des Charakters des Bauländers verweise ich auf 'Das Grossherzogtum Baden in geographischer, naturwissenschaftlicher, geschichtlicher, wirtschaftlicher und staatlicher Hinsicht' Karlsruhe 1885. Brauch, Aberglaube usw der Bauern des Taubergrunds habe ich Alemannia XX ff geschildert.

§ 3. Auf dem Gebiete des Konsonantismus hat die Verschiebung von germ p zu pf in allen Stellungen stattgefunden (§ 140 a) — ein Charakteristikum des ostfränkischen Sprachgebiets. Für die Zugehörigkeit zum Ostfränkischen spricht auch der ganz auf md Lautstufe stehende Vokalismus. So lassen sich die Entsprechungen von Wörtern wie *süen, müen, Dorn, Horn, König, Dohle, können, bringen, wissen* usw nur auf die in mhd Zeit belegten mitteldeutschen Formen zurückführen (vgl zḃ obd *sǣjen*, md *sēwen*, mundartl *sēwɛ*, nhd *süen*).

Der oben erwähnten Verschiebung von germ *p* zu *pf*, nach der wir die N-O-S-W-Mundarten *pf*-Mundart nennen können, entzieht sich im Anlaut vor Vokal (§ 104b) die westlich von W liegende Mundart von Buchen und Umgebung, daher *p*-Mundart genannt. Diese Übergangsmundart (?) steht auch hinsichtlich des Vokalismus dem Rheinfränkischen näher als dem Ostfränkischen.

§ 4. Von älteren Sprachdenkmälern des Baulands sind zu nennen die Weistümer von Wertheim, Königheim und Hardheim (vgl GRIMM, Weistümer). — Für die Darstellung einer genaueren Chronologie der Lautentwickelung wären wortgetreue Veröffentlichungen der massenweise vorhandenen, in der 'Zeitschrift für die Geschichte des Oberrheins' verzeichneten, auch kulturhistorisch wichtigen Archivalien aus dem Amtsbezirk Tauberbischofsheim höchst wünschenswert. — Die Heimat des 'Königs vom Odenwald' (vgl v BAHDER in Germania XXIII 193 ff) dürfte an der Hand der ostfränkischen Grammatik näher bestimmt werden können.

§ 5. Die Laute folgender Nachbarmundarten werden in der Darstellung mitbehandelt: Hochhausen, Werbach, Reicholzheim [= N]; Königheim, Uissigheim, Külsheim, Gissigheim, Brehmen, Dittwar [=W]; Dittigheim, Distelhausen, Gerlachsheim, Königshofen, Heckfeld, Windischbuch, Künzelsau [= S]; Grünsfeld, Poppenhausen, Krensheim, Grossrinderfeld [= O]; Buchen, Mudau, Hainstadt, Walldürn [= *p*-]. Siehe die beigegebene Karte.

§ 6. Die Mundart ist bis jetzt als Ganzes nicht grammatisch behandelt worden. 'Beiträge zu einem Wörterbuch der ostfränkischen Mundart des Taubergrundes' habe ich geliefert in der Beilage zum Programm der Realschule in

Heidelberg 1894 [= Wb]. Manches dort nur Angedeutete ist hier zu ausführlicher Darstellung gekommen. Einige Wiederholungen waren im Interesse der Grammatik nicht zu umgehen. — Eine veraltete Darstellung des zur hohenlohischen Mundart gehörigen Dialektes von Künzelsau lieferte H BAUER, 'Der ostfränkische Dialekt, wie er zu Künzelsau und in dessen nächster Umgebung gesprochen wird' Zs des hist Vereins für wirttemb Franken VI 1864, S 369—419. — I B SARTORIUS bietet in seiner 'Mundart der Stadt Würzburg', Würzburg 1862, nur eine dürftige Sammlung spec 'städtischer' Ausdrücke und ist im übrigen sehr unzuverlässig.

Zur Charakterisierung der *p*-Mundart (§ 3) leistete mir treffliche Dienste BREUNIGS Programm 'Die Laute der Mundart von Buchen und seiner Umgebung', Tauberbischofsheim 1891, wenngleich der Verfasser Lautregeln nicht eigentlich festgestellt hat. Die Arbeit ist im Vokalismus und mehr noch im Konsonantismus nur Skizze geblieben. Zum Vergleiche ist oft PH LENZS 'Handschuhsheimer Dialekt' (Progr, Wörterbuch, Konstanz 1887; Nachtrag Heidelberg, Darmstadt 1892) herangezogen worden.

LAUTLEHRE.

Teil I.

Phonetische Darstellung der Laute.

I. Allgemeines über die Aussprache.

§ 7. Die Mundart klingt roh, massiv, abgehackt, weniger flüssig und geschmeidig als das Rheinfrk bei Heidelberg. Für Tb und die nördlich und östlich davon liegenden Mundarten ist das spitze *st* charakteristisch.

Im Affekt wächst das Tempo der Rede und die an und für sich nicht klanglose Stimme bedeutend. Dann findet nicht selten Überstürzung statt. Die Frauen sprechen im allgemeinen schneller und mit mehr Modulation als die Männer.

§ 8. Die Lage des Kehlkopfes ist normal. Die konvexe Seite der Hinterzunge liegt in der Ruhelage am harten Gaumen an. Ihre Lage von hinten nach vorn ist konvex nach oben. Die Zunge ist breit; sie berührt rechts und links die Zahnreihen. Sie liegt immer schlaff. Ihre Spitze liegt an den oberen Zähnen an, berührt aber auch den Rand der unteren. Die Oberzähne ragen über die Unterzähne etwa 1 Millimeter vor und bedecken etwas mehr als die Hälfte derselben. Die Lippen liegen beim ruhigen Atmen auf einander. Die Kieferstellung ist normal.

§ 9. Die Muskulatur des Kehlkopfes wirkt mit geringer Energie; daher fehlt zB bei manchen Konsonanten der Stimmton, oder er ist reduziert. Die Zungenmuskulatur ist im allgemeinen eine rege zu nennen. Die Lippenbewegung ist eine sehr geringe. Dasselbe gilt von der Mundöffnung. Das Gaumensegel ist nicht besonders rege.

§ 10. Wie im Bühnendeutschen haben wir Druckgrenze vor dem Konsonanten bei langem Vokal: *hɔu-lɛ* holen, *nǭ-mɛ* Name usw. Bei kurzem, betontem Vokal, zB in *falɛ* fallen, ist die Druckgrenze verwischt wie im Nhd. Die Druckgrenze liegt in Fällen wie *wys-dį̄ŋ* (mhd *wüestunge*) wüste Gegend, *šus-dər* Schuster, *hal-dɛ* halten, zwischen den trennenden Konsonanten.

Der Mundart eignet also im Gegensatz zum Schwäbischen der **scharfgeschnittene** Akzent (vgl KAUFFMANN Geschichte der Schwäbischen Mundart § 39).

Nach langem Vokal findet sich regelmässig Hinüberziehung der Konsonanten, zB *wai-gsəldən* Weichselkirsche, *dō-fəl* Tafel, *bū̇-bst* Papst.

In der Wortkomposition findet hier häufig Regelung nach grammatikalischen Rücksichten statt.

§ 11. Der Vokalein- und -absatz geschieht leise.

Festen Einsatz kennt die Mundart nur als eines der Mittel emphatischen Ausdrucks; es geht dann dem Vokal ein Knackgeräusch (Explosion der Stimmbänder) voraus, zB in '*ē̆*, um das Gefühl des Ekels auszudrücken, in '*m'm* (= entschiedenes 'nein') oder in '*ĭχ* ('ich' in verwunderter Frage).

Der **gehauchte Einsatz** findet sich zB in *hɑhɑ* (= unterdrücktes 'aha'), nasal, bei geschlossenem Munde, in der Bejahungsinterjektion *hmhm*.

Stark gehauchter Vokalabsatz herscht im Affekt, zB *nyh* (befehlendes 'herüber'), *nǣh* (ärgerliches 'nein'), *oh* (Interjektion der Verachtung). Vgl zu diesen Ausführungen KAUFFMANN § 33.

Der Ein- und Absatz der Konsonanten ist im allgemeinen leise und geschieht bei offener Stimmritze. Explosivlaute werden im Auslaut mit einem schwachen Hauche abgesetzt.

§ 12. Wie beim Satzakzent gilt auch beim Wortakzent der Satz, dass die wichtigsten Bestandteile den Ton erhalten. Daher ist die Stammsilbe sehr stark betont im Gegensatz zu den sie umgebenden Neben- und Endsilben, die entweder unbetont oder nebenbetont erscheinen.

Anm. Die Betonung der Komposita zeigt nichts Unregelmässiges gegenüber dem Nhd. Wie hier wird der wichtigste Teil betont. Bei tautologischen Kompositen werden alle Teile gleich stark betont (vgl *dìk-ìst* dicksatt, *bók-rágən-iddyf* bockrackersteif = sehr steif). Weitere Beispiele siehe im Wb unter *pokrakrátayf*.

II. Der musikalische Satz-, Silben- und Wortton.

§ 13. Eine absolute Stimmlage der Mundart hat bis jetzt nicht konstatiert werden können. Die individuelle Anlage spielt bei dieser Frage eine zu grosse Rolle. Doch muss gesagt werden, dass der Taubergründer im Vergleich zu andern Gegenden sich der mittleren Stimmlage im grossen und ganzen bedient. Am höchsten sprechen natürlich Kinder und Frauen.

§ 14. Der musikalische Akzent im Satze bietet je nach dem geringeren oder grösseren Nachdruck der Rede oder nach der Art des Satzes mannigfache Variationen dar. Wir beschränken uns, der Syntax vorgreifend, an dieser Stelle darauf, den Ton der hauptsächlichsten Satzarten zu skizzieren.

Anm. Da ich mich bei meinen musikalischen Aufzeichnungen lediglich auf mein Gehör stütze, ferner da sich überhaupt nicht alle feinen Nüancierungen des Satz-, Silben- und Worttons durch Noten ausdrücken lassen, können die musikalischen Bilder natürlich nur annähernd richtig sein; es sollen durch sie besonders die Intervalle gekennzeichnet werden.

1. Im gewöhnlichen Aussagesatze, bei ruhig berichtender Erzählung, sinkt die Stimme schon beim exspiratorisch stärksten Hauptgipfel des Satzes etwa 1—2 Töne herab; bei einer unbetonten Silbe am Schluss sinkt die Stimme noch weiter. ZB:

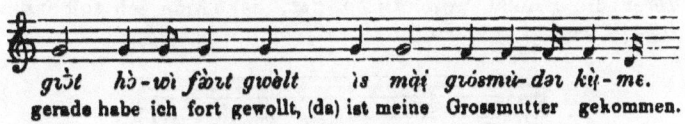
gìət hɔ-wi fɔ̀ʊt gwèlt is mɑ̀i gɹɔ́smu-dəɪ kɯ̀-mɛ.
gerade habe ich fort gewollt, (da) ist meine Grossmutter gekommen.

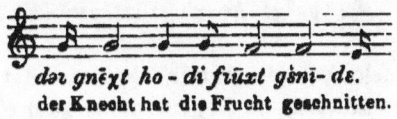
dəɪ gnèxt ho-di frùxt gèni-dɛ.
der Knecht hat die Frucht geschnitten.

8 Phonetische Darstellung der Laute.

Melodiöser ist beim Aussagesatz der Tonfall in der Heidelberger Gegend. ZB auf die Frage 'Woher kommst du?':

2. **Hervorhebung eines Satzteiles beim Aussagesatz.** Will ich zB sagen, dass der Knecht und kein anderer die Frucht geschnitten hat, bekomme ich folgendes Bild:

Der Knecht hat die Frucht (was in der Mundart = Korn ist) geschnitten, im Gegensatz zB zum Hafer lautet:

Der Knecht hat die Frucht geschnitten (nicht gemäht!) lautet dagegen:

Betone ich schliesslich, dass es ein bestimmter Knecht ist, so erhalte ich:

Ähnlichen Variationen kann jeder beliebige Satz (hier Aussagesatz) unterliegen.

3. Im Befehlsatze steigt die Stimme vom Anfangstone aus bis zur Quart, bei äusserster Energie des Befehls bis zur Oktave. ZB:

Im Rheinfrk bei Heidelberg hörte ich fürs zweite dieser Beispiele:

ebenda:

hebe sie auf die Höhe! (= hinauf).

4. Im Satze, der Verwunderung, Erstaunen, Freude und ähnliches ausdrückt, erhebt sich die Stimme vom Grundton aus bis zur Quart oder höher, um bei einer eventuell unbetonten Schlusssilbe nahezu wieder zum Ansatzton herabzusteigen. ZB:

so!   haben die schön geblasen!   bin ich einmal froh!

Im Rheinfrk bei Heidelberg fürs letztere:

'Das ist einmal schön' (wobei 'das' schon exspiratorisch stark betont ist) lautet in Tb:

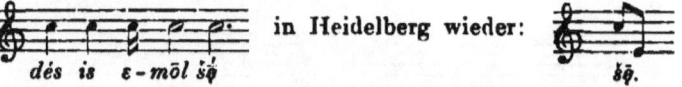

in Heidelberg wieder:

5. Um Zorn, Entrüstung, Tadel usw auszudrücken, steigt die Stimme vom Grundton aus bis zur Quart oder noch höher. Die letzte unbetonte Silbe sinkt wieder bis zum Ansatzton (oder vielleicht noch unter den selben) herab.

verreckte Kröte! (Schimpfruf.)   wenn ich mag!

lecke mich am Arsch!   alle Furzlänge kommt er gelaufen.

§ 14. Der musikalische Satzton.

Einige dieser Sätze fallen mit 8 zusammen.

6. **Ironie, Hohn, Spott** wird durch Sinken der Stimme um etwa zwei Töne ausgedrückt:

7. Der Affekt der **Reue, Klage**, des **Jammers** findet seinen Ausdruck durch Steigen der Stimme, eventuell bis zur Oktave. Bei unbetonter Endsilbe wieder Sinken der Stimme. ZB:

dafür auch (weniger energisch):

'Was muss ich nicht alles aushalten' hörte ich als:

8. In **Fragesätzen** von der Stellung ` ´ erhöht sich die Stimme vom Ansatzton aus zur Sext oder Oktave. Das exspiratorisch stärkste Wort trägt musikalischen **Doppelgipfel**. ZB:

Dagegen in Stellung ` ` `

hosts né(t) kėərt?
hast du es nicht gehört?

(besonders energisch).

Bei der Stellung ´ ` verharrt die Stimme im hocheingesetzten Ansatzton, um bei eventueller unbetonter Endsilbe herabzusinken:

wėər hods ge - dų?   dagegen   wėər hods ge - dų - ne?
wer hats gethan?

wǒs host dœrt gsẽ - ɛ?
was hast du dort gesehen?

Bei neugieriger Frage, wobei 'gesehen' hauptbetont ist, lautet letzteres Beispiel:

§ 14—15. Der musikalische Satz-, Silben- und Wortton. 13

wos host dɔɐt gsẽ?

§ 15. Der musikalische Wort- und Silbenton fällt in vielen Fällen natürlich mit dem Satzton zusammen. Einsilbige Worte von neutraler Stellung zeigen schwachen 'doppelgipfligen Akzent nach oben' zB *flāš* Fleisch, *ɔyl* Öl etc. der in Rheinfranken sich prononcierter als *ɛil* Öl, ja in der *p*-Mundart als *ɛ il* darbietet. Bei unserer phonetischen Wiedergabe verzichten wir darauf diese Art der (doppelgipfligen) Betonung wiederzugeben.

Bei mehrsilbigen Wörtern (und Kompositen) neutraler Stellung von der Form ´ ` ` *Byšɛmɛ* (Bischofsheim) oder ´ ` ` *Hódɛlɔux* (Flur Hottenloch) sinkt die Stimme nach dem hauptbetonten Gipfel um etwa 2 bis 3 Töne; ebenso bei tautologischen Zusammensetzungen, zB *diksɔ̃t* (dick satt = sehr satt); *bok-ɪa-gɔɪšdɑyf* bockrackersteif

In Fällen von Stellung ` ` wie *šɔɪšlɔux* Arschloch, *wɛntfɔ̃l* Windfall usw scheint die Stimme auf dem Anfangston zu verharren.

Bei Wörtern von der Hauptgestalt ` ´ erhöht sich die Stimme vom Anfangstone an um 2 bis 3 Töne. ZB *bə̀ɪχɛmásdɔɪ* Bürgermeister, *àfɛgɔ́t* Advokat, *lawɛ́ndi* lebendig.

III. Dauer der Vokale und Konsonanten.

§ 16. Es sind fünf verschiedene Grade der Zeitdauer bei den Vokalen zu unterscheiden:

1. **Überlänge** in geschlossener Silbe: *gnēχt* Knecht, *grǭŋk* krank, *ǭ* an, *ω̄* Befehl: herab!, *hōt* hat (auslautend).

2. **Gewöhnliche Länge** in offener Silbe: *wōχɛ* Wagen, *hīrɛ* Hirn, *gērɛ* gern, *heifɛ* Hefe, *kɔupf* Kopf, *ē* in *Śdǡmbēɛiχ* Steinberg (Flur), *ī* in *gŭmbīrɛ* Grundbirne = Kartoffel.

Die Verteilung von 'überlang' und 'lang' richtet sich nach der einfachen Regel, geschlossene oder offene Silbe. Der Einfachheit halber habe ich überall nur ¯ geschrieben.

3. **Einfache Kürze:** *bridɐr* Bretter, *in* in, *kærsɛ* Kirsche, *hok* (ich) hocke, *kųm* komme, *gnųmɛ* genommen.

4. **Halbkürze** nur bei auslautendem (ɛ, i, ɐ): *lūfɛ* laufen, *fadɐ* Vater, *ǫni* (< *anhin*) hin, *i* proklitisches 'ich', *i* in Ortsnamen, zB *Byśi* Bischofsheim, *Kebɛlɛ* Würzburger Kapellchen.

5. **Überkürze** (ə, ɨ). Svarabhaktierscheinungen: *kōrəp* Korb, *kɔlɨχ* Kalk; ferner in der Stellung: Konsonant + silbebildende *l, m, n, r* (*l̥, m̥, n̥, r̥*), zB *eisəl* (= *eisl̥*) Esel, *śodəm* (= *śodm̥*) Schatten, *rɛχənt* (= *rɛχn̥t*) es regnet, *fodər* (= *fodr̥*) Vater.

Ebenso stellt sich vor silbenschliessendem *r* nach langen Vokalen der unbestimmte Gleitlaut *ə* ein: *bauər* Bauer, *miər* mir, *rōər* Rohr.

§ 17. a) Lange Konsonanz giebt es in Tb nicht. Allerdings kann Länge infolge von Synkope eintreten, zB *assm̥* dass es ihm; doch machen sich auch in diesen Fällen Ausgleichungen geltend. Das Hauptgebiet der Dehnung steht (vgl KAUFFMANN § 37) unter dem Zwecke des Nachdrucks, zB Imperative *mɔχ* mache, *kųm* komm etc.

b) Nachbarmundarten kennen gedehnte Konsonanz (zB in Distelhausen *gɛdroffɛ* getroffen).

IV. Die Aussprache der einzelnen Laute.
A. Tabellarische Übersicht der Artikulation der Laute.

§ 18.	Rachen	Zäpf-chen	weicher Gaumen	harter Gaumen	Zahn-fleisch	Ober-zähne	Oberlippe
Nasenlaute mit vorderem Verschluss			ŋ	ň	n		m
Mund-Explosivlaute			g k̲	g k̲	d t̲ / l		b p̲
Reibelaute			(ʕ) x̲	(j) χ̲	s z̲	f̲	(f)
Zitterlaute		ʀ			(r r̲)		
überenge Vokale (Halbvokale) mit vollständ. Lippenöffnung		ɩ		j / i i̯			
überenge Vokale (Halbvokale) mit mittlerer Lippenöffnung				u u̯ / y y̯		w	
enge Vokale mit vollständ. Lippenöffnung				e ḙ ę / ɛ ḛ			
enge Vokale mit mittlerer Lippenöffnung				o ọ̮ / o ọ̮ ǫ			
weite Vokale mit vollständ. Lippenöffnung			ɔ / l (l̯?)	ɛ ḛ / l (l̯?)			
weite Vokale mit mittlerer Lippenöffnung			ɔ ọ̮ / l (l̯)	(ɔ ọ̮) / (l l̯?)			
überweite Vokale mit vollständ. Lippenöffnung	a ḁ ą / l (l̯?)		ɔ ḁ (a ḁ) / l (l̯?)	ɑ ɔ ę ḁ (a ḁ) / l (l̯?)			
	Zungen-wurzel		Hinterzunge		Vorder-zunge	Unter-lippe	Unter-zähne

Die stimmlosen Laute sind unterstrichen, die nur in Nachbarmundarten vorkommenden in Klammer gesetzt.

B. Die Aussprache der Vokale.

1. Die Mundvokale.

§ 19. Bei eng gebildetem *i* *ī* (geschlossene Qualität) liegt die Zungenspitze an dem unteren Teil der Schneidezähne an. Die Seitenwände der nach oben gewölbten Vorder- und Mittelzunge sind nach oben gerichtet, so dass eine nach der Zungenspitze hin sich erweiternde Rinne entsteht. Artikulationsstelle ist der mittlere harte Gaumen. Die Zungenränder legen sich leicht an den oberen Teil der unteren Eck- und vorderen Backenzähne und an die oberen Eck- und vorderen Backenzähne an. Der Mundwinkel ist wenig zurückgezogen. Die Lippen bilden eine mässige Spalte. Beim kurzen *i* erweitert sich der Kieferwinkel etwas mehr als bei *ī*. Die Zungenspitze nähert sich infolge dessen dem oberen Rande der Schneidezähne.

Anm. Weites *i* offener Qualität, wie es das Alemannische *i*B besitzt, kennt die Ma nicht. (Oder sind hierher die *e* < mhd *ie* mancher Nachbarmundarten zu stellen, die wohl offenes *i* zur Vorstufe haben?)

§ 20. Bei engem *e* *ē* (geschlossene Qualität) liegt die Zungenspitze etwas tiefer als beim *i*-Laut. Der Unterkiefer senkt sich zum zweiten Grad. Die Engenbildung zwischen Zungenvokal und Gaumen ist weiter geworden. Artikulationsstelle: hinterer harter Gaumen.

§ 21. ε, der unbestimmte halbkurze *e*-Laut, liegt seiner Qualität nach zwischen engem und weitem *e*. Die Zunge rückt von der *e*-Stellung etwas nach unten. Die Zungenspitze liegt etwas hinter den unteren Schneidezähnen. Der vordere Teil des Zungenrückens neigt zur Wölbung und zwar etwas mehr, als es beim folgenden *a*-Laut der Fall ist. Die Zahnreihen sind etwa $1/2$ cm von einander entfernt. Die Muskulatur ist schlaff, eine Folge der Unbetontheit.

§ 22. Bei weitem ε ε̄ (offene Qualität) werden die Mundwinkel in geringem Grade auseinandergezogen. Der Unterkiefer und die Unterlippe senken sich. Die Zahnreihen stehen nur etwa $1/2$ cm auseinander. Der hintere Teil der

Hinterzunge liegt dem hinteren Teil des harten Gaumens am nächsten, während der nach vorn liegende Teil der Zunge sich tiefer senkt, so dass ein grösserer Hohlraum zwischen Oberfläche der Zunge und Mundhöhle entsteht.

§ 23. Vor *i* tritt folgende Modifikation ein: Der Hohlraum erweitert sich mehr zwischen Oberfläche der Zunge und oberer Wand der Mundhöhle, so dass die Zungenwurzel dem Rachen am nächsten steht. Der so entstehende überweite *e*-Laut ist mit *æ* bezeichnet.

§ 24. Die O-Nachbarmundarten haben einen noch offeneren *e*-Laut als *æ ǣ*, der von unserm *a*-Laute beinahe nicht zu unterscheiden ist; bezeichnet mit *a ā*.

Der unbetonte, nach LENZ und BREUNIG »überkurze«, vielmehr halbkurze *a*-Laut der W-Mundart, *a*, steht dem reinen *a* sehr nahe und ist zuweilen jedenfalls ein gemurmelter Laut (SIEVERS Grundzüge der Phonetik⁴ § 80 f). Die Zungenspitze liegt an den unteren Schneidezähnen an. Beide Zahnreihen sind etwa 1 cm entfernt. Seiner Qualität nach dürfte der Laut etwas geschlossener als sonstiges *a* sein, dh mehr nach *æ* hin liegend. Doch ist die Muskulatur wohl auch etwas schlaffer als bei *a*, eine Folge der Unbetontheit. Zungenrücken wie bei *a*. Beispiele: *fada* Vater, *hōa* Haar.

Anm. Die Beschreibung dieses halbkurzen *a* nach den Untersuchungen des Herrn Privatdozenten Dr L SÜTTERLIN in Heidelberg. — Dieses *a* ist wahrscheinlich von dem *a* der O-Maa zu scheiden bei welchem, scheint mir, der Mund mehr geöffnet ist.

§ 25. *a ā*. Die Stellung der artikulierenden Hinterzunge ist eine niedrige. Die Vorderzunge wölbt sich etwas nach unten und tritt von dem Zahnfleisch zurück, so dass zwischen ihnen und der Zungenspitze ein kleiner Zwischenraum entsteht. Die Mittelzunge erhebt sich. Die Zunge liegt am Boden der Mundhöhle; die Zungenwurzel wird zur hinteren Rachenwand zurückgezogen. Die Mundwinkel werden nicht nach hinten gezogen. Bei unserm *a* stehen die Zähne etwa 1 cm von einander.

Anm. Helles *a*, bei dem die Mundwinkel zurücktreten und die Zähne sich bedeutend einander nähern, giebt es nicht.

§ 26. Bei engem o ō (geschlossene Qualität) geht die Zunge noch weiter zurück als bei a ā und ɔ ɔ̄. Der mittlere Teil der Ober- und Unterlippe ist ganz unbedeutend nach vorn gestülpt (mehr bei u ū!), während die beiden seitlichen Teile sich gegen die Mundwinkel hin berühren, doch auf kürzere Strecke als bei u. Die Lippenöffnung ist bei o ō grösser als bei u ū. Die Zungenspitze senkt sich von der u-Stellung aus. Infolgedessen hebt sich die Zungenspitze etwas, und es entsteht zwischen Mittel- und Vorderzunge eine minimale Rinne.

§ 27. Bei weitem ɔ ɔ̄ (offene Qualität) tritt die Zunge um ebensoviel zurück, als die Zähne sich verengern.

§ 28. Vor r treten ähnliche Verhältnisse ein wie bei e vor r (§ 23). Bei dem so entstandenen ɷ tritt das Hinterende der Hinterzunge höher als bei ɔ ɔ̄. Die Lippen sind weiter als bei o ō und ɔ ɔ̄.

§ 29. Östliche Nachbarmundarten haben noch å. Dieser Laut liegt zwischen unserm a und ɷ.

§ 30. Enges ø ø̄ (geschlossenes ö). Die Zungenspitze hebt sich von der o-Stellung; sie liegt an den unteren Schneidezähnen und Alveolen an und zwar tiefer als bei e und ē. Rundung kaum merklich.

§ 31. Bei weitem œ und œ̄ der Nachbarmundarten zieht sich die Zunge weit zurück. Die Zungenspitze tritt erheblich nach oben, so dass zwischen der Unterfläche der Zunge und der unteren Wand der Mundhöhle ein grösserer Zwischenraum entsteht.

Anm. œ̄ herscht in Tb nur als Fuhrmannsruf œ̄ = halt!

§ 32. Vor r entsteht aus ø überweites ɷ (offene Qualität). Das Zäpfchen berührt dabei die Zunge weiter hinten als bei œ.

§ 33. Enges u ū. Vgl. dazu § 26. Ober- und Unterlippe sind nach vorn gestülpt, berühren sich seitlich. Die Höhe der Lippenöffnung ist nicht so gross wie bei o. Die Hinterzunge ist gegen den weichen Gaumen etwas mehr gehoben als bei o. Die Mundwinkel nähern sich einander.

§ 26—36. Die Aussprache der Vokale und Diphthonge.

Anm. Eventuell sind die *o* < mhd *uo* und dementsprechend auch die *ø* < mhd *üe* der O-Mundart als weite *u* (*u̯*) und *ü* (*y̯*) zu betrachten; vgl oben § 19 Anm.

§ 34. Enges *y ȳ* (geschl. *ü*). Die Lippen sind nach vorn gestülpt. Die Öffnung ist grösser als bei *u*. Die Zungenspitze liegt wie bei *e*. Die Mundwinkel ziehen unbedeutend nach vorn.

2. Die genäselten Vokale.

§ 35. Hebt sich das Gaumensegel von der hinteren Wand ab, so gelangt ein Teil der Luft auch in die Nase und entweicht ganz langsam durch dieselbe, jedoch in so geringem Grade, dass ein bei zugehaltener Nase gesprochener Nasalvokal fast nicht zu unterscheiden ist von einem bei nicht geschlossener Nase gesprochenen. Auch zeigt ein vor die Nase gehaltenes Licht keine oder eine ganz unbedeutende Bewegung.

Ausser *ą ą̄* tragen alle genäselten Vokale geschlossene Qualität: *ę ę̄, į į̄, ǫ ǭ, ø̜ ø̜̄, ų ų̄, y̨ ȳ̨*.

3. Die reinen Diphthonge.

§ 36. a) *ai, au, ay; ei, ɔu, ɘy*. Der zweite Komponent ist quantitativ gleichwertig dem ersten, der den Exspirationsgipfel trägt; beide Komponenten sind kurz. Dazu *āi*.

Anm. Unorganische Diphthonge begegnen in den Fuhrmannsrufen: *hýi* fort, *hýo* fort, *hýist* nach links; ferner in *pfúi* pfui.

b) Welche Nachbarmundarten *ou ɘy* aufweisen gegenüber gewöhnlicherem *ɔu ɘy*, ist noch nicht festgestellt.

c) Unserm *ei* entspricht im Rheinfrk bei Heidelberg weites *ɛ + i*, also *ɛi*. (Immer?)

d) Nachbarmundarten haben die Diphthonge *ïɛ, ėɛ, ɛ̇ɛ, ȯɛ, ɔ̇ɛ, u̇ɛ, ẏɛ (ɘ̇ɛ)*, deren erster Komponent wohl halblang, deren zweiter halbkurz ist. Doch ist einfache Länge des ersten Komponenten — namentlich für die S-Maa — nicht ausgeschlossen.

e) Die *p*-Mundart liefert eine Anzahl weiterer Diphthonge dadurch, dass *r* in Fällen wie *kaa̯t* Karst, *gēa̯dlɛ* Dim zu Garten, *hōa̯* Haar usw (§ 24 und 197) zu *a* geworden ist.

4. Die genäselten Diphthonge.

§ 37. a) *ai̯*, *au̯*, *ay̯* können auch genäselt als *ɋi̯*, *ɋu̯*, *ɋy̯* erscheinen. Die Zungenspitze verlässt dabei die Stellung des *ɋ*. Der ersto Bestandteil dieser genäselten Diphthonge kommt eigentlich nicht sonstigem *ɋ* gleich, sondern ist durch den folgenden Vokal modifiziert, indem die Zunge in die *i*-, *u*-, *y*-Stellung übergeht, so dass eher eine Art *ɛi̯*, *ɔu̯*, *ɔy̯* entsteht. Doch ist die Schreibung *ɋi̯*, *ɋu̯*, *ɋy̯* beibehalten.

b) In Nachbarmundarten herscht *ɛi̯* = genäseltes *ɛ* + *i̯*.

C. Die Aussprache der Konsonanten.

1. Die Konsonanten mit schwachem Stimmton.

§ 38. *w* ist — wie das mitteldeutsche *w* überhaupt — ein bilabialer Laut, bei dem von einem Reibegeräusch nichts zu hören ist, so dass dieser Laut eigentlich eher den sogenannten Halbvokalen beizuzählen wäre. Der Unterkiefer schiebt sich etwas nach vorn. Zwischen den Lippen entsteht eine ganz minimale Öffnung. Die Zunge ist in Ruhelage.

Anm. Unser *w* ist wohl zu scheiden von dem alemannischen *u̯* (HEIMBURGER § 21). — Rheinfrk *w* wird von LENZ I 4 als »bilabialer Reibelaut mit geschwächtem Stimmton« charakterisiert.

§ 39. *j* wird mit kaum bemerkbarem Stimmton gesprochen. Ein Reibegeräusch ist nicht eigentlich wahrzunehmen, so dass der Laut, wie *w*, eigentlich mehr den Halbvokalen beizuzählen wäre. Artikulationsstelle: mittlerer harter Gaumen. Die Zungenstellung ist etwas höher als bei *e*. Vgl auch § 45 c).

Anm. Unser *j* ist wohl zu scheiden von dem alemannischen *i̯* (HEIMBURGER § 21).

§ 40. Die Nasale *m*, *n* und *ŋ*. Der Verschluss wird bei *m* mit den Lippen gebildet, bei *n* mit der Zungenspitze und Vorderzunge an dem Berührungspunkt der Oberzähne und des Zahnfleisches, bei *ŋ* mit der Hinterzunge am harten bezw weichen Gaumen. Die Luft entweicht durch die Nase. Die Laute sind leise stimmhaft, dh sie tragen abgeschwächten Stimmton.

§ 41. a) *l* ist vokalisch, ohne Reibegeräusch. Die Zungenspitze ist nach aufwärts gebogen und berührt nicht die Oberzähne, sondern tritt hinter das Zahnfleisch der oberen Schneidezähne. Die Vorderzunge berührt die hintere Zahnfleischgegend. Die Exspiration ist bilateral. Doch sind individuelle Verschiedenheiten zu konstatieren. Die Klangfarbe wird durch folgenden oder vorangehenden Vokal bestimmt (*al*-, *el*-, *il*-Laut usw). Der Stimmton des *l* ist reduziert.

b) Nachbarmundarten haben stimmloses (palatales) *l* = *ḷ*, zB in Heckfeld *kidḷ* Kittel.

§ 42. a) *ʁ* ist in Tb schwach stimmhaftes, ungerolltes Zäpfchen-*ʁ*. In Fällen wie *dœʁfʁ* Dörfer ist oft das erstere *ʁ* als stark gerolltes (stimmhaftes) *r* zu hören. Doch lässt sich eine allgemeine Regel über diese Erscheinung nicht feststellen, da hier individuelle Verschiedenheiten zu sehr ins Gewicht fallen. Ich habe daher stets *ʁ* geschrieben.

b) *r* der Nachbarmundarten ist gewöhnlich stimmloses Vorderzungen-*r̥*, das besonders als Silbenbildner stark vibriert. Formen wie *fɔdr̥* Vater hören sich in manchen Mundarten (zB in Königheim) nahezu wie *fɔdr̥š* an. *r* hier stimmlos. Wie weit und unter welchen Bedingungen in den Nachbarmundarten *ʁ* für *r* gesprochen wird, ist noch nicht ausgemacht. *ʁ* scheint bei jüngeren Leuten mehr im Gebrauch zu sein. Auch hier spielen individuelle Verschiedenheiten eine Rolle.

Anm. Lenz und Breunig bieten fürs Rheinfrk bezw für die *p*-Mundart den halbkurzen *a*-Laut *ɐ* anstelle eines *r*-Lautes in Fällen wie *fadɐ* Vater, *hōɐ* Haar (§ 24).

2. Die stimmlosen Reibelaute und der Hauchlaut.

§ 43. *f.* a) Die oberen Schneidezähne sitzen leicht auf der Unterlippe. Der Unterkiefer ist etwas zurückgezogen; es entsteht eine schmale Lippenöffnung. Die Luft tritt durch die zwischen Zähnen und Unterlippe bleibende Lücke. Die Unterscheidung zwischen *f* lenis und fortis ist abhängig davon, ob *f* auf betonten kurzen oder langen Vokal folgt (Bremer § 80). Anlautendes *f* ist eher fortis gegen lenis der rheinfrk Heidelberger Mundart.

Gedehnte *f* in Nachbarmundarten.

b) Manche Nachbarmundarten (so Krensheim, Heckfeld) haben ein *f*, erzeugt mit Unterzähnen und Oberlippe. Beim Aussprechen dieses Lautes werden natürlich die Unterzähne sichtbar.

§ 44. *s* und *š* (= *sch*) sind in jeder Lage fortes.

Bei *s* behalten die Kiefer ihre natürliche Lage. Die Oberschneidezähne ragen etwas über die Unterschneidezähne hervor. Die Zungenspitze liegt scharf an dem oberen Rand der unteren Schneidezähne an. Die Vorderzunge liegt am vorderen Zahnfleisch an und bildet in ihrer Mitte eine bis zur Spitze gehende Rinne.

Bei *ds* bleibt die Zungenspitze in der *d*-Stellung, dagegen wölbt sich die Zunge mehr, so dass sich die Vorderzunge an das mittlere Zahnfleisch legt.

Bei *š* geht die Unterlippe kaum merklich etwas vorwärts. Die Zahnreihen wie bei *s*. Die Zungenspitze ist stark nach oben zurückgebogen und nähert sich der Stelle zwischen dem Zahnfleisch und dem harten Gaumen. Die Rinnenbildung ist energischer als bei *s*.

Gedehntes *s* herscht zB in Heckfeld.

§ 45. χ *x* (*ich*-, *öch*-, *ach*-Laut).

a) χ ist palataler Reibelaut. Der Verschluss findet in der Mitte des harten Gaumens statt. Zungenspitze hinter den unteren Seitenzähnen.

Beim vorderen *x* findet der Verschluss am Übergang des weichen und harten Gaumens statt. Die Zunge liegt weniger nach unten als bei hinterem *x*. Letzteres ist velar. Der Verschluss findet am weichen Gaumen statt. Die Zungenspitze liegt etwas hinter dem Zahnfleisch der unteren Schneidezähne.

b) In der Heidelberger Gegend entspricht unserem χ (zB in *iχ* ich) ein *š*-artiger Laut (*iš*).

c) Das Rheinfrk bei Heidelberg bietet (nach Lenz I 4) wie auch die *p*-Mundart (vgl bei Breunig) tönenden palatalen bezw velaren Reibelaut *j̇* bezw γ, welch letzterer jedoch vielleicht nur einem ganz leisen Explosivlaut gleichzusetzen ist (vgl zur Frage Pfaff 183). Lenz schreibt *j* für γ, Breunig *g*.

§ 46. a) *h* ist ein Hauchlaut, welcher bei mittlerer Weite der Stimmritze gebildet wird.

b) Wirkliche Kehlkopfspirans findet sich als Ersatz eines abgefallenen ε in gewissen Nachbarmundarten, zB Heckfeld *šduw'* (§ 118, 1 b).

3. **Die stimm- und aspirationslosen lenes explosivae *b*, *d*, *g* und ihre Aspiraten *p*, *t*, *k*.**

§ 47. 1. *b* entsteht dadurch, dass die Lippen sich leicht öffnen und ein ganz leiser Strom hindurchzieht. Bei *p* ist der auf die Explosion verwandte Luftstrom bedeutend stärker; die Lippen öffnen sich energischer.

2. Bei *d* und *t* legt sich die Zungenspitze an den Berührungspunkt der oberen Schneidezähne und des Zahnfleisches, die Vorderzunge an das vordere Zahnfleisch an. Zur Hervorbringung von *d* geht die Zungenspitze ohne besondere Anstrengung nach unten, so dass ein leichter Luftstrom durch die Lippen streicht, der bei *t* vergrössert ist.

3. Bei *g* und *k* legt sich die Hinterzunge an den weichen Gaumen an. Die Vorderzunge liegt schlaff. Die Lippen sind leicht geöffnet. Um *k* hervorzubringen, ist ein stärkerer Luftstrom nötig als bei *g*.

4. Im Auslaut ist der Luftstrom bei *p*, *t*, *k* bedeutend reduziert. — Im Rheinfrk bei Heidelberg scheint er ganz zu fehlen.

Anm 1. Bei *ge*, *gi* usw liegt die Artikulationsstelle weiter nach vorn als bei *ga*, *go* usw. Doch werden diese Unterschiede im folgenden in der phonetischen Wiedergabe nicht berücksichtigt.

Anm 2. In Zusammensetzungen wie *bs*, *bt*, *gt*, *gs* ist die Aspiration eine so minimale, dass ich auf die Schreibung *ps*, *pt* usw verzichte. Dagegen ist die Schreibung *pf* für *bf* durchgeführt.

Gedehnte *g*, *d* herschen zB in Heckfeld.

Teil II.
Geschichtliche Darstellung der Laute.
I. Geschichte der einzelnen Laute.
A. Die Vokale.
1. Kurze Vokale.

Mhd *a*.

§ 48*). a) *a* in mehrsilbigen mhd Wörtern in mhd geschlossener Silbe > a, zB *galχɛ* m (mhd *galge*) Galgen, *alds* (mhd *allez*) manchmal, gewöhnlich, *aldǝɿ* (flektiertes mhd *alt*) alter, *falɛ* f (mhd *valle*) Falle, *bal* (mhd *balde*) bald, *dalɛ* f (md *talle*) Dohle, *šafɛ* (mhd *schaffen*) schaffen, arbeiten, *af* m (mhd *affe*) Affe, *gaɿdɛ* m (mhd *garte*) Garten, *šwaɿdɛ* f (mhd *swarte*) dicke Haut (namentlich vom Schwein), *kaɿɛ* m (mhd *karre*) Karren, Fuhrwerk, *dsaɿ(i)χɛ* f (mhd *zarge*) Mühlgestell, *gasɛ* f (mhd *gazze*) Gasse, *pflasdǝɿ* n (mhd *pflaster*) Pflaster, *wašɛ* (mhd *waschen*) waschen, *ašɛ* f (mhd *asche*) Asche, *flašɛ* f (mhd *flasche*) Flasche, *dašɛ* f (mhd *tasche*) Tasche, *šnabɛ* (mhd *schnappen*) schnappen, *dɿabɛ* f (mhd *trappe*, *treppe*) Treppe, *labɛ* m (mhd *lappe*) Lappen, *apfḷ* (mhd *apfel*) Apfel; *ɿadɛ* f (mhd *ratte*) Ratte, *bladsɛ* (mhd *blatzen*) trans durchschlagen, *bɿadslɛ* (intensives mhd **bratze-*

---

*) Dieser und die folgenden Leitparagraphen geben die Verhältnisse der auf der Dialektkarte verzeichneten Mundarten wieder. Etwaige Besonderheiten der N-, O-, S-, W- oder *p*-Mundarten sind jeweils nach den für die Gesamtheit gültigen Lautregeln usw gebucht. Die in Klammer stehenden mhd Formen sind die entsprechenden **mitteldeutschen**.

§ 49—50. Mhd *a*.

len zu mhd *bratzen*) intr fallen vom Obst, *agɔɩ* m (mhd *acker*) Acker, *ŝmagɛ* (mhd *smacken*) intr und trans riechen, *hagɛ* (mhd *hacken*) hacken.

b) In O allein > *a*, zB *bal* bald, *bagɛ* backen, *dalɛ* Dohle, *falɛ* fallen, *gal(ĭ)xɛ* Galgen, *gasʿ* f Gasse, *hagɛ* hacken, *kads* Katze, *kabsļ* f Kapsel, *ladɛ* f Latte, *lax* lachen, *af* m Affe, *afdr* After, *aŝʿ*, *aŝɛ* Asche, *ŝmagɛ* (vgl obiges *ŝmagɛ*) riechen, *ŝdafļ* f Staffel, *vasr* Wasser, *waxļdr* Wachholderbeeren, *waŝɛ* waschen usw.

Anm. Vor *r*-Verbindungen in O teilweise reines *a*, zB in Poppenhausen *kars* m Karren, *arfļ* armvoll, *marɪk* m Markt, *garvɛ* f Garbe.

§ 49. Mhd *a* nach *w* sporadisch > *ū*, zB *ŝwūɪəm* Schwarm (§ 247, 2); *ɔ* für mhd *a* in *fɔdəɪ* Vater, *ɔgs* Achse, *mɔxɛ* machen usw (§ 159 Anm 1 und 2, § 168 Anm 1 und 2, vgl auch § 247, 1); mhd *a* gedehnt > *ō* (in O und S > *ō̇*, in der *p*-Ma > *ā*) in offener Silbe, zB *ŝnɔ̄wļ* Schnabel (§ 159), in einsilbigen Wörtern, zB *ɔ̄st* Ast (§ 168); *a* vor Nasal > *ǫ*, zB *dǫnɛ* Tanne (§ 206), gedehnt > *ǭ*, zB *sǫnt* Sand (207), > *ǫu* in S und in der *p*-Mundart (§ 246).

§ 50. Mhd *a* in neben- und unbetonter Silbe.

1. Mhd *a* in nebenbetonter Silbe (Stellung ´ `) unter Einfluss des *χ* klingt wie unbetontes *i*, zB *ŝbÿlix* n (mhd *spülach*) Wasser vom Spülen, *laiḷix* n (mhd *lilach*) Leintuch, *mǫ̆i̭ lédi* Ausruf 'mein Lebtag'.

2. Mhd -*bach* ist (in Flurnamen) zu -*box* geworden, zB *Hŭŝɛbɔ̀x* Huschenbach, *Wiŝɛbɔ̀x* Wiesenbach, *ɪ̆nɪbɔ̀x* Rinderbach, *Mŭŝļbɔ̀x* Muschelbach; *Sdą̃bɔ̀x* Steinbach (Dorf), *Wäɪbɔ̀x* Werbach, umgelautet regelrecht *Wäɪbèxɪ*.

Vgl zu diesen Ausführungen PFAFF 184.

3. Mhd *a* in unbetonter Silbe > *ɛ*, zB *Lisɛbèt* (Koseform *Lísèt* < *Lisbet) Elisabeth, *wɛɪy̆m* warum, *ɛlą̃(nds)* allein, *fogɛdifɛs* Schalk (WEIGAND IV 1019).

Anm. Fremdwörter sind *dsulɔ̄t* Salat und *bogàŝi* n (franz *bagage*) Lumpenpack.

Mhd e (Umlaut von a).

§ 51. Mhd Umlauts-*e* in mehrsilbigen Wörtern ist in ursprünglich geschlossener Silbe normalerweise als *e* erhalten, zB: *deləɪ* m (mhd *teller*) Teller, *ą̊fèldi* (mhd *einveltic*) einfältig, *kelt* f Kälte, *beldsɛ* (mhd *belzen*) pfropfen, beischlafen, *felt* er fällt, *kelwlɛ* n Diminutivform zu Kalb, *grefdi* (mhd *kreftic*) kräftig, *kesḷ* (mhd *kezzel*) Kessel, *besəɪ* (mhd *bezzer*) besser, *fest* 1. Adj (mhd *veste*) fest, 2. er fasst, *wedsɛ* (mhd *wetzen*) wetzen, *šbɪedsɛ* (mhd *spretzen*, LEXER II 1116) spritzen, dazu *šbɪedsəɪ* m Giesskannenspritzer, *šbɪedsɛ* f Spritze, *weš* (ahd *wesca*) Wäsche, *dek* f Decke, Zimmerdecke, *bek* m (mhd *becke*) Bäcker, *begt* (er) backt, *wegst* (er) wächst, *hegɛ* (mhd *hecke*) Hecke, Zaun, *bet* (er) badet, *bet* n (mhd *bet, bette*) Bett, *wet* f (mhd *wette*) Wette, *nɛdɛ* n (mhd *netze*) Netz, *dsę̊blègəɪ* einer, der die Zähne bleckt (vgl mhd *blecken*), *bledəɪ* Blätter, *sedsɛ* (mhd *setzen*) setzen.

Anm 1. Die Qualität des mhd geschlossenen *e* wird in Frage gestellt in: *hegs* f (mhd *hecse*) Hexe, *pfedsɛ* (mhd *phezzen*) pfetzen (vgl auch LENZ I 16. 35), *bedsəɪ* m alte Haube (zu mhd *bezel*), *həbɛ* f (md *heppe*) Sichelmesser, *ɪifsèdsi* (mhd *ũfsetzic*) aufsässig.

Anm 2. Nach Analogie von *gilt* (es) gilt ist *helt *heldst hält hältst (zu halten, su *hilt hildst* gewandelt.

Anm 3. Über *e* < mhd *e* statt eines zu erwartenden *ẽ* s § 55, 4 d.

Anm 4. Fremdwort *Theater* > *tjādəɪ*. Ähnlich *Gelée* > *šilè*.

Anm 5. Unbetontes *e* > *a* in den Fremdwörtern *kabélik* Gebälk, *Kabűleɪit* Ge + Balderstatt Flurname (§ 145, 2).

§ 52. a) Das umgelautete *a* erscheint als weites *ɛ*, gelängt *ɛ̄* (vgl zum folgenden V BAHDER S 134 ff, 107 und 105 Anm):

1. Vor *cht* und *ch* (vgl PAUL § 40) in *bɛχ* (Pl zu *bɔ̄χ*) Bäche, *nɛχt* Nächte, *mɛ́χdi* (mhd *mehtic*) mächtig, *dűəɪšlɛ̀χdɛ* Pl f (mhd *durchslehte*) Ausschlag, *glɛχdəɪ* n Gelächter — *gèlɛ̄χt* n Geschlecht.

2. Vor *r* + Konsonant, woraus weiterhin *æ* geworden ist, s § 202, 3.

3. In Wörtern mit *i* ursprünglich in dritter Silbe: *frɛ̄fḷ* (ahd *fravali*) Frevel, *gédli* (ahd *gataling, gatiling, getiling*)

passend. — Einige unter 4. angeführte Wörter gehören noch hieher.

4. Überall da, wo die umlautlose Form daneben besteht und als zugehörig empfunden wird oder früher worden ist: *fɛdəɹ* Väter (Sg *fɔdəɹ*), *blɛdlɛ* Blättchen, *blɛ̄dlɛ* (mit Dehnung) Zeitung, *ɛgəɹ* Äcker (Sg *agəɹ*), Dim *ɛgəɹlɛ*, *idɛl* Ställe (Sg *idɔl*), *gɛslɛ* Dim zu *gasɛ* Gasse, *fɛsəɹ* Fässer (Sg *fɔs*), *ɹɛds* Pl zu *ɹɔds* Ratz, *blɛds* Pl zu *blɔds* m dünner Kuchen (vgl mhd *blatzen* durchschlagen), *dɛgɛ* Pl Schilfrohr (vgl mhd *tacke*), *blɛs* f Kuhname (mhd *blasse*) zu *blɔs* blass, *gɹɛ̄wɛ* Gräben, Sg *gɹɔ̄wɛ*, *jɛ̄χəɹ* m Jäger (mhd *jegere*) zu *jɔ̄χɛ* jagen, *hɛfnəɹ* m (mhd *havenære*) Häfner zu *hɔ̄fɛ* Hafen, *dsɛgɛɹəɹ* m Maulwurf, aus 'zu' und 'Acker' gebildet, *fɛgsəɹ* m (zu mhd *vahs*) Auswuchs am Stamm, speziell am Rebzweig, *dɛfst* (ahd *darft*) (du) darfst, *dɛdślɛ* (zu mhd *tatze*) leicht schlagen, Simplex *dadśɛ*, *śnɛbɛ* (daneben *śnabɛ*) Tauben schnappen, *bɛbɛɹɛ* (mhd *paperen*) schwatzen (daneben Subst *gɛbábł* n Geschwätz und *bablɛ* schwatzen), *śwɛdsɛ* schwatzen, *sɛglɛ* n Dim zu *sɔ̄k* Sack, *Kedəɹlɛ* Dim zu Katharina, *hɛfɛlɛ* Dim zu *hɔ̄fɛ* Hafen, Topf, *lɛdlɛ* n Dim zu *ladɛ* Latte, *mɛdsli* Pl zu mhd *matze* Augenschleim, *wɛχɛlɛ* Dim zu *wɔχɛ* Wagen, *dɛχlɛ* Dim zu *dɔχ* Dach, *Mǣdlɛ* verkleinertes Martin, *bǣɹχlɛ* Dim zu mhd *barc* Schwein usw. (Wegen des *æ* in letzteren beiden Wörtern s § 202, 3.)

5. Analoge (ganz moderne) Umlaute sind *dɛ̄χ* Pl Tage zu *dɔx*, *bɹɛ̄dəɹ* *bɹɛ̄dst* Komp und Superlativ zu *bɹāt* (mhd *breit*) breit, *bɹɛ̄diŋ* f Breite, *lɛdəɹlɛ* Dim zu *lädəɹ* Leiter, ebenso *glɛnəɹ* kleiner zu *glā* klein, *hɛməɹli* (ɛ nicht genäselt!) in Gissigheim Pl Heimchen zu Sg *hāməɹ* (< mhd *heimer*).

Anm. In der Kindersprache ist der Umlaut nach Analogie nicht umgelauteter Formen oft beseitigt, zB *saldɔ̄dɛlis* Soldätchenspiel, *wɔxɛlɛ* n Wägelchen, zu Wagen.

b) Die O-Mundart bietet für das zweite Umlauts-*e* den *a-ä*-Laut: *düəɹślǟɹdɛ* (s o) Ausschlag, *maxdi* mächtig, *ǣɹbsɛ* *arbsɛ* Erbsen, *āɹɛ* Ernte, *ladǟɹɛ* f Laterne, *dagɛ* (s o) Schilfrohr, *Bawł* Dim zu Babette, *hafnɹ̥* Häfner, *Kǟbɛlɛ* n Würzburger Kapellchen, *Kadlɛ* Dim zu Katharina, *ladlɛ* zu Latte, *śdäblɛ* zu Stab.

§ 53. Mhd *e* gedehnt > *ei* in offener Silbe, zB *reidɛ* reden (§ 160 und 177 a 1), in einsilbigen Wörtern, zB *meilt* mahlt (§ 169 und 177 a 2); *e* gedehnt vor *r* > *ē*, zB *bēɪɛ* Beere (§ 194), > *ei* in S und O (§ 199); *e* vor Nasal > *ę*, zB *ęmsi* emsig (§ 208), gedehnt > *ę̄*, zB *dę̄nɛ* dehnen (§ 209, Nachbarmundarten § 246); *e* vor *r* in geschlossener Silbe > *æ*, zB *Wæɪt* Flussinsel, *æɪbt* Arbeit (§ 202, 3); *e* vor und nach Labialen und Velaren > *ø*, zB *śøpfɛ* schöpfen (§ 248, 1 und 2), gedehnt > *ø̄*, zB *lø̄p* Löwe (§ 248, 3).

Mhd *ë*.

§ 54. a) Mhd *ë* in mehrsilbigen Wörtern tritt bei mhd geschlossener Silbe als ɛ auf, zB *pfɛfɔɪ* m (mhd *pfëffer*) Pfeffer, *lɛfdsɛ* f (mhd *lëfs, lëfse*) Lefze, *fɪɛsɛ* fressen, *bɪɛs* f (mhd *prësse*) Traubenpresse, *fɔɪgɛ́sɛ* 1. Adj vergessen, 2. Verbum vergessen, *gɪɛsɛ* (mhd *krësse*) Brunnenkresse, *mɛsɛ* v messen, *dɪɛsɛ* (mhd *drëschen*) dreschen, *ɪɛχɛ* m (mhd *rëche*) Rechen, *bɪɛχɛ* (mhd *brëchen*) brechen, Flachs brechen, *śdɛχɛ* stechen, *ślɛχdɔɪ* flektiertes Adj schlecht, *śdɛbɛ* steppen, nähen, *śebɔɪ* (flektiertes mhd **schëp, pp*) schief (Beitr XII 535), *śnɛpfɛ* f Vogel Schnepfe, *fɛdsɛ* m (mhd *vëtze*) Lappen, *gsedsɛ* gesessen, *śegit* (mhd *schëckëht*) bunt, scheckig, *śleɡɛ* (mhd *slëcken*) schlecken, naschen, *dɪɛɡɛ* f (mhd *zëcke*) Zecke, *lɛɡɛ* (mhd *lëcken*) lecken, *śnɛɡɛ* f Schnecke, *dɪɛgit* dreckig, *śdɛɡɛ* m (mhd *stëcke*) Stab, Stecken usw.

b) In O steht dafür der *a*-Laut (auch vor *r*-Verbindungen?), zB *pfaff* Pfeffer, *braxɛ* brechen, *bras* f Traubenpresse, *draśɛ* dreschen, *flaxdɛ* flechten, *fadsɛ* Lappen, *frasɛ* fressen, *gladɛɪɛ* klettern, *grabs* Krebs; *gsasɛ* gesessen, *lákòxɛ* Lebkuchen, *masɛ* messen, *saxdsɪχ* sechzig, *ślaɡɛ* schlecken, *śnápfɛdɪǎk* Schnepfendreck, *śærwɛ* oder *śarwɛ* (?) Scherbe, *śdarwɛ* sterben, *fɔɪdǎɪwɛ* verderben usw.

§ 55. 1. Beitr XII 548 ff werden einige Fälle, in denen *ë* vor *l* im Mhd enges *e* wird, aus ursprünglich folgendem

§ 53—55. Mhd *e* (Umlaut von *a*) und *ë*.   29

i und dadurch hervorgerufener Mouillierung des *l* erklärt. So haben auch Nachbarmundarten zB Dittwar, Königheim, Grünsfeld, Grossrinderfeld *welʒ* welcher, *beilds* m (mhd *belz* mit engem *e*) Pelz; dagegen ε, wo *l* nicht moulliert war: *melgɛ* melken, *kɛlʒ* (mhd *këller* Keller (vgl Sievers Ags Gramm² § 81). In Tb und andern Mundarten des Taubergrundes ist unter Einfluss der Liquide mhd *ë* lautlich in *e* übergegangen, zB *kelǝɹ* m (mhd *këller*) Keller, *śelɛ* f (mhd *schëlle*) Schelle, Glocke, *śeldɛ* schelten, *helfɛ* (mhd *hëlfen*) helfen, *kabélɛ* f Kapelle, *śdeldsɛ* f (mhd *stëlze*) Stelze, *welǝɹ* welcher, *beilds* Pelz.

Diese Wirkung des *l* zeigt sich aber nicht bei eingetretener Länge, vgl in Tb *wēlt* f Welt gegenüber *wēldskæɹl* Weltskerl, Genie, *wēli̯k* welk gegenüber *welyǝɹ* (flektiert), *gɹēl* grell, mit Ausgleichung: ε *gɹēli* (*lɑmbɛ*) eine grelle (Lampe), *śḗlbęnl̥* m (mhd *sëlpende*) Zettelende an Geweben, gegenüber *sɛlwǝɹ* selber. — In der Nominalflexion siegt natürlich manchmal die Qualität des Vokales der Singularform über die der Pluralform, zB *fɛlt* n Feld, Pl *fɛlǝɹ* und (mit Wiedereinfügung des *t* (*d*) aus dem Sing) *fɛldǝɹ*. — Neben *geldɛ* (mhd *gëlten*) besteht *gɛldɛ*, wohl im Anschluss an das Substantivum *gēlt* Geld.

2. Mhd *ë* vor *st* (bezw mhd enges *e*, Paul § 43 Anm 3) erscheint allgemein als *e*, zB *śwesdǝɹ* f Schwester, *gesdǝɹ* gestern, *desdɛ* desto, *gwest* (mhd *gewëst*, *gewist*) gewusst.

Bei Dehnung des Vokals steht auch *ē* vor *st*, zB *gwēst* (mhd *gewëst*) gewesen, *nēst* n Nest, dessen ε auch in den Plural *nesdǝɹ* eingedrungen ist.

Anm. Vor *st* haben ε die wohl eingewanderten *sesdǝɹ* m Sester und *fest* n Fest.

3. Vor *sp*, *ss*, *zz* erscheinen mit *e*: *mesbl̥* f (mhd *mëspel*) Mispel, *déstwḕχɛ* deswegen, *fesl̥* m (mhd *vëzzel*) von der Köte bis zur Krone des Hufes reichender Teil des Pferdefusses.

4. Besondere Fälle. a) Über *segs* (mhd *sëchs*) sechs gegenüber *séχdsę̄* sechzehn, *ɛndwēdǝɹ* entweder, *ledi* (mhd *lëdec*) unverheiratet, *kegǝɹ* (zu mhd *quëc*) kecker, *eiwi* f (mhd

ëbene) Ebene, welche die Qualität des Umlauts-*e* fürs Mhd verlangen, vgl PAUL § 43, KAUFFMANN § 69, 3, V BAHDER S 132.

b) Mhd *lëtte*, *klëtte*, *spëlter* erscheinen als *ledɛ* f Thonerde, *gledɛ* f Klette, *šbeldəɿ* m abgespaltenes Holzstück. — Nhd *fels* lautet in der Mundart *fɛlds* und *felds* m. — Mhd *bestilenz* erscheint wohl als Fremdwort mit ɛ in *pest* f Pest.

c) Mhd *vëtel* liederliches Frauenzimmer > *fedḷ* f.

d) *ë* in mhd *mëren*, mundartlich (*qɿ*)*mɛɿɛ* Sauerteig, Mehl und Wasser mischen ist fraglich. Vgl dazu Wb 6.

§ 56. Mhd *ë* gedehnt > *ē* (in O > *ǟ*, in S und der *p*-Ma > *ē*, in offener Silbe, zB *gēwɛ* geben (§ 161), in einsilbigen Wörtern, zB *vēχt* recht (§ 170); *ë* vor Nasal > *ę*, zB *bɿęŋɛ* bringen (§ 210), gedehnt > *ę̄*, zB *lęnɛ* Polster (§ 211, Nachbarmaa § 246); *ë* vor *r* > *æ*, zB *šdæɿwɛ* sterben (§ 202, 1); *ë* vor Labialen sporadisch > *e*, *ebəɿ* jemand (§ 248, 4).

§ 57. Unbetontes *ë* > *a* in *lawęndi* (mhd *lëbendig*) lebendig.

Mhd *i*.

§ 58. Mhd *i* ist in ursprünglich einsilbigen Wörtern in alter geschlossener Silbe als *i* erhalten, zB *mildǟ* m (mhd *miltou*) Mehltau, *grifḷ* m Griffel, *dislḷ* f Distel, *fišlɛ* n Fischlein, *Miχḷ* Michael, *ɿibɛ* f (mhd *rippe*) Rippe, *fidshǟɿit* dünnharig (zu mhd *vitze* eine beim Haspeln abgeteilte und für sich verbundene Anzahl Fäden), *sidsiŋ* f Sitzung, *dsigɛlɛ* n (mhd *zickelīn*) Geisschen, *gigḷ* m Hochmut (vgl mhd *gëcke*), *dswigɛ* (mhd *zwicken*) pfetzen, zwicken, *šdigḷ* m Stickel, *gnik* n Genick, *fligɛ* (mhd *vlicken*) flicken, *digəɿ* dicker, *ɿiχdəɿ* Richter.

§ 59. Mhd *i* gedehnt > *ī* in offener Silbe, zB *wīt* Weidenstrang (§ 162), in einsilbigen Wörtern, zB *bīlt* Bild (§ 171); *i* vor Nasal > *į*, zB *fįnɛ* finden (§ 212), gedehnt > *į̄*, zB *į̄mɛs* Imbiss (§ 213); *i* vor *r* + Konsonanz > *æ*, zB *wæɿwaɿ* Wirrwarr (§ 202, 5); *i* in Nachbarschaft von Labialen > *y*, zB *dswywḷ* Zwiebel (§ 249); *i* kontrahiert > *ī*, diphthongiert > *ai* wie ursprüngliches *ī*, zB *lait* liegt (§ 78).

§ 55—62. Mhd ë, i und o.   31

§ 60. Mhd i in neben- und unbetonter Silbe.

1. Nebenbetontes i ebenso > i, zB hǫnix Honig, esix Essig.

2. Unbetontes i > e, zB net (mhd ni(h)t nicht), eds, ɛds < īzt izt < mhd ieze jetzt.

Unbetontes i vor Nasal > ę, zB sęn wir sind (§ 212).

Mhd o.

§ 61. Mhd o in geschlossener Silbe > o, zB holɔɪ m (md holder, mhd hólunter, holter) Hollunder, wolɛ f Wolle, kolfɛ geholfen, hofɛ hoffen, šdofļ (verächtlich) Christoffel, hosɛ (mhd hossen) schaukeln, drosļ f Drossel, gɛdrośɛ gedroschen, gośɛ f Maul (SCHMELLER unter gosche), gnoxɛ m Knochen, gśdoxɛ gestochen, glopfɛ klopfen, fobɛ foppen, glodsɛ (mhd glotzen) schauen, odɔɪ f (mhd otter) Otter, glogɛ f Glocke, Schelle, brogɛ m (mhd brocke) Brocken, hogɛ (mhd hocken) sitzen, šogɛ, šoglɛ (mhd schocken) schocken, schieben.

   Anm 1. Mhd Schwanken zwischen der o- und u-Form ist ausgeglichen zu Gunsten der letzteren in: drugit (mhd trucken, trocken) trocken, wuxɛ f Woche, hūlɛfrālɛ n Frau Holle, drudsɛ (mhd trutzen, trotzen, tratzen) trutsen, dsugɛ (mhd zocken, *zucken) zerren, reissen, dazu Substantiv dsugɔɪ (SCHMELLER II unter zucker), kalúp m (mhd galop, *galup) Galopp, fūɔɪds m (mhd vurz, vorz) Furz, śdūnɔm m Sturm, būš m Busch, kudļ f (mhd kotel, kutel) Gedärme samt Wurst und Magen, dūɪɛ m (mhd turm, tur[e]n, tor[e]n) Turm, śdruɪɛļ m (mhd strobel, *strubel) wirres Haar.

   Ausgleich zu Gunsten des o fand statt in: hopfɛ (mhd hopfen, hupfen)‎ hüpfen, ropfɛ (mhd rupfen, ropfen) rupfen, abreissen; molgɛ f (mhd mulken, molken) die Molke, woļķ m (mhd wulken, wolken) Gewitterwolke, bokɛɪ (mhd bulderen, bolleren) bollern, blodɔɪ (mhd bluter, *bloter) Adj alleinstehender, bɔuds m (mhd butz[e], *botz[e]) Schreckgestalt zum Verscheuchen der Vögel.

   Anm 2. Unbetontes o erscheint als a in saldǻt Soldat, brafésɔɪ Professor; im Nachbardialekte Heckfeld in: kalɛrówɛ f Kohlrabe (Tb kolɛrówɛ f), Mašlɔnɛ Morschland besw Mörschländen (Flurname); als ɛ in den Fremdwörtern abɛdék Apotheke, afɛgát Advokat.

§ 62. Mhd o gedehnt > ɔu in offener Silbe, zB fɔuxļ Vogel (§ 163 und 178, 1), in einsilbigen Wörtern, zB mɔust Most (§ 172 und 178, 2), vor r gedehnt > ō, zB dsōɪɛ

Zorn (§ 195), in S und O > ɔu (§ 199), in der p-Ma > ōɐ (§ 197); o vor Nasal > ǫ, zB Dǫ́mịni Dominikus (§ 214), gedehnt > ǭ, zB hǭniχ Honig (§ 215, Nachbarmaa § 246); o vor r + Konsonant > ɔ, zB gɨ́dɔɪɪɛ gestorben (§ 203, 1).

Mhd ö.

§ 63. a) Mhd ö in geschlossener Silbe > e, zB wɵlf Wölfe, hɵ́ldɪlɛ Hölzchen, gɪɵpf Kröpfe, gnɵpf Knöpfe, fɪɵš Frösche, lɵxlɛ n Löchlein, gnɵxlɛ Knöchlein, Bɵdɵmlɛ n (zu mhd bodem gehörig) Flurname, gɛgnédš n Gedrücke, Langsamkeit, dazu Subst gnɵdšɪɪ ein langsamer Mensch (SCHMELLER I 1356), bɵk Böcke, bɵglɛ Böcklein, bɵgɪlɛ (vgl mhd börken stinken wie ein Bock) intr schlecht schmecken, dazu Subst bɵgsɪɪ m Beigeschmack (LENZ I 34), ɪ́dɛk Stöcke, ɪoglɛ Röcklein, glɵglɛ Glöcklein.

Anm 1. Im Gegensatz zum nhd Unkosten heisst es ǫ́kɵɪdɛ, rheinfrk ǫ́kèɪdɛ.

Anm 2. In der Kindersprache wird der Umlaut nach Analogie des primären Wortes oft beseitigt, zB ɪoglɛ n Röckchen, gnopfɛlɛ n Knöpfchen.

Anm 3. Analoger Umlaut in ɪɛɵlflɪɪ wɵlfɪɵdɛ Comp und Superl von wolfɪ̣ (mhd wolveil) wohlfeil.

b) Die p-Mundart hat e zu e entlabialisiert, zB kejɪn Köchin, lejɐ Löcher, hɛldɪlɛ Hölzlein, bek Böcke, beglɛ Böcklein, ɪ́dek Stöcke, gleglɛ Glöcklein, glegnɐ Glöckner, reglɛ Röcklein (BRECNIG 19 f).

§ 64. Mhd ö gedehnt > ɵy in offener Silbe, zB gɪɔyt Kröte (§ 164 und 179 a 1), in einsilbigen Wörtern, zB ɵyl Öl (§ 173 und 179 a 2), vor r gedehnt > ø̄, zB døɵɪlɛ Dörnlein (§ 196), in S und O > ɵy (§ 199); ö vor Nasal > ǫ, zB kǫnɛ können (§ 216), gedehnt > ø̄, zB° kǭniχ König (§ 217, Nachbarmaa § 246); ö vor r > ɔ, zB mɔɪɪš́ m Mörser (§ 204, 1 a), > æ in der p-Ma (§ 204, 1 b).

Mhd u.

§ 65. Mhd u in mehrsilbigen Worten in geschlossener Silbe > u, zB gɛdúli geduldig, lufdi luftig, fufdɵiχ fünfzig

§ 62—67. Mhd o, ọ, u, ụ. 33

(unter Ausfall von *n*), *muṣ̌ļ* f (mhd *muschel*) Muschel, *šbuṣ̌ļ*
f (mhd *sprüzzel*, *spruzzel) Leitersprosse, *kublɛ* trans (mhd
kuppeln vereinigen) Reben binden, *guubɛ* (mhd *gruppen)
mit den Fingernägeln lostrennen (vgl LENZ I 26), *kupfạr* n
Kupfer, *kudɛıɛ* (mhd *kutteren*) lachen, *gluk* f (mhd *klucke*)
Bruthenne, *buǧļ* m (mhd *buckel*), Buckel und Rücken, *gugɛ*
gucken, schauen, *ǜlùgsɛ* (mhd *abluhsen zu *luhs*) mit List
etwas ablocken, in gemeindeutscher Umgangssprache 'ab-
luchsen'.

Anm 1. Hinsichtlich des Ausgleiches zwischen schwankendem
mhd *o* und *u* vgl § 61 Anm 1.

Anm 2. Hinsichtlich des *u* statt des erwarteten Umlauts *y* vgl
§ 67 Anm.

Anm 3. Das Suffix -*ung* ist durch -*ing* > *ịŋ* verdrängt worden
infolge eines Kompromisses zwischen -*in* und -*ung* (LENZ I 38 unter
prɛriŋ), zB *sidsịŋ* f Sitzung (§ 259, 1).

§ 66. Mhd *u* gedehnt > *ū* in offener Silbe, zB *bū*
Bube (§ 165), in einsilbigen Wörtern, zB *nū̃s* Nuss (§ 174);
u vor Nasal > *ụ*, zB *dụnɛıɛ* donnern (§ 218), gedehnt > *ụ̄*, zB
hụ̄nt Hund (§ 219); *u* vor *r* > *ɷ*, zB *bɷıš* Bursche (§ 203, 3).

Mhd *ü*.

§ 67. a) Mhd *ü* in mehrsilbigen Wörtern in geschlossener
Silbe > *y*, zB *glypfļ* m (mhd *klüpfel*) Hammer zum Klopfen,
bygsɛ f (mhd *büḫse*) Büchse, *bıygɛ* f (mhd *brücke*) Brücke,
mygsɛ (mhd *mückezen, SCHMELLER I 1566) riechen vom
Heu, *byṣ̌ļ* m Büschel, *wyšɛ* (mhd *wischen*, *wüschen*) ab-
wischen, *dswyšɛ* (mhd *zwüschen*) zwischen, *šysļ* f Schüssel,
nyds (mhd *nütze*) nütze, *ụ̄šỳdsi* Adj (zu Schutz = nhd **un-
schützig*) keinen Schutz gewährend, *kyχɛ* f (mhd *küche*,
küchen, *kuchīn*) Küche, *šyli* schuldig.

Anm. Der Wechsel zwischen mhd *ü* und *u* ist ausgeglichen
zu Gunsten des *u* in *lupfs* (mhd *lüpfen, lupfen*, auflüpfen, *šdupfɛ* (mhd
stüpfel(e)n, stupfelen) Ährenreste sammeln, *budɛ* f (mhd *bütte*, *butte) Art
Gelte, Wasserbehälter, *ıudšɛ* rutschen, *mugɛ* f (mhd *mücke, mucke*) Fliege,
šlupfɛ schlüpfen, *kudɛıɛ* (mhd *kitzeln, kützeln*, *kutzeln) kitzeln (< Grund-
form *kutulōn für *kutilōn, vgl KLUGE unter *kitzeln*).

Dagegen ist *ü* vertreten zB in *pfyļfɛ* m (mhd *pfülwe, pfulwe*)
Pfühl, *šdỳwiχ* n (mhd *stübich, stubich*) Kübel, *šdyk* n (mhd *stücke, stucke*)

Stück, *ìdydɛs* f (mhd *stutze*, *stütze*) Gefäss. Nhd *drucken* und *drücken* entspricht in der Mundart *dryge*. Ein seltenes Wort ist *kýlbit* grob gearbeitet < mhd *kulpɛ̌ht*, *kŭlpɛ̌ht*, vgl LEXER I 1766.
Doppelformen für nhd *zurück* sind: *dsɛɪýk* und *dsɛɪúk*. Letztere Form wird von älteren Leuten bevorzugt.

b) Mhd *ü* in Künzelsau zu *i* entlabialisiert. Vgl BAUER S 384: *gild^a* gülden, *schildig* schuldig, *schittl^a* schütteln. Ebenso in der p-Ma — doch Hainstadt und Walldürn wie Tb — *gribḷ* Krüppel, *filɛ* füllen, *brigɛ* Brücke, *dsɛrík* zurück, *bigɛ* bücken, *drigɛ* drücken, *ʃili* schuldig usw (BREUNIG 21).

§ 68. Mhd *ü* gedehnt > *y̨* in offener Silbe, zB *šy̨dɛ* schütten (§ 166), in einsilbigen Wörtern, zB *fy̨ər* vor (§ 175); *ü* vor Nasal > *y*, zB *dyn* dünn (§ 220), gedehnt > *y̨*, zB *ky̨mḷ* Kümmel (§ 221); *ü* vor *r* > *œ*, zB *bœrɪ̨χər* Bürger (§ 204, 3 a), in S (N teilweise) und in der p-Ma > *œ* (§ 204, 3 b).

2. Lange Vokale und Diphthonge.

Mhd *ā*.

§ 69. a) Mhd *ā* > *ō*, zB *pfōl* m (mhd *pfāl*) Pfahl, *mōlɛ* (mhd *mālen*) malen, *mōlər* m Maler, *wōər* wahr, *glōər* klar, *jōər* n Jahr, *šōf* n (mhd *schāf*) Schaf, *ōs* n Aas (Schimpfname), *blōsɛ* (mhd *blāsen*) blasen, *mōs* n (mhd *māʒ*) Mass zum Messen, *šwōχər* m (mhd *swāger*) Schwager, *wōχ* f Wage, *nōχ* (mhd *nāch*) nach, *šbrōχ* f (mhd *sprāche*) Sprache, *ōwɛnt* m Abend, *drōt* m (mhd *drāt*) Draht, *grōdɛ* (mhd *gerāten*) entbehten (mit Genitiv), *gōwɛ̀dlɛ* stürmisch regnen und schneien (< mhd *gāwɛ̀telen* = nhd *jühwettern*, zu mhd *wɛter*, nhd *wetter* gebildet).

b) In O mhd *ā* > *ɔ̄*, gekürzt > *ɔ* (§ 182) — doch Krensheim wie Tb. —, zB *blɔ̄sɛ* blasen, *brɔ̄dɛ* braten, *drɔ̄t* Draht, *frɔ̄χ* Frage, *s gɔ̀wɛ̀dlḷ* es regnet stürmisch, *nɔ̄χ* nach, *šbrɔ̄χ* Sprache. Im Auslaut und vor *r* > *ɔɛ*, zB *blɔɛ* blau, *grɔɛ* grau, *jɔɛr* Jahr, *hɔɛr* Haar.

c) In S gewöhnlich dafür Diphthongierung > *ɔɛ*, zB *brɔɛdɛ* braten, *drɔɛt* Draht, *sɔɛt* Saat, *hɔɛr* Haar usw.

§ 70. Inlautendes mhd *āw* ist zu *au* geworden in *grau* grau, *blau* blau. Diese Formen sind auch in den Nom Sg

§ 67—73. Mhd *u̯, ā, ǣ*.

eingedrungen, woneben aber noch *gu̯ō*, *blō* < mhd *grā*, *blā* besteht (§ 107 Anm 2).

§ 71. a) Mhd *ā* > *ɔ̄* in solchen Wörtern, die der Schriftsprache entnommen sind: *grɔ̄f* m (mhd *grāve*) Graf, *gnɔ̄t* f (mhd *genāde*) Gnade, *gwɔ̄l* f Qual, *dsulɔ̄t* m Salat, *śbįnɔ̄t* m Spinat, *dugɔ̄dɛ* Dukaten, *kąnɔ̄l* m Kanal, *Bǫ́nifɔ̄ds* Bonifatius, *Dōfit* (mhd *Dāvīd* hebr) David, daneben jüdisch *Dɔufɛt*.

Anm 1. Neben *sɔt* f Saat ist auch die ältere, nach § 69 a) regelrechte Form *sōt* erhalten, dazu mit echtem Umlaut das Diminutivum *sędlɛ*.

Anm 2. Mhd *māgesāmɛ* (wenn diese Form richtig angesetzt ist) Mohn, sollte **māxsǭmɛ*, **mǭgsǭmɛ* ergeben; dafür in der Mundart *mɔ̄x(ɛ)sǭmɛ* m. Es dürfte hier volkstümlicher Anschluss an *mɔ̄xɛ* m (mhd *mage*) Magen, vorliegen. Man hält Mohn für Samen, der für den menschlichen 'Magen' gut ist. Andere Erklärungen bei HEIMBURGER § 24, LENZ I 30; vgl ferner PFAFF 179, wo die WACKERNAGELsche Schreibung mhd *mage*, *mahe*, ahd *mago* gebilligt wird.

Anm 3. *ōdɔɪmęnlɛ ōdɔɪmęnlɛ* Pflanze Odermennig und *dōfl̥* f Tafel dürften auf mhd *ādermonie (nicht *adermonie*) und *tāvele (nicht *tavele*, vgl auch LENZ I 49) zurückgehen.

Anm 4. Hebraika: *kɔuśɛɪ* (hebr mhd *kāschēr*) rein, *śɔufḷ* (hebr mhd *schāfēl*) schmutzig von Charakter, und oben erwähntes *Dɔufɛt*. Dieses *ɔu* beruht natürlich nicht auf mhd *ā*, sondern unmittelbar auf der diphthongischen jüdischen Aussprache; vgl auch § 80 Anm 2.

b) Die *p*-Mundarten haben *ā*, zB *śdrāl* Strahl, *grāf* Graf, *śdāt* Staat, *glāər* klar usw.

§ 72. Mhd *ā* verkürzt > *o*, zB *noxbəɪ* Nachbar (§ 182); *ā* vor Nasal > *ǭ*, zB *sǭmɛ* Same (§ 222, Nachbarmaa § 246), verkürzt > *ǫ*, zB *bɪǫmḷdəɪ* Brombeere (§ 223); *ā* nach *w* > *ū* in *wū* wo (§ 247, 2); *ā* vor *r* in der *p*-Ma > *ɔ̄* (§ 198, 1).

Mhd *ǣ*.

§ 73. a) Mhd *ǣ* > *ē*, zB *fēlɛ* (mhd *vælen*) fehlen, *śwēəɪ* (mhd *swære*) schwer, *śēɪɛ* f (mhd *schǣre*) Scheere, *bēɪɛ* f (mhd *bǣre*, vgl LEXER I 127) Traggestell, *kēs* m Käse, *kēp* (mhd *gehǣbe) fest (vgl HEIMBURGER § 25), *gnēdi* gnädig, *gēdsōɪɛ* m Jähzorn, *dsē* zähe.

Anm 1. Mhd *sǣlec* > *sēli* nach Analogie von *sēl* f (mhd *sēle*) Seele.

Anm 2. Mhd *mǣre* erscheint in *ewestmēəɹ* (mhd *eben sō mǣre*) ebenso leicht, mit *ē* infolge volkstümlicher Anlehnung an nicht gut mundartl *mēəɹ* mehr oder an *mēəɹ* Meer. Ebenso in *nīgs dəɹ mēəɹ*, s Wb unter *ewestmēr*.

Anm 3. Mhd *rǣhe* (steif auf den Beinen), nur in der Phrase *ibįndsɛɹē* (ich bin zu müde) noch erhalten, hätte *ɪē ergeben, dafür *ɪē*, welches auf mhd *rē < *rehe zu mhd *rach* zurückzugehen scheint.

Anm 4. Mhd *stǣte* entspricht in Tb *idāt* in der Bedeutung 'langsam, gemächlich'. Für *idēt hat man wohl nach Beispielen wie *frȳ* neben *frū* frühe, *ibōt* neben *ibāt* spät, eine nichtumgelautete Form geschaffen. Oder ist *idāt* aus O-Mundarten (*idāt*, vgl unten unter c) eingewandert?

Anm 5. a) Eine besondere Stellung nehmen ein: *mēwɛ* mähen, *drēwɛ* drehen, *bēwɛ* bähen, *sēwɛ* säen, *uɹfgɛblēbt* aufgebläht, *nēbt* näht, zu md *sēwen*, *drēwen*, *bēwen* usw. Das *ē* der Mundart weist darauf hin, dass statt des normalen, oberdeutschen mhd *ǣ* in diesen Wörtern vielmehr mhd *ē* vorliegt, welches das gleiche war, wie mhd *ē* < germ *ai*. Im Gegensatz zu den Ausführungen von BREMER, Beitr XI 51 ff muss also eine Grundform mit germ *ai* für diese Wörter angenommen werden.

b) Auf mhd *mǣwen*, *drǣwen* usw weisen *mēwɛ*, *drēwɛ* usw in den S-Maa (zB Künzelsau), vgl BAUER § 392. Daneben in S Diphthongierung > *iɛ*: *miɛwɛ*, *driɛwɛ* usw, oder > *ɛɪ*: *mɛɪwɛ*, *drɛɪwɛ*. N schliesst sich Tb an, nur die Maa von Reicholzheim und Eiersheim haben wie W *mǣɛ*, *drǣɛ*, *sōɛ*, *bōɛ* (§ 74 Anm). Die p-Maa bieten *ē* wie Tb, also *sēɛ*, *mēɛ*, *nēɛ*. Die O-Maa haben wie S *miɛwɛ*, *driɛwɛ*, *sɛɪwɛ* oder *mɛɪwɛ*, *drɛɪwɛ*.

b) Ebenso verhalten sich die N-, p- und W-Maa. Von der letzteren haben allerdings Hardheim und Brehmen wie die S-Maa mhd *ǣ* zu *ē* gewandelt, also: *dsē* zähe, *fēlt* fehlt, *gnēdi* gnädig, *kēs* Käse, *idēt* (mhd *stǣte*) langsam usw.

c) O hat dafür *ǟ* — doch die Mundart von Grünsfeld schliesst sich Tb an — zB *dsǟ* zähe, *fǟlt* fehlt, *kǟs* Käse *lǟəɹ* leer, *mǟsi* mässig, *šǟɹɛ* Scheere, *šwǟəɹ* schwer.

§ 74. Für zu erwartendes *ē* (*ɛ*) tritt häufig der regelrechte Umlaut *ȫ* (*œ*) von mundartlichem *ō* (*o*) < mhd *ā* ein — eine Folge bewusster Anlehnung an die daneben stehende umlautlose Form (vgl ähnliches § 52, 5), zB *jȫəɹlɛ* n Jährlein, *jȫɹɛ* sich jähren: *jōəɹ* Jahr, *nȫ* f Nähe: *nō* nahe, *frȫɹst* frägst: *frōɹɛ* fragen, *šbȫdəɹ šbədəɹ* später: *šbōt* (mhd *spǣte*) spät, *hœglɛ* n Häkchen: *hogɛ* Haken, *bɹœt* (es) bratet: *bɹōdɛ* braten, *mœslɛ* n Mässchen: *mos* Mass, *pœdəɹlɛ* n (mhd *pǣterlin, zu *pater* [*noster*] gebildet, vgl *pater* bei SCHMELLER, vgl ferner LENZ I 35) geweihte Münze, *kȯɪdsėdmɪ* kurzatmig (vgl mhd Verbum *ǣtmen*). Vgl auch § 160 Anm 2. Vor Nasal > *ę̄*, zB *ɪ̇bę̄bɪęnəɪ* m Spänebrenner, Geizhals (§ 224).

Anm. Ebenso erklären sich wohl *mōs* mähen, *drōs* drehen, *sōs* säen, *bōs* bähen der W-Mundarten (§ 73 Anm 5 b); oder ist für diese md *mēwen* anzusetzen, das unter Einfluss des folgenden *w* (§ 247 ff) zu *mēwɪ* mit Ausfall des *w* geworden ist?

§ 75. Mhd *ǣ* verkürzt > ε, zB *śεfəɪ* Schäfer (§ 183); *ǣ* vor Nasal > *ę̃*, zB *gɪę̃məɪ* Krämer (§ 224, Nachbarmaa § 246), verkürzt > *ę*, zB (in Nachbarmaa) *męndɪ* Montag (§ 225); *ǣ* vor *r* > *ē* in der *p*-Ma (§ 198, 2).

Mhd *ē*.

§ 76. a) Mhd *ē* > *ē*, zB *sēl* f Seele, *ēəɪ* f Ehre, *gēɪε* m (mhd *gēre*) Rockschoss, *fəɪmē̇ɪε* vermehren, *Ēf* (daneben *Eif* aus dem Odenwald eingewandert) Eva, *ēwɪχ* ewig, *wéwè* n Weh im Kindermund, *Pēdəɪ* (und *Peidəɪ*) Peter, *glē* m (mhd *klē*) Klee, *sē* m See, *śnē* m Schnee, *gē* (ich) gehe, *dsē* m (mhd *zē*, *zēhe*) Zehe, *hė́buxε* f (mhd *hēbuoche* < mhd *hegebuoche* zu mhd *hagen*) Hagebuche, Adj dazu *hė́byχəɪn* hagebüchen, massiv von Charakter, *ɪēε* Pl (mhd *rē* < *rehe*, Pl zu *rahe*) Haltestangen am Pflug.

Anm. Mit diesem *ē* ist zusammengefallen der im Oberdeutschen als mhd *ǣ* erscheinende Vokal in der Gruppe *mēwɪ* mähen § 73 Anm 5.

b) Die O-Maa haben *ē* oder *έε* — doch Krensheim verhält sich wie Tb —: *Ḗf* Eva, *sḗl* Seele, *śnḗ* Schnee, *gḗ* gehe — *glέε* Klee, *ślέε* Schlehe. Über die Kürzung zu ε § 184 b.

c) In S Diphthongierung > *ėε*.

d) Die *p*-Ma hat *ē* zu > *ei* (εi?) diphthongiert, zB: *śnei* Schnee, *wei* Wehe, *ei* Ehe, *rei* Reh, *śdeit* steht, *seil* Seele, *geit* geht, *eiwɪ* ewig; nur vor *r* bleibt *ē* (BREUNIG 18 und 20).

§ 77. Mhd *ē* verkürzt > *e*, zB *gest* gehst (§ 184), vor *r* > *æ*, zB *læɪχε* Lerche (§ 202, 4); *ē* vor Nasal > *ę̃*, zB *wę̃ni* wenig (§ 226), gekürzt > *ę*, zB *sęndsε* Sense (§ 227).

Mhd. ī.

§ 78. Mhd ī ist zu *ai* diphthongiert worden, zB *wailɛ* f (mhd *wīle*) Weile, *failɛ* f (mhd *vīle*) Feile, *ailɛ* eilen, *gáiɛʑi* (zu mhd *gīre*) hastig essend, *ȧbáiɔʑlįŋ* m crataegus area (WEIGAND II 756), *haiɛʑɛ* heiraten, *waisɛ* (mhd *wīsen*), zeigen, *waislɛ* (mhd *wīzenen) tünchen. (LENZ I 52), *flais* m Fleiss, *ais* n Eis, *baisɛ* beissen, *šmaisɛ* schmeissen, *ʑáisiχ* n (mhd *rīsech*) Wellenbündel, *daigsḷ* f Deichsel, *daiχt* m (mhd *tīch*) Bodensenkung, *ʑaiwɛ* reiben, *ḱaiwɛ* schreiben, *laidɛ* f (mhd *līte*) Abhang (nur in Flurnamen), *gaiχɛ* f Geige, *waigsḷdəʑ* Pl (mhd *wīhselter*) Weichselkirschen, *faiɛli* Pl (zu mhd *vīole*) Veilchen.

Desgleichen ist kontrahiertes, sekundäres ī > *ai* geworden in *lait* (mhd *līt*) liegt, *gait* (mhd *gīt*) giebt.

Anm. Auf mhd *iu, nicht ī gehen zurück: *kayχɛ* (mhd *kiuchen, *kichen*) husten, wohl zu mhd *küchen* gebildet; ferner *díŋgḷàydəʑ* m Sieb (mhd *riuter; *rīter* belegt), wohl im Anschluss an das mhd Verbum *riuten*.

§ 79. Mhd ī vor *n* > *qi*, zB *gʑqįnɛ* weinen (§ 228, 1, Nachbarmaa § 246); ī vor Labial > *ay*, zB *šaywɛ* Fensterscheibe (§ 250), vor *m* > *qy*, zB *kqym* Keim (§ 228, 2); ī vor *r* lokal > *ei* (§ 200).

Mhd. ō.

§ 80. a) Mhd ō > ō, zB *kōl* m Kohl *ōəʑ* n Ohr, *ʑōəʑ* n Rohr, *gʑōs* gross, *glōs* m Kloss, *ʑōsɛ* f Rose, *ʑōsɛlɛ*, Dim zu Rosa, *hōχ* hoch, *flōk* m Floh, *dōt* tot, *nōt* f Not, *kōt* m (mhd *schrōt*) Reihe im Weinberg, *fʑō* froh, *šdʑō* Stroh.

Anm 1. Mhd *sō* so, hat *sou* in antevokalischer Stellung ergeben. Doch könnte hier auch der musikalische Akzent Diphthongierung veranlasst haben (§ 14, 4).

Anm 2. Hebraika sind: *šɔudɛ* m (mhd *schōtēh*) Narr, *wuʑɛs* m. Zorn, *bʑɔuʑɛs* böse, *Mouɛs* Moses, auch allgemein für 'Jude', *mōʑɛs* (wohl zu mhd *mōrā*) Angst. Vgl § 71 Anm 4.

b) Die O-Maa — doch Krensheim wie Tb — bieten ɔ für mhd ō, zB *gʑɔs* gross, *hɔχ* hoch, *glɔs* Kloss, *ʑɔsɛ* Rose, *šdʑɔ* Stroh, *flɔ* Floh usw.

§ 78—84. Mhd ī, ō, ǣ, ū.

c) Die *p*-Ma hat (ausser vor *r*) mhd ō zu *ou* diphthongiert. Vgl bei BREUNIG 21: *sou* so, *nout* Not, *brout* Brot, *dout* tot, *šrout* Schrot, *rouše* Rose, *grous* gross, *ŝdɔusɛ* (mhd *stōzɛn*) stossen, *droušt* Trost, *houx* (mhd *hōh*) hoch, *flou* (mhd *vlō*) Floh, *flous* (mhd *vlōz*) Floss, *rout* rot.

d) S > *óɛ*, zB *róɛsɛ* Rose, *šróɛt* Weinbergreihe usw.

§ 81. Mhd ō verkürzt > *o* (O > *ɔ*), zB *glosdɔɪ* Kloster (§ 185), vor *r* > *ɔ*, zB *lɔɪbɛ̈ɪɛ* Lorbeeren (§ 203, 2); ō vor Nasal > *ǭ*, zB *lǭ* Lohn (§ 229, Nachbarmaa § 246), gekürzt > *ǫ*, (§ 230); ō vor *r* > *ɔ* in der *p*-Ma (§ 197, 3).

Mhd ǣ.

§ 82. a) Mhd ǣ > *ē*, zB *ēɔɪ* f Öhr, *ɪēɪɛ* f Röhre, *ɪ̄ōslɛ* n Röslein, *bēs* böse, *ɔ̄lɛ̄sɛ* ablösen, *flē* Flöhe, *nēdi* nötig, *fɪɛɪhēdi* vierschrötig, *flēdɛ* f Flöte, *lēdɛ* (mhd *lǣten*) löten, *ɛdɪ̄ɔlɛ* n Dim zu Stroh, *hēx* f Höhe.

b) Die O-Maa — ausgenommen Krensheim — zeigen als Vertreter des mhd ǣ den offenen *ə̄*-Laut, zB *bə̄s* böse, *drə̄sdɛ* trösten, *kə̄ərt* gehört, *rə̄rɛ* Röhre, *rə̄slɛ* Röslein usw. Über Kürzung dieses *ə̄* zu *ə* vgl § 186, 3 b.

c) In der *p*-Ma > *ei*, zB *neidi* nötig, *leiša* Pl zu Los, *reiŝlɛ* Röslein, *greiša* grösser, *dreiŝdɛ* trösten; vor *r* aber *ē*, zB *hēarn* hören, *ŝdēarn* stören, *rēarn* Röhre (BREUNIG 23).

§ 83. Mhd ǣ verkürzt > *e* (O > *ə*), zB *gɪɛɔɪ* grösser (§ 186), ebenso vor *r* > *ɛ*, zB *hɛɪst* hörst du? (§ 186); ǣ vor Nasal > *ǭ* zB *ŝǭ* schön (§ 231, O-Nachbarmaa § 246 b), gekürzt > *ǫ*, zB *ŝǫndst* schönste (§ 232).

Mhd ū.

§ 84. Mhd ū > *au*, zB *faul* (mhd *vūl*) faul, *bauɔɪ* m (mhd *būr*) Bauer, *saufɛ* (mhd *sūfen*) saufen, *laus* f Laus, *haus* hier aussen, *maus* (mhd *mūs*) Maus, *bauŝ* m (mhd *būsch*) Bausch, Knüttel, *laušɛ* lauschen, *baux* m Bauch, *kauxɛ* (mhd *kūchen*, WEIGAND II 771) kauern, dazu *káuxbǭnɛ* kriechende Bohnen, *dauwɛ* f Taube, *dɪauuɪ̣* m Sg (mhd *trūbel*)

Traube, ιaudɛ f (mhd rūde, riude) Räude, dsaudɛ f (mhd *zūte), Mundstück eines Geschirrs (vgl SCHMELLER unter zaute), ιaubɛ f (mhd rūpe) 1. Insektenmade, 2. junges Vieh, Dim zu letzterem ιáyblįŋ n (vgl LENZ I 39), baugɛ f (mhd būcke) 1. Trommel, 2. Zwetschennarren (vgl SCHMELLER II unter paucke).

Anm. Mhd Gǣrtrūd entspricht Gɑ̈ιdιàut.

§ 85. In unbetonter Stellung ist ū zu u geworden in uf auf, nuf hinauf. Da ū hier vor der Diphthongierung bewahrt geblieben ist, muss die Verkürzung älter sein als jene (§ 181).

§ 86. ū vor Nasal > qų, zB dqųmɛ Daumen (§ 233), in O > au (§ 246 b); ū vor r lokal > ɔu (§ 200).

Mhd iu.

§ 87. a) 1. Germ iu und der i-Umlaut von germ ū sind in dem Monophthong ȳ zusammengefallen, der mhd als iu geschrieben wird. Dieses ȳ ist zu ay diphthongiert worden, (zB fáylįŋ f Fäule, mayɛιɔι m (mhd *miurǣre, mūrǣre) Maurer, sayft säuft, mays Mäuse, bayχ Bäuche, daywɔι m Täuberich, ιaydi räudig, hayt Häute, laydɛ (mhd liuten) läuten, gιaydi m Kraut (Kollektiv); — layχdɛ leuchten, dayɔι teuer, layt (mhd liute) Leute, laydli (mhd liuteclich) freundlich, fayɔι (mhd viur) Feuer, dιay drei (Neutr).

2. Westgerm iųų (got iggw und iuj) > ay, zB gnayl m (mhd kniul) Knäuel, dazu Dim gnaylɛ n (mhd kniulin), dιay treu, nay neu, hierher auch ayɔι euer. Vgl § 96 a 2, § 99 a 2 und § 101 a 2.

Anm 1. Nhd wiederkauen (von der Kuh) entspricht mundartl widɑιkǫ̈fɛ < mhd kouιcen neben kiuwen, allerdings mit auffallendem f § 106 Anm 4).

Anm 2. Die Kindersprache bietet ohne Umlaute: gaulɛ n zu Gaul, hausslɛ Häuslein.

Anm 3. Neben dayfʒ m (mhd tiuvel) Teufel hat die Mundart auch daifʒ (mhd dīvel;; dasu Verhütungsform dųm dáigsʒ zum Teufel.

Anm 4. Statt ay liegt ai in einigen Wörtern vor infolge volksetymologischer Umbildung: dɑιiχblɑ̈iɛ (mhd bliuwen) durchschlagen, nach blai n Blei gebildet; idaiχɔιlɛ n (vgl mhd stūche) Stauche, nach ɛ́daiχɛ steigern; laiɛιɛ (mhd *liuren zu mhd liurs) aus bereits gekelterten

Trauben ein Getränk herstellen, nach *laiɛts* leiern (zu mhd *lire*); zu *dɛaiselit* dünn vgl mhd *züɛe*; *kåidflɛ̀gɛ* Pl Krautgärten, zu mhd *kütɛ* Grube; wonach die beiden letzten?

Anm 5. Wegen *ay* in *kayχɛ* keuchen, husten vgl § 78 Anm.

b) Nach BREUNIG 22 erscheint mhd *iu* in der *p*-Ma als *ɛi*: *mɛila* Mäuler, *hɛiša* Häuser, *sɛi* Säue, *lɛidɛ* läuten, *bɛiχ* Bäuche, *hɛiflɛ* Häuflein, *dɛiwa* Täuberich, *gmɛia* Gemäuer; — *nɛi* (mhd *niuwe*) neu, *hɛit* (mhd *hiute*) heute, *šdɛia* (mhd *stiure*) Steuer, *lɛit* (mhd *liute*) Leute, *ɛida* (mhd *iuter*) Euter, *ɛil* f (mhd *iule*) Eule, *šdrɛi* f (mhd *striuwe*) Streue, *fɛiχt* (mhd *viuhte*) feucht, *grɛids* n (mhd *kriuze*) Kreuz), *grɛiχt* (mhd *kriuchet*) (es) kriecht.

c) Die *p*-Maa von Hainstadt und Walldürn (?) haben wie auch die O-Maa *ɔy*, vgl *bɔyχ* Bäuche, *mɔys* Mäuse, *lɔydɛ* läuten, *lɔyt* Leute usw (BREUNIG 22).

§ 88. Mhd *iu* vor Nasal > *qy*, zB *nqy* neun (§ 234); *iu* in O vor *l* gekürzt > *ɔ*, zB *gɔlɛ* Dim zu Gaul (§ 181 Anm 1 und 251); *iu* vor *r* > *ǣ* (*ɔ̄*) in der *p*-Ma (§ 197, 2 a und b), > *ū̄* in O (ebd c).

§ 89. Nebenbetontes mhd -*iu* als Endung wurde in unserer Mundart wie im Obd im ahd Zeit als -*iu* gesprochen, nicht als -*iu̯* wie sonst im Fränkischen (BRAUNE § 248, 6) es ist daher zu -*i* geworden, zB *segsi* sechs Uhr (§ 96 a 2) unten), ɛ *šqni fɾā* eine schöne Frau.

Anm. *ywɛi̯ḅli* überall, geht entweder auf einen Lokativ mhd **überaliu* oder auf die Form **überálhin* zurück (vgl *ɔni* dorthin < mhd *ánhin*).

Mhd *ie*.

§ 90. a) Mhd *ie* > *ī*, zB *šdīɔɩ* m Stier, *bīɔɩ* n Bier, *brīf* m (mhd *brief*) Brief, *dīf* (mhd *tief*) tief, *gŭ̄s* m (mhd *griez*) Griess, gemahlenes Mehl, *līχt* n (mhd *lieht*) Licht, *fīwɔɩ* n (mhd *vieber*) Fieber, *grīwɛ* f (mhd *griebe*) Griebe, Speckbrocken, *līp* lieb, *dīp* m (mhd *diep* [*b̥*]) Dieb, *bīt* n (mhd *biet*) Kelterlager, *sīdɛ* sieden, *grīχ* m Krieg, *šbīχl* m Spiegel, *bīχɛ* biegen, *hī* (mhd *hie, hier*) hier.

Anm 1. Mhd *ieze, iezunt* > *eds, édsqn* bezw *ɛds* (§ 102 Anm 3).

Anm 2. Mhd *liegen* und mhd *triegen* in Nachbarmundarten regelrecht > *līχɛ, drīχɛ*; in Tb > *lÿχɛ, bɛdrÿ́χɛ* (nicht echt mundartlich!).

b) Einige S-Maa und O bieten für mhd *ie* den Diphthong *ie* (nach BAUER S 380 *iᵃ*, vor *r* aber *iᵃ*). Beispiele nach BAUER: *briᵃf* Brief, *diᵃb* Dieb, *diᵃnᵃ* dienen, *fiᵃchtᵃ* Fichte, *giᵃsᵃ* giessen, *liᵃb* lieb, *liᵃcht* Licht, *miᵃder* Mieder, *biᵃr* Bier. — Beispiele aus O: *biεχε* biegen, *bißrf* Brief, *bißr* Bier, *dsißχε* ziehen, *hißr* hier, *grißχ* Krieg, *grißχst* (du) kriegst (= erhältst), *lißχt* Licht.

§ 91. Mhd *ie* verkürzt > *i*, zB *fiχde* f Fichte (§ 187 a, in O > *e*, zB *bref* Briefe, § 187 b), vor *r* > *œ*, zB *fœrt* vierte (§ 202, 6); *ie* vor Nasal > *į̄*, zB *nįmεst* niemand (§ 235), gekürzt > *į*, zB *dįndsdɔx* Dienstag (§ 236).

Mhd *uo*.

§ 92. a) Mhd *uo* > *ū*, zB *šdūl* m (mhd *stuol*) Stuhl, *šūl* f (mhd *schuole*) Schule, *fūəɹ* f (mhd *vuore*) Fuhre, *flūəɹ* m und f (mhd *vluor*) Hausflur, Saatfeld, *šnūəɹ* f (mhd *snuor*) Schnur, Band, Seil, *fūs* m (mhd *vuoz*) Fuss, *pflūx* m Pflug, *gnūx* m Krug, *dūx* n (mhd *tuoch*) Tuch, *šūk* m (mhd *schuoch*) Schuh, *gnūx* genug, *blūt* f (mhd *bluot*) Blüte, *blūdɛ* bluten, *lūdəɹ* n (mhd *luoder*) Luder, böses Frauenzimmer, *mūdɛ* (mhd *muoten*) begehren von der Kuh, *bū* (mhd *buobe*) Bube, Pl *būwɛ*, *dsū* zu.

b) Einige S- und O-Maa bieten für mhd *uo* den Diphthong *ue* (nach BAUER S 384 *uᵃ*), zB in Künzelsau *buᵃch* Buch, *duᵃch* Tuch, *ruᵃ* Ruhe, *muᵃder* Mutter, *guᵃt* gut, *fuᵃss* Fuss, *suᵃchᵃ* suchen usw. — Beispiele aus O: *bußwɛ* Buben, *bußχ* Buch, *blußt* Blut, *dsuß* zu, *fußs* Fuss, *šuß* Schuh, *šdußl* Stuhl, *rußε* Ruhe usw.

§ 93. Mhd *uo* verkürzt > *u* (in O > *o*), zB *mudəɹ* Mutter (§ 188); *uo* vor Nasal > *ų̄*, zB *dų̄nɛ* tun (§ 237), verkürzt > *ų*, zB *blųmɛ* Blume (§ 238, in O > *o* § 246 b); vor *r* gekürzt > *ɔ* (§ 203, 4).

Mhd *üe*.

§ 94. a) Mhd *üe* > *ȳ*, zB *wȳlɛ* (mhd *wüelen*) wühlen, dazu das Subst *wȳləɹ* m Maulwurf, *šbȳliχ* n (mhd *spüelach*) Spühlich, *fȳɹε* führen, *flȳɹlɛ* n Dim zu Flur, *kȳfəɹ* m (mhd

§ 90—96. Mhd *ie, uo, üe, ei*. 43

küefer) Küfer, *gmȳs* n (mhd *gemüese*) Gemüse, *gɩgwɛ* f (mhd *gruobe*, mit *üe* aus dem Plural) Grube, *dɩȳ* (mhd *trüebe*) trüb, *mɐt* müde, *bɩȳdɛ* 1. brüten, 2. über etwas nachsinnen (mhd *brüeten*), *blȳɛ* blühen (mhd *blüen*, *blüejen*), *glȳt* glüht, *gɩȳχ* Krüge, *kȳ* Kühe, *frȳ* (mhd *vrüeje*) früh, *bɩȳ* f (mhd *brüeje*) Brühe.

b) In O > *yɛ* — aber Krensheim wie Tb —, zB *blȳɛ* blühen, *drȳɛp* trüb, *gmȳɛs* Gemüse, *mȳɛt* müde, *wȳɛlʳ* Maulwurf, Wühler. — Ebenso in S > *yɛ*, nach BAUER S 385 für Künzelsau *iᵉ*, zB *briᵃdᵃ* brüten, *biᵃchär* Bücher, *kiᵃfür* Küfer, *g'miᵃsst* gemusst.

c) Die *p*-Ma hat *ī*: *blīɛ* blühen, *brī* Brühe, *brīdɛ* brüten, *hīdɛ* hüten, *fȳɛ* fügen, *rīɐrn* rühren, *rīwɛ* Rübe, *drīp* trüb (BREUNIG 20).

§ 95. Mhd *üe* verkürzt > *y* (in O > *e*, in der *p*-Ma > *i*), zB *ɩysɭ* Rüssel (§ 189); *üe* vor Nasal > *ȳ* zB *grȳ* grün (§ 239, in O > *Jɛ* § 246 b), verkürzt > *y*, zB *hyɲɐɩ* Hühner (§ 240).

Mhd *ei*.

§ 96. a) 1. Mhd *ei* > *ā*, zB *sāl* n (mhd *seil*) Seil, *fāl* feil, *hālɛ* heilen, *ɩāf* m (mhd *reif*) Seil, Strick, Reif, *gāfɐɩ* m Geifer, *hās* heiss, *śwās* m (mhd *sweiz*) Schweiss, *gūs* f (mhd *geiz*) Geiss, *glās* n Geleise, *flās* n Fleisch, *śmās* m (mhd **smeiz*) Treibschnur, *wāx* weich, *glādɐɩlāp* m Kleiderleib (LENZ I 24), *glāwɛ* (mhd *kleiben*) kleiben, *glāt* n Kleid, *lāt* leid, *bɩādɛ* Mist breiten, *Hādɛkèsɭ* Heidenkessel (Flurname), *Śbɩāt* m (zu mhd *spreiten*?) Flurname.

Desgleichen ist kontrahiertes, sekundäres *ei* (< *agi*) zu *ā* geworden in *māt* f (mhd *meit*) Magd, *mādlɛ* n Mädchen, Tochter.

2. Westgerm *aii̯* ist dementsprechend durch *āj* vertreten, das in ursprünglich gedehntem Auslaut als *āi* erscheint, so: *māi* (mhd *meije*) Mai, Maibaum. Auslautendes westgerm *aii̯* ist aber mit mhd *ei* zusammengefallen, erscheint also als *ā*, zB *ū* n Ei (hiernach auch der Plural *ūɐɩ* statt des zu erwartenden **ājɐɩ*, dazu das Dim *ālɛ* n Ei), *dɛwā* ent-

zwei, *dswā* zwei (hiernach *dswāəιlɛ* zweierlei); *dswāi* Neutr zwei weist auf mhd **zweiiu* zurück, mit der dem Adj entlehnten neu angefügten Neutralendung (vgl *fīι* < mhd *vieriu*).

Anm. Interessant ist, dass sich für **ιājəι* m (mhd *reiger*) Fischreiher in der Mundart *ιāwəι* findet; vgl dazu *mēwɛ* mähen (mhd *mæjen*, md *mēwen*), ferner in Nachbarmaa *sdēws* stehen, *gēws* geben.

b) Während sich die N-, S- und die benachbarten W-Maa Tb anschliessen, haben die O- und p-Maa mhd *ei* zu *ē* gewandelt (vgl BREUNIG 18): *dswē* zwei, *fēl* feil, *dēl* Teil, *rēf* Reif, *slēfɛ* schleifen, *sdrēfɛ* streifen, *hēsɛ* heissen, *hēsɛli* heiser, *wēs* (ich) weiss, *wēdsɛ* Weizen, *brēdɛ* breiten, *lēdərn* Leiter, *lēp* Leib (Brot), *flēš* Fleisch, *lēdsēl* Leitseil, *hēlɛ* heilen usw.

§ 97. Der Gemeinsprache entnommenes *ai* liegt vor zB in *hailiχ* heilig, *kaisəι* Kaiser, *dsaiχɛ* Zeichen, *aiχɛ* eigen.

§ 98. Mhd *ei* verkürzt > *a* (in O > *a*, *ɛ*), zB *masdəι* Meister (§ 190); *ei* vor Nasal > *ą̄*, zB *gmą̄* Gemeinde (§ 241), verkürzt > *ą*, zB *dswąndsιχ* zwanzig (§ 242); *ei* vor Nasal in O > *ē* bezw gekürzt *ɛ* (§ 246 b), in der p-Ma > *ę̄* (§ 246 c); *ei* > *ā* > *a* und analog umgelautet > *ɛ*, zB *lɛdəιlɛ* Leiterchen (§ 52, 5), desgleichen vor *n* > *ą* (§ 242).

Mhd *ou*.

§ 99. a) 1. Mhd *ou* > *ā*, zB *ā* (mhd *ouch*) auch, *lāχ* m (mhd *louch*) Lauch, *āχ* n (mhd *ouge*) Auge, *lāwɛ* f Laube, *dāp* taub. Mhd *ou* oder *öu* (§ 101 a) in *ιāχɛ* rauchen, *ą̄ιιāχɛ* einräuchern, *šdāwɛ* abstauben, *hāb(t)lɛ* n (mhd *houbetlīn*) Häuptlein Kraut.

2. Westgerm *auγ* in *hāwɛ* f (mhd *houwe*) Hacke, *gnāp* (mhd *nouwe*) sorgfältig, genau, *mildā̌* m (mhd *miltou*) Mehltau (vgl KLUGE unter *mehltau*), *fιā* f (mhd *vrouwe*) Frau.

b) Die Mundarten von Hainstadt und Walldürn haben nach BREUNIG S 16 *bǭm* Baum, *dǭf* Taufe, *drǭm* Traum, also *ō* < **ā* < mhd *ou* (§ 246 c).

§ 100. Mhd *ou* > *ā* gekürzt > *a*, zB *daf* Taufe (§ 191); *ou* vor Nasal > *ą̄*, zB *bą̄m* Baum (§ 243, in der p-Ma > *ǭ*

§ 246 c), gekürzt > *ą̊*, zB im Familiennamen *Bą̊mbu̇š*, geschrieben: Baumbusch (§ 244).

Mhd *öu*.

§ 101. a) 1. Mhd *öu* ist mit mhd *ei* (§ 96 a) und *ou* (§ 99 a) in *ā* zusammengefallen, so dass nicht auszumachen ist, wann *ou*, wann *öu* vorliegt (§ 99 a 1), zB *dra̯m* Träume, *glāwɛ* glauben, *kāfɛ* kaufen, *lāft* (er) läuft.

2. Umgelautetes (?) wgerm *au̯* in *gā* m (mhd *gou, göu*) Gau, *śdrāwix* n (vgl mhd *ströuwe, ströu*) Streu (Kollektiv), *śdrāwɛ* (mhd *strouwen, ströuwen*) streuen, *frāwɛ* (mhd *vrouwen, vröuwen*) (sich) freuen, *frāt* f (mhd *vroude, vröude, vreude*) Freude, *drābt* (er) droht.

Anm. Über wgerm *au̯* > *āf* in (*widɘr̓*)*kāfɛ* (mhd *kouwen, kiuwen*) wiederkauen vgl § 67 Anm 1.

3. Entsprechend § 96 a 2 sollte man für mhd *höuwe, göuwe (vrouwe)* ein **hāw, *gāw (*frāw)* oder **hāu, *gāu* erwarten oder nach § 107, 1 ein **hāp, *gāp*. Dafür im Taubergrund *hai* n Heu (*háiɛɹɛ* f Heuernte, *háihɘpfɐɹ* m Heuhüpfer, Heuschrecke), *Dɵɹɛgái* f Turmgau (Stadtteil in Tb), in O *Gáixɛsèds* f (mhd **göuchensetze?*), Kuckuckssitz (?) Flurname, in Königheim *i̯ndsgái* in den Gau. In diesem *hai, gai* liegt wohl der Reflex von ahd *hewi, gewi* (got *hawi, gawi*) vor, in *gā* aber der der obliquen Kasus mit *gouw-* (got *gaujis, gauja*).

b) Mhd *öu* in O > *ē*, zB *frēt* (es) freut, *gē* Gau, *hē* Heu, *śdrē* Streu, *dēfɛ* (mhd *töufen, toufen*) taufen; ebenso *ɛ* als Kürze in *kɛft* kauft (§ 192 b).

c) Die *p*-Ma — mit Ausnahme von Hainstadt und Walldürn, wo für *ei* nach BREUNIG 22 *öu = ɔy* (?) herscht — bietet für mhd *öu* den Laut *ē* in: *frēt* (*freit*) Freude, *frēdi* freudig, *dēfɛ* taufen, *glēwɛ* glauben, *gē* Gau, *hē* Heu; dagegen *ei* in: *śdrei* Streu, *freiɛ* freuen, *śdreiɛ* streuen, *reijarn* räuchern, *reiwɐ* Räuber (BREUNIG 18 und 22).

§ 101 A. Mhd *öu* vor Nasal > *ą̊*, zB *drą̊m* Träume (§ 245), in der *p*-Ma > *ę̊* (§ 246 c).

B. Die Konsonanten.

1. Halbvokale.

Mhd *j*.

§ 102. Anlautendes mhd *j* > *j*, zB *jǭ* m (mhd *jān*) Weinbergszeile, *jō* (mhd *jā*) ja, *jɔxɛ* jagen, *jɔxt* f Jagd, *jōəɿ* n (mhd *jār*) Jahr, *jüŋk* jung, *Jȳt* m (mhd *Jůde*) Jude, *jḗχəɿ* (mhd *jeger*) Jäger, *Jɔsəs, Jesəs* Jesus (Ausruf).

Anm 1. Anlautendes mhd *j* > *g* in *gȯwɛ̈dlɛ* (nhd *jähwettern*, mhd *gäwëtelen*, zu *wɛ̈ter*) stürmisch regnen, *gɛst* im Poppenhäuser Fuhrmannsruf *hɛ́sdɛgɛ̀st* (s Wb) < mhd *jensit*.

Zu *úfbsgḗɿɛ* zornig aufbrausen, *iɿɛ* gähren, *iɸs* Gips, *ilχɛ* (in Nachbarmaa) Lilie vgl § 146.

Anm 2. Mhd *ge*- und darauffolgendes *j* sind zu *k* verschmolzen (doch vgl § 252, in: *kɑ́ndəkɛ́fəɿ* Johanniskäfer, *kɑ́ndədɿɑ̀wɿɛ* Johannistraube, *Kɑ́nɛɿódl̥* Johann Adam (Spottname der Königheimer), *Kɛ́njɛ*, *Kɛ́nɿχɛ* Name des Dorfes Königheim (1363 Kennenkain, 1371 Hennenkein, zum ahd Personennamen Henning gehörig, vgl Wb).

Anm 3. Mhd *iɛzɛ, iɛzund* (so zB bei Luther) erscheint hauptbetont als *ɛds ɛ́dsůn*, nebenbetont als *ɛds*.

§ 103. Inlautendes mhd *j* nach mhd *i ī* geschwunden in: *faiɛli* Pl (mhd *vijellīn* neben *viel*) Veilchen, *bail* n (mhd *bīgel, bijel* neben *bīl*) Beil, *lait* liegt (§ 148). Für andere Vokale fehlen die Beispiele; denn *kȳ* Kühe, *frȳ* frühe, *blȳɛ* blühen, *brȳɛ* brühen, können auch auf die mhd Formen mit *h* oder *w* vor Vokal zurückgehen.

Anm 1. Über die Gruppe 'mähen', obd *mǣjen*, md *mēwen*, mundartlich *mēwɛ*, vgl § 73 Anm 5 und § 106 Anm 2.

Anm 2. *j* vor Vokal ist erhalten als *i* in *māi* (mhd *meije*) Mai, vgl auch *dswāi* zwei (§ 96 a 2).

Anm 3. *j* ist eingeschoben in *grȳ'j̀ ůn rōt* grün und rot.

§ 104. Mhd -*rj*- > *ɿiχ*, zB *bəɿiχ* m (mhd *bürge*) Bürge, *ludwɛ́ɿiχɛ* f (mhd *latwërje, latwërge*) Latwerge. Mhd *lj* > *lχ*, zB *lilíχɛ* und erweitert *liliχɛ* f (mhd *lilje*) Lilie, in Nachbarmaa *ilχɛ*. Mhd -*nj*- > *nχ niχ*, zB *kasdániχɛ* (mhd *kastānie*) Kastanie, *ɿ̥niχɛ* und *ɿ̥niχɛ* f (mhd *rinnje*) Strassenrinne.

Vielleicht sind hierher auch die Ortsnamen *Gisiχɛ* Gissigheim, *Didiχɛ* Dittigheim usw (§ 257 und § 149) zu stellen, falls mhd *Ditje(n)* < *Dietigen* < ahd *Dietingen* *Dietingun* (s Wb unter *Kīsi*) bestanden hat.

§ 102—106. Mhd *j* und *w*.

Mhd *w*.

§ 105. Anlautendes mhd *w* erscheint in den Mundarten als *w*, zB *wāds* m Weizen, *wēəɹ* wer, *wɔlt* m Wald, *wāx* weich, *wesɛ* wissen, *wυnəɹ* n Wunder, *woūɹəm* m Wurm.

Anm 1. Anlautendes germ *wr* war bereits in mhd Zeit zu *r* geworden; daher heisst es zB *ιŋɛ* (ahd *ringan* < *wringan) ringen, *ιaiwɛ* (mhd *rīben*, ahd *rīban* < *wrīban) reiben.

Anm 2. *b* für *w* erscheint in *baimedɛ* (Pl zu mhd *wěrmuot*) Wermut (ebenso im Hessischen, vgl WEIGAND unter *wermut*), *bįns* f Winde, Pflanze. — Für nhd *waten* heisst es in der Ma *bɔds* = baden?

Anm 3. Das gemeinmitteldeutsche *m* für *w* in *məɹ* (wir) ist mit LENZ I 29 aus der Assimilation von *nw* > *mw* > *mm* zu erklären, in Beispielen wie: sind wir, haben wir > *sįməɹ, hqməɹ* besw *heməɹ*; daher auch proklitisch *mɪ̥* besw *məɹ*, und dieses *m* hat das *w* sogar in der betonten, selbständigen Form verdrängt: *mīɹ*.

§ 106. 1. Inlautendes mhd *w* ist mit inlautendem mhd *b* bereits in mhd Zeit zusammengefallen und erscheint zwischen Vokalen gleichfalls als *w*, zB *drāwɛ* (mhd *drouwen*) drohen, *śdrāwɛ* (mhd *strouwen*) streuen, *hāwɛ* (mhd *houwen*) hauen, *gnīwɛ* (mhd *kniewen*) knien. Dieses *w* erscheint auch in *bēwɛ* (md *bēwen*) bähen, *mēwɛ* (md *mēwen*) mähen, *drēwɛ* (md *drēwen*) drehen, *sēwɛ* (md *sēwen*) säen, *blēwiŋ* f Blähung; obd mhd *bæjen, mæjen* usw. Vgl auch § 73 Anm 5.

Anm 1. Nach Analogie der letztgenannten Verben herscht in Nachbarmundarten, zB in Gissigheim, *gēwɛ* gehen, *śdēwɛ* stehen.

Anm 2. Wichtig ist der Gegensatz von vielleicht nicht mehr recht mundartlichen — doch auch in den Nachbarmaa ohne *w* — *baus* bauen, *draus* trauen, *ιays* reuen, *ayəɹ* euer, *nayi* Pl zu *nay* neu, *dray* Treue, gegenüber *drāwɛ* drohen, *śdrāwɛ* streuen, *hāwɛ* hauen, *gnīwɛ* knien, *mēws* mähen usw. — Über *frā* Frau und *rū* Ruhe s § 107 Anm 1.

Anm 3. *w* hat sich als Übergangslaut aus *u* vor Vokal neu entwickelt in *jάnɛwōəɹ* m Januar, *fébɪɛwōəɹ* Februar, *Édɛwàɹt* Eduard; vgl die parallele Entwickelung bei *j* (§ 104). Etwas anders zu beurteilen ist *Álwis* (< *Aluis) Alois.

Anm 4. Da der stimmhafte Reibelaut mhd *g* in unserer Mundart stimmlos geworden ist (§ 147), so sollte man für den stimmhaften bilabialen Reibelaut eine entsprechende Entwickelung erwarten. Doch sind die beiden einzigen Beispiele mit *f*: *pfylfɛ* m (mhd *pfulwe*) Pfühl und *wīdəɹkāfɛ* wiederkauen (§ 87 Anm 1 und § 101 Anm). Mag in diesen beiden Wörtern ursprünglich ein wirklicher Reibelaut vorliegen, die sonstigen *w* sind ebenso wie die inlautenden mhd *b* — wie aus der von *g* > *χ* bezw *x* abweichenden Entwicklung folgt — offenbar schon für die mhd Zeit als Halbvokale anzusetzen, dh nicht als Reibe-, als Geräuschlaute, sondern als vokalische, wie *j* oder das englische *w*. Das gilt nicht allein für unsere Mundart, sondern für die mitteldeutschen Mundarten überhaupt.

Anm 5. *nɔɪ* nur < mhd *nur* < *nūr* < *nįur < *niur < ahd *niwāri*; daneben *nær* < *nir* (§ 202, 5 und Anm und § 254) < *niwɛʒ < *niwɛrɛ < ahd *niwǣre*.

2. Auch nach *l* oder *r* ist *w* erhalten, zB *milwɛ* f Milbe, *olwəɪ* (mhd *alwǣre*) albern, *naɪwɛ* f (mhd *narwe*) Narbe, *færwɛ* (mhd *verwen*) färben.

Anm 6. Zu *pfylfɛ* m Pfühl vgl oben Anm 4.

3. Assimilation von *wn* > *wm* > *mm* (vgl *nw* > *mw* > *mm* § 105 Anm 3) weist *śwalmɛ* f (mhd *swalewe*) Schwalbe auf; der Nominativ ist den obliquen Kasus gefolgt: *swálewen* > *śwáləwm̩* > *śwalɛm* > *śwalm'(ɛ)* oder *swálewèn* > *śwálwm̩* > *śwalm(ɛ)*. Das *-ɛ* ist sekundär angetreten.

§ 107. Mhd *w* ist allgemein zu *p* geworden, nachdem unbetontes *ɛ* syn- oder apokopiert worden war:

1. im Auslaut, zB *lēp* Löwe (Kas obl *lēwɛ*), *hāp* f (< *hāwɛ) neben *hāwɛ* f (< *hāwɛn, mit Einführung des *-n* der obliquen Kasus in den Nom Sg) (< mhd *houwe*) Haue, *gnāp* (mhd *genouwe*) genau, *mœv(ə)p* mürbe, *śdɪāp* streue, *hāp* (ich) haue. Jedes auf mhd *w* (oder *b*) beruhende auslautende *b* ist erst nach Apokope eines auslautenden *ɛ* entstanden.

Anm 1. Auffällig ist *fɪā* f (mhd *vrouwe*) Frau, wofür *fɪāp zu erwarten wäre. Da bei diesem Worte eine andere Grundform schlechterdings nicht vorliegen kann, muss das *p* in Anlehnung an die dem Schriftdeutschen angepasste Umgangssprache gefallen sein. Der gleiche Fall liegt offenbar in *ɪū* f (mhd *ruowe*) Ruhe vor.

Anm 2. Auslautendes *w* hat es im Mhd nicht gegeben. *gɪō* grau, *blō* blau < mhd *grā*; *blā*, daneben die aus den obliquen Kasus eingetretenen Formen *gɪau*, *blau* (§ 70).

2. vor stimmlosen Konsonanten, zB *æɪ(ə)bs* f Erbse, *hābt* haut, *dɪābt* droht, *gɛgǣɪbt* gegerbt, *gsēbt* (zu md *sēwen*) gesät, *úfgɛblēbt* aufgebläht, *dābt* taut.

3. nach *t*. Aus *tw* > *tb* wurde *bb* > *b* in *əbəɪ*, *əbs* (mhd *ëtewār*, *ëtewaʒ*), vgl HEIMBURGER § 82, LENZ I 10.

2. Liquiden.

Mhd *l*.

§ 108. Mhd *l* ist als solches in allen Stellungen erhalten, zB *lāfɛ* laufen, *šdɔl* m Stall, *glāwɛ* glauben, *haldɛ* halten, *balgɛ* m Balken.

Mhd *ll > l*, zB *dalɛ* f Dohle (§ 268, 1).

Anm 1. *lɛ > ldɛ* (W und S *ldi*) s § 125.

Anm 2. In unbetonter Stellung ist *l* gefallen in *dɛɛbą́nɔɹt* selbander.

Anm 3. Ausfall des *l* infolge einer Dissimilation in *awf* soeben < *alwɔf* < *all die weil* (§ 277, 1).

Anm 4. Suffixvertauschung liegt vor in *Sɛbɐɹ* < *Sɛbɐl* Seppel.

Mhd *r*.

§ 109. Mhd *r* ist in den Nachbarmundarten im allgemeinen als alveolares *r* erhalten (doch vgl § 42). In Tauberbischofsheim selbst ist es dem modernen *ʀ* gewichen § 42), schwerlich auf Grund einer autochthonen Verschiebung. Das aus andern Städten — speziell Würzburg oder Mainz — importierte uvulare *ʀ* galt den Leuten wohl als weniger 'bäurisch'. Man macht sich auch vielfach in Tb über das 'grobe', namentlich im Auslaut schnurrende *r* der Nachbardörfer lustig. Beispiele: *ʀʊds* m Rotz, *ʀis* m Riss, *ʀɛ́χt* recht, *ʀāx* m Rauch; *kɶɹšɛ* f Kirsche, *gɶrdɛ* Gärten, *ɔɹš* m Arsch, *ɔʊšl̥* Ursula, *Kɔ́ɹlɛ* Dim zu Karl, *gɶɹdl̥* m Gürtel, *ɶɹdɛ* f Erde, *wɛ́ɹt* m Wert, *Dauwɔɹn* f Tauberfluss, *miɹ* mir.

Mhd *rr > ʀ*, zB *šaʀɛ* scharren (§ 268, 2).

Anm 1. Zu *bɹọ̑m̥ɹdɐɹ* Brombeere < mhd *brümber + ter* vgl § 277, 3.

Anm 2. Analogischer Antritt eines *ɹ*, wohl nach *owɐɹ* (mhd *ober*), *owɛɹm* ober dem, findet sich in *nɛwɐɹ* neben, *nɛwɛɹm* neben dem, ferner in *drɪdɛɹɐɹ* dritter. — Einschiebsel dürfte es sein in *mɐɹ* (< *mɛ* bezw *mɐ*) man, *foɹlɛ́iχt* vielleicht, *foɹkɔ́ndɛ* Vakanz und *Hɔ́dɛmɐɹ-séls* Flurname < mhd *Hademuotsheldɛ* (vgl *Hattumot, Hadamuot, Hademut*, FOERSTEMANN Namenbuch 646).

Anm 3. Das (auch rheinfrk) *gɛdɹʊ́ndɛɛ* aufgedunsen von der Kuh (vgl SCHMELLER *gedruse*(n)) beruht wohl auf einer Kontamination der Partizipien der begrifflich verwanten mhd Verba *dinsen* und *drinden*: (ge)*dunsen* und (ge)*drunden*. — Zu *šɹdɹɛdɛmɔ̑ɹɹ* vgl § 114 Anm 2.

§ 110. Schon im Mhd ist auslautendes *r* nach langem Vokal geschwunden oder erhalten, je nachdem konsonantischer oder vokalischer Anlaut beim folgenden Worte vorlag. So entstanden vielfach Doppelformen. Im Gegensatz zur Schriftsprache ist die Form ohne *r* verallgemeinert in *hī* hier. Lautorganisch sollte *r* stehen in *daus* draussen, *dɔuwɛ* droben, *hywɛ* 'hüben', *hịn* hier innen, *haus* hier aussen. Analogisch wiederhergestellt ist *r* in Beispielen wie *dɒbáị* dabei, *dɒfóɒ* dafür, *dɒwéɒt* der Mühe wert (LENZ I 53), *dɒnóx* danach usw. Vgl auch HEIMBURGER § 79.

3. Nasale.

Mhd *m*.

§ 111. a) Mhd *m* ist im An- und Inlaut erhalten, zB *mēwɛ* mähen, *Mịxḷ* Michael, *mɔxɛ* machen, *masdɒ* m Meister, *meɒɒ* n Messer', *mīst* Mist; *sụmɒɹ* m (mhd *sumer, summer*) Sommer, *dsǫmɛ* (mhd *zësamene*) zusammen, *ɒmsḷ* f Amsel, *blụmlɛ* n Blümlein, *dɑụmɛ* m Daumen, *grǫmpf* m Krampf, *dǫmpf* m Dampf, *šịmpfɛ* schimpfen, *mɑmpfɛ* hastig kauen — dagegen (er) *mǫpfḷt* von einem, der ohne Zähne kaut.

Anm 1. Ausfall des *m* (ursprünglich in proklitischer Stellung?) zeigt sich in *aṿfḷ* f Armvoll.

Anm 2. Infolge einer Assimilation ist mhd *wimmel* *wimel eine Masse (von Leuten oder Tieren) > *wiwḷ* m geworden.

Anm 3. *m* ist eingedrungen in *pfịmpf* m, auch *pfịms* (ahd *phiphiʒ, pfịpfɛ fịfiʒ*) Pfips, Pips.

b) Ob für die *p*-Ma *grǫmpf* oder *grǫpf*, ist aus der Arbeit BREUNIGS nicht zu ermitteln. Doch vgl § 114 b und 119 b.

§ 112. Mhd *mm* > *m*, zB *šwịmɛ* schwimmen (§ 268, 3); *m* vor Alveolar > *n*, zB *kụndst, kụnt* kommst, kommt (§ 275, 1). Über die Assimilation von mhd *mp, mb* und *md* zu *mm* > *m* vgl § 274, 2 und 3, über *n* vor Lippenlaut > *m* § 275, 2.

§ 113. Auslautendes mhd *m* ist schon früh mit *n* zusammengefallen und daher wie dieses (§ 117 f) geschwunden:

1. in betonter Silbe unter Nasalierung des vorhergehenden Vokals, nur noch ersichtlich aus *hǭli* (mhd

heimlich) heimlich, zutraulich; vgl auch *mǫpfḷt* § 111. — Die Nomina auf -*m* haben diesen Laut aus den obliquen Kasus wieder eingeführt, daher *drǭm* Traum, *bǭm* m Baum, *dsǭm* (mhd *zam*) zahm, für zu erwartendes *drụ̄, *bụ̄, *dsụ̄. — *m* haftet in den einsilbigen flexionslosen *hǭm* heim, *wę̄m* wem, *ɨm* im (verallgemeinert in Stellung vor Vokal?)

Anm. Über *ŋm* < mhd *einen* s § 114 Anm 4.

2. in unbetonter Silbe spurlos, zB *bēsɛ* m (mhd *bësem* > *bësen*) Besen, *bɔudɛ* m (mhd *bodem* > *boden*) Boden — aber *m* erhalten im Flurnamen *Bodəmlɛ* Dim zu Boden —, *fōdɛ* m (mhd *vadem* > *vaden*) Faden, dazu die Ortsnamen auf -ɛ < -*heim* (§ 257, 5). — *m* von mhd *broseme* Brosam liegt vor in *brosəmlɛ* n Dim.

Anm 1. *odəm* m (mhd *ātem āten*) Atem hat das *m* aus den obliquen Kasus wieder eingeführt, wie ja denselben auch der kurze Stammvokal (§ 157 Anm 2 und § 159 Anm 1) entstammt; die oben angeführten Beispiele repräsentieren auch in dem gedehnten Stammvokal die lautorganische Form des Nom, Akk Sg. Ebenso *wɔsəm* (< mhd *wase*, mit Suffixvertauschung) Rasen, und in Dittigheim mit Kürze *bodəm* (mhd *schatewe*) (in Tb *isdɛ*) Schatten; vgl zu letzterem bei LENZ I 43 das rheinfrk *sawm*. Hierher ist auch zu stellen *drasəm* m Fadenbündel von einem Gewebe, dazu Partizip *dusgədrāsḷt* losgegangen vom Gewebe (zu mhd *traseme*, vgl frz *trame* f Faden).

Anm 2. Suffixvertauschung liegt vor in *ɔ̄dəm* > *ɔ̄dḷ* Adam.

Mhd *n*.

§ 114. a) Mhd an- und inlautendes *n* ist erhalten, zB *nɔ̄pf* m Napf, *nē* f Nähe, *nōx* nach, *nēst* n Nest; *glęnəɪ* Komp kleiner, *gwę̄nɛ* gewöhnen, *ę̄ndəɪ* (mhd *ēner*) früher, *ą̊ndɪāx* Entrich, *wɨnt* Wind, *rɨnt* Rind, *wǭnɛ* wohnen, *dę̄nɛ* dehnen, *ɽúf͜ɨnɛ* Rufina, *grȳnəɪ* grüner, *mɨnəɪ* meiner.

Anm 1. *n* ist angewachsen aus der Verbindung mit dem unbestimmten Artikel in *nāst* m Ast, daneben häufiger *āst*. — Im Rheinfrk ist *n* angewachsen in *Nąna* Anna.

Anm 2. *n* ist im Komparativ *šwǽɪnəɪ* und im Superlativ *šwǽɪnst(ɛ* analogisch angetreten. — Suffixvertauschung in *šwáɪdənkɔ̄ɪɪ* m Schwartenmagen, mit Wursteig gefüllter Schweinsmagen.

Anm 3. Über Fälle wie Bastian > *Bassen* > mundartl *Basḷ*, mhd *agene* > *ɔxḷ* Acheln, Grannen, mhd *wīʒenen* > *waislɛ* weiss anstreichen, mhd *loukenen* > *laglɛ* leugnen usw vgl PFAFF 180. *l* für mhd *n* noch in *áldę̄ɪli* Pl (Dim) Pflanze marrubium < mhd *andorn*.

Anm 4. ą̊m (< mhd *einen*) für *ą̊n erklärt LENZ I 7 so: »Die Gleichheit beider Kasus beim refl Pronomen der 3. Person mag das Vorbild gegeben haben.«

Anm 5. *n* ist neben *w* § 106 Anm 1) hiatustilgender Konsonant der Mundart, zB *dɛu-n-ǝm* zu ihm, *sɛ-n-s* sehen (*u* und *ɛ* nicht nasaliert!), *dųnı* tue ich.

b) In der *p*-Ma — ausgenommen Buchen und Walldürn — zB *są̊t* Sand, ǫ̊s (§ 124 Anm 3) unser, *kų̊st* kannst, *gą̊s* Gans, *mḕst* meinst, *kḕt* Kind, *wḕt* Wind, *fę̊sdɐ* Fenster, *sqįt* scheint; aber *dsę̊ndɐ* Zentner.

§ 115. Inlautendes *n* ist geschwunden:

1. in betonter Silbe in: *fuft* fünfte, *fufdsę̊* fünfzehn, *fufdsıχ* fünfzig, *elf* (mhd *einlef*) elf, *sodn* (< *sotnɛı* < mhd *sōtāner*) so beschaffen, solch, *Sdafǝıt* Steinfurt (Ortsname); in der Flexion, mit Nasalierung, *mąst* neben *mąndst* meinst.

2. a) in unbetonter Silbe in: *nęmɛst* niemand, *sıbt* siebente, *budsɛs* in der Phrase *s bıauxt ką budsɛs* es braucht keines Putzens, *ōwɛt* neben *ōwǝnt* Abend, *fǝınáıɛ* (< *fǝųnáıɛ) für einen Narren (halten), (*fųn)lą̊ŋwæıtǟǝı* Adv < von lang während her = schon lange her, in Heckfeld *daust* tausend.

b) In der *p*-Ma: *dsę̊ndɐ* (mhd *zëntenǣre*) Zentner, *dudsɛt* (neben *dudsı̨t*) Dutzend, *dlɛtàlwɛ* allenthalben, *ɛbǒǝı* (mhd *enbor*) empor, *s kųmɛt jōǝı* das kommende Jahr.

Anm. *hĭbǟǝı* (mhd *hintber*) Himbeere in Königheim steht *hįŋɡsbǟǝı* in Reicholsheim, *hę̊mbǟǝı* in Eiersheim, *hǒbɛ́s* in Buchen gegenüber.

§ 116. Mhd *nn* > *n*, zB *sųnɛ* Sonne (§ 268, 4); *n* vor Alveolaren > *n*, zB *ęn* Ende (§ 274, 4); *n* vor Lippenlauten > *m*, zB *hąmpfl̥* Handvoll (§ 275, 2); *n* vor *r* und *l* > *ŋ*, zB *hųŋǝı* Hühner, *hųŋɡɛlɛ* Huhn (§ 275, 3); *ns* > *nds* (W und S *nds̆*), zB *gǫ̊nds* (*gǫųnds̆*) Gans (§ 125).

Über mhd *ng*, *nk* s § 119.

§ 117. a) Auslautendes *n* in betonter Silbe ist gefallen, der vorausgehende Vokal bleibt aber genäselt, zB *mǫ̊* m Mann, *ą̊* ein, *mąı̨* mein, *sąı̨* m Schein, *gɛdų́* getan, *dsę̊* zehn, *dsę̊* Zähne, *dsǭ* Zahn, *gıų̊* grün, *nąų* neun, *glą̊* klein, *śdą̊* Stein, *bĩ* n Bein, *ıą̊* (< mhd *rein*) Rain, *lǫ̊* m Lohn, *gmą̊* und *gmąn* f Gemeinde, *śdę̊* stehen, *gę̊* gehen, *dų̊* tun, *sqį* sein (daneben *śdę̊nɛ*, *gę̊nɛ*, *dų̊nɛ*, *sqįnɛ*), *śbı̨* m (?) (< mhd *spin*, neben *spint*) der junge Holzstoff eines Eichbaumes zwischen Rinde und Kern, *grȳ(j̇)ųn* *rōt* grün und rot, in Dittigheim *ŧbę̄* m für obiges *ŧbį̄* (< mhd *spën*). Jegliche Nasalierung ist geschwunden in *Śdafərt* Ort Steinfurt.

Anm 1. Satzdoppelformen sind: *ə̨* und *ąn* (zB in *ąndęm*, beinahe); *ąn* ist entstanden im Satzzusammenhange vor Vokal. Neben *ə̨* und *ąn* kommt *ǫn* vor, zB in *ǫ́ni* (mhd *anhin*) hin. *Hǫnes* Johann besteht neben *Hǫ́niǵł* (häufiger Familienname in Dittwar) < *Hǫ́niǵł* < Hann-Nickel = Johann Nikolaus. *fų̄* zB in *dəfų̄* davon, gegenüber *fųn* < *von*. *kǫn* (mhd *kan*) kann, gegenüber *kṓ*, *kǫu̯* der südl Nachbarmundarten. *mər dųn* wir tun, gegenüber *mər dų̄ns*; *mər štę̄ns* wir stehen, gegenüber *ídęn* u ähnl.

Anm 2. In *ə̨n* einen, *kę̄n* keinen, *ə̨n* ihn, *mąin* meinen, *dąin* deinen (Akk des Pron poss) wird *n* < **nn* als stammhaft empfunden.

b) In den O-Maa herrscht völliger Schwund der Nasalierung, zB *lō* Lohn, *šę̄* schön, *šdē* Stein, *brau* braun, *gmē* Gemeinde, *grē* grün, *dsou* Zahn, Pl *dsei*, *mɔ̄* und *mɔ̄e* Mann.

§ 118. 1. a) Auslautendes *n* in unbetonter Silbe ist nach Vokal spurlos geschwunden, zB in der Infinitivendung *-en* > *-ε*: *mɔχε* machen, *reide* reden, *gnīwe* (mhd *kniewen*) knieen; ferner in der Flexion: *lēwe* Akk Sg zu *lēp* Löwe, *fœ̄ŕsde* Kas obl zu Fürst; — *ǫ́ni* (< mhd *anhin*) dorthin, *fə́ri* vorhin, nach vorn.

Anm 1. Satzdoppelformen § 117 Anm 1. — *mər* man § 109 Anm 2.

Anm 2. Enklitisches 'denn' ist zu *ən* abgeschwächt in Redensarten wie *wɔ̀ə hósdən* was hast du denn, *wɔ̀ə dróiχədən* was trägst du denn.

Anm 3. *šo* 'schon' hat in ursprünglich unbetonter Stellung seine Nasalierung verloren; daher auch *šomł̨* schon einmal.

b) In den O-Maa hat Schwund des *-en* statt, mit Hinterlassung der Kehlkopfspirans, zB *šeśʿ* schiessen, *gafʿ* gaffen, *gāwʿ* geben; doch liegen hier die Verhältnisse noch nicht klar genug vor.

2. In einer Reihe von femininen Substantiven erscheint in den Dialekten auslautendes *n* in unbetonter Silbe nach *r* als *n*. Bei den meisten der fraglichen Substantiva hat sich das *n* auch in den Kasus rektus eingeschlichen, zB in *kąmərn* (mhd *kamer, kamere*) Kammer, *gląmərn* f (mhd *klammer, klamer, klamere*) Klammer, *lewərn* f (mhd *lëber, lëbere*) Leber, *kaldərn* f (mhd *kalter *kaltere*) Kelter, *Dauwərn* (mhd **Tūbere*) Tauberfluss, *fedərn* f Feder, *šdaybərn* (mhd **štiuppere*) Haltestange, *ladərn* (mhd *leitere*) Leiter,

odəɪn (mhd *āder*, *ādere*) Ader, budəɪn f (mhd *butere* neben *buter*) Butter, glabəɪn (mhd *klappere*) Art Schelle, mit der am Charfreitag in den Kirchen an Stelle der Glocken geläutet wird. Gleich hier sei bemerkt, dass im Plural dieser Substantiva sowohl *-əɪn* als *-ɪɛ* als Endungen fungieren, glɑmənn und glɑmɪɛ usw. Nach letzterer Form wird auch also bei der jüngeren Generation ein Sg ohne Flexionsendung gebildet, also *ladəɪ* f Leiter, *budəɪ* Butter usw.

Mhd η in *nk* und *ng*.

§ 119. *a)* η ist in allen Stellungen erhalten, zB *śdiηgɛ* (mhd *stinken*) stinken, *dųηgĺ* dunkel, *gśdǭηk* m (mhd *gestanc*) Gestank, *dǭηk* m Dank, *śdɪǭηk* m Strang, *jųηk* jung, *ǫ́fǫηk* m Anfang, — *sɪηɛ* singen, *dɛηlɛ* dengeln, *bɪɛηɛ* bringen, *gɛη* Gänge, *gsɛη* Gesänge, *śdɪɛη* Stränge usw.

Anm 1. Mhd *künine* entspricht *kęnix* (halb fremdwörtlich?) (§ 151); dagegen mhd *pfenninc* Pfennig regelrecht > *pfɛni*, daneben *pfɛ́niη*; mhd *engerlinc* > *ɛŋɛɪli* Pl Engerling. Ortsnamen auf *-ing(en)* > *-i* vgl § 257, 6.

Anm 2. Inlautendes mhd *ng* ist geschwunden in *ıɛqiɛɪt* m Weinberg (< mhd *wingarte*) und in *ʋɛɪɪśɛ* f Dickrübe, Rangerse (< mhd *rangerse*), in Nachbarmaa *rɑηɛɪśɛ*.

b) In der p-Ma zB *gɑ̨k* Gang, *dɑ̨k* Dank, *bɑ̨k* Bank, *grɑ̨k* krank. Weitere Beispiele für andere Vokale fehlen bei BREUNIG.

4. Reibelaute und *h*.

Mhd *f* (*v*).

§ 120. Germ *f* ist mit in- und auslautendem germ *p* vollständig in *f* zusammengefallen, zB *fjnɛ* finden, *hofɛ* hoffen, *lāfɛ* laufen, *hɔuf* m Hof usw.

Dieser Zusammenfall ist erst in neuerer Zeit eingetreten. Zur Zeit der Dehnungen (§ 157 ff) und der Kürzungen (§ 180 ff) war germ *p* in unserer Mundart geminiertes *f*, soweit es mhd *f* (*ff*) und nicht *pf* entspricht. Erweisbar ist die Geminata allerdings nur nach vorhergehendem Vokal (WINTELER Kerenzer Mundart S 43). Auf alte Geminata weist zB das Unterbleiben der Vokaldehnung in *hofɛ* hoffen gegenüber der Dehnung vor einfachem f (< germ f) in *hɔuf* Hof, die Kürzung der alten Länge in *safɛ* < *sāfɛ < mhd *seife* Seife, gegenüber der Erhaltung der Länge in *kūfɛ* kaufen. Zur Vereinfachung des $ff > f$ s § 268, 5.

Anm. Grammatischer Wechsel *b-f* ist ausgeglichen zu Gunsten von *b* in *hawɐ* m Hafer, zu Gunsten von *f* in *hofḷ* m Hobel, in Nachbarmaa *dncīfḷ* Zwiebel.

§ 121. Anlautendes $fl > pfl$ in *pflǚxfàyɐ* n 1. Pflanze Flugfeuer, 2. Rotlauf beim Vieh, *pflǚzhàwɐ* m Flughafer (volkstümliche Anlehnung an *pflūx* m Pflug?), *pflɛxdɛ* flechten (aus Verbindungen wie Korb-flechten?), *pflēxgɪās* (bei LENZ I 13 *flēxtgɪās*) n Art Unkraut (Anlehnung an *pflēxɛ* pflegen?), in Reicholzheim *pfédsɛ̄mɛst* Art Ameise gegenüber *fádsɛ̄mɛst* in Werbach, in Poppenhausen *pfųɐrds* m Furz (Lautmalerei?). Im allgemeinen entspricht aber fl-anlautendem mhd *fl* bezw *vl*, zB *flįndɛ* f Flinte, *flęnɛ* flennen, weinen, *flīxɛ* fliegen, *flais* m Fleiss, *flōk* m Floh, *flédɐɪmǎus* f Fledermaus. Doch könnte immerhin die Wandlung $fl > pfl$ die regelrechte, und *fl* unter Einfluss der Schriftsprache entstanden sein. Vgl auch § 140.

Mhd ȥ.

§ 122. Mhd ȥ ist in Tb, N und O vollständig mit mhd *s* in *s* zusammengefallen. Getrennt sind beide Laute jedoch in Eiersheim, in W und S; hier steht *š* < mhd *s* (§ 124, b) dem *s* < mhd ȥ gegenüber, zB *daus* (< mhd *da ūz*) draussen, *šbīs* (< mhd *spiez*) Spiess, *gās* Geiss, *baisɛ* beissen, *ɐbs* etwas, *gasɛ* f Gasse, *masḷ* Meissel, *ærbs* Erbse, *bįndsɛ* Binse, *frɛss* fressen, *gɪmās* Geschmeiss, *nis* Nisse, Lauseier, *ɛ̄mɛst* f (Heckfeld *ɛ̄ms*) Ameise.

Das *s* aus mhd ȥ war ursprünglich Geminata. Eine solche bestand vor Vokalen noch zu der Zeit, als Dehnung und Kürzung eintraten (§ 157 ff), daher zB *masḷ* (mhd *meizel*) Meissel gegenüber *gɪmās* n (mhd *gesmeize*) Geschmeiss, *frɛss* fressen gegenüber *fɔs* m (mhd *faz*[ȥ]) Fass. Vgl § 268, 6.

Anm 1. ōs Aas (Schimpfname) in Heckfeld weist auf mhd *āȥ statt *āȥ*; *drōsḷ* f Drossel in Dittwar verlangt mhd *drozel, dessen *o* merkwürdigerweise Dehnung erfuhr.

Anm 2. Der alte Wechsel zwischen westgerm *t* und *tt* spiegelt sich in *wäs* m Weisen in W, *wes* in O, gegenüber *wäds* in Tb und N (< ahd *weitzi, weiszi*). — Für nhd *gesessen* bietet Tb *geedse*.

§ 123. Mhd *rz* wie *rs* > *is*, zB *hærš* (mhd *hirz, hirz*) Hirsch, *wærdəs̀* werdet ihr es, *qnəš* (mhd *anderez*) anderes, daneben wohl jünger *qnəs*. Weitere Beispiele fehlen.

Mhd *s*.

§ 124. a) Mhd *s* erscheint normalerweise als *s*, zB *sįŋɛ* singen, *syn* f Sünde, *sau* f Sau; *hɔsḷ* Haselstaude, *bēsɛ* m (mhd *bësen, bësem*) Besen, *fɔ́sɛnɔ̄xt* f (mhd *vasennacht*) Fastnacht, *wɔ́səm* m Rasen, *bə́s* böse, *glɔ́s* n Glas, *haus* n Haus usw. Einige Wörter mit anlautendem *ds* für *s* wie *dsulɔ̄t* Salat, *dsélɛɪ* Sellerie, erweisen sich als Fremdwörter.

Mhd *ss* > *s*, zB *kysɛ* Kissen (§ 268, 7).

Anm 1. Analog dem *s* genetivischer Adverbien ist *s* angetreten in: *adés* adieu, ade, *šebš* schief, *nįməst* niemand, *fśailist* (mhd *vrīlīche*) freilich.

Anm 2. Neben *wilt* (mhd *wilt*) (du) willst, findet sich bei der jüngeren Generation *wildst* (§ 125 a).

Anm 3. *ųnəʳ* 'unser' geht nicht auf mhd *unser*, sondern wohl auf mhd *under* > *unner zurück (vgl *under* bei LEXER II 1936, WEINHOLD Bair Gramm § 362 und Wb).

Anm 4. Nachbarmundarten (zB Königshofen, Grünsfeld) bieten für *is* (< mhd *is*) ist: *iš*, das Resultat eines Kompromisses von mhd *is* und einer 3. Person mhd *bit.

b) Ebenso erscheint *s* in N und O. In Eiersheim, W und S ist jedoch in- und auslautendes mhd *s* in *š* übergegangen, zB in Heckfeld: *eišḷ* Esel, *məyšɪ* n Moos, *hā́šɾli* heiser, *bə̄šɛ* Besen, *glōš* Glas, *hauš* Haus, *bə̄š* böse.

§ 125. a) Mhd *ls, ns* > *lds, nds*, zB *hɔ́lds* Hals, *gǭnds* Gans, *felds* Felsen, *sęndsɛ* Sense.

Anm. Der Übergangslaut ist in den Mundarten bald mehr, bald weniger stark entwickelt. BREUNIG 34 stellt für Reisenbach gänzliches Fehlen desselben fest.

b) W und S haben dafür *ldš ndš*, zB *hɔ́ldš* Hals, *gǫundš* und *gǭndš* Gans, *sęndšɛ* Sense, *dsịndš* Zins.

§ 126. Mhd *s* > *š*:

1. im Anlaut vor *w, m, n, l, p* und *t*, zB *šwɔ́əɾds* (mhd *swarz*) schwarz, *šwįmɛ* (mhd *swimmen*) schwimmen, *gə́šwɛ̃ʳ*

§ 122—127. Mhd ʂ, s, sch.

n (mhd *geswĕr*) Geschwür, *ėśwįnɛ* f (ahd *aswinga*) Abfall von Hanf oder Flachs, der 'gebrecht' wird; *ʂmɔl* schmal, *ʂmidɛ* f Schmiede, *gėmɔk* m Geschmack, *ʂnē* Schnee; *ʂnɔwoɬ* m Schnabel, *ʂnaidɛ* schneiden; *ʂlōf* (mhd *slāf*) Schlaf, *ʂlōt* (mhd *slāt*) Schlot, *yndśli* (mhd *unslit, inslit*) Unschlitt, *ʂlɔxɛ* schlagen, *ʂlɔx* m Schlag; *ʂbadʂ* m Spatz, *ʂbīʂ* m Spiess; *ʂdų* Stein, *ʂdīɘʀ* Stier, *ʂdɔuk* Stock.

Anm 1. Im Auslaut und Inlaut steht *sb* und *sd* in Tb, N und O, dagegen *źb* und *źd* in W und S (§ 122 und 124 b), zB *Kaʂbɘʀ*: *Kaʂbɘ̄ʀ* Kaspar, *aʂbɛ* : *ėźbɛ* Espenholz, *ɦwɛʂdɘʀ* : *ɦwɛʂdɘ̄ʀ* Schwester, *dɛʂdɛ* : *dɛśdɛ* desto, *ɔʂt* : *ōśt* Ast, *gwėʂɛt* : *gwėśɛt* gewesen, *biʂt* : *biśt* bist, *maʂdɘʀ* : *maśdɘ̄ʀ* und *mąśdɘ̄ʀ* Meister, *nɛʂt* : *nɛśt* Nest, *dʀɛʂdɘʀ* : *dʀɛśdɘ̄ʀ* Trester, *beʂt* : *beśt* beste, *ʂdøʂt* : *ʂdøśt* stösst (2. Sg), *loʂt* : *lośt* lässt (2. Sg), *hoʂt* : *hośt* hast, *gwīʂt* (mhd *gewis*) : *gwiś* gewiss, *Guʂdɬ* : *Guśdɬ* Gustav.

Anm 2. Beim Verbum wird *śt* häufig durch *ʂt* (nach Analogie derjenigen Verba, die wie *duʂt* 'tust' nicht auf -*śt* endigen) verdrängt, zB *fɛɘʂt* neben *fɛɘʂt* fährst, *hąʀʂt* neben *hąʀśt* hörst. Die Formen mit -*ʂt* werden vorwiegend von der jüngeren Generation gesprochen.

Anm 3. *ui-ʂdòk* statt *uiśdòk* Ruhestock (beim Fangspiel) wegen der Trennung mhd **ruowes-toc*, die auch allein die Kürze des *u* erklärt.

Anm 4. Über das weitverbreitete *ś* in *náyśiʀi* neugierig (vgl auch *niśśiʀɘx* MAURMANN Grammatik der Mundart von Mülheim an der Ruhr § 120 Anm) sagt LENZ II 17: »Nach SCHMELLER ist es mhd *niuwes girec*, also nicht eine blosse Aussprachevariation, wie man gewöhnlich glaubt. Das mhd *s* + *g* hat sich also genau so entwickelt wie *sk*, dh es wurde zu *sch* (*ś*). Ähnlich ist bair *schmorgens, schnachts* aus 's morgens, 's nachts entstanden. In Bielefeld sagt man *niggɛgierig*, in Wien *neuschieri*, am Rhein *neidscheerig*. Siehe SCHMELLER I 1711.« Ebenso erklärt sich rheinfrk *Weiʂds* f Fluss Weschnits bei Weinheim < ahd *Wisgoz* (LENZ II 20). Hierher auch *ɦśɛxdi* 'auf einer Seite (mit Zugtier) bespannt' für **ąʂɘxdi* < *eins + joxt* (Joch)?

2. nach *r*, zB *Wʀśɬ* Ursula, *fɛ̄ʀśɛ* f (mhd *vērsen*) Ferse, *fɶʀśt* Fürst, *ɶʀśt* erst, *fɛ̄ʀśɛ* m Fersen, *fɶʀśi* vorwärts, für sich, *hįnɘʀśi* rückwärts, hinter sich, *Dǿʀʀnɘʀśdűʀɛ* Türmersturm, *Śɛ́fɘʀślö́lɛ* Schäfers Löhlein (Gewann) ; in der laufenden Rede: *ʂɛ́lɘʀśdų́nɛ* soll er es tun?

Mhd *sch*.

§ 127. Mhd *sch* erscheint durchweg als *ś*, zB *śįnɛ* schinden, *śaywɛ* f Scheibe, *śąn* f Schande, *śo* schon, *śįndɬ* m (mhd *schindel*, ahd *scintula, scintilo*) dünner Holzziegel, šɔdɛ m (mhd *schade*) Schaden, šedl̥ m (mhd *schëdel*) Schädel, šodɛ Schatten, šolɛ Scholle, šʊɐɪpf (ahd mhd *scharf scharpf*) scharf, šegit (mhd *schëckëht*) scheckig, šēl (mhd *schël, schëlh*) scheel, šɛŋgl̥ Schenkel, šēɪɛ (mhd *schǣre*) Scheere, šìɛs schiessen; ašɛ Asche, wašɛ (mhd *waschen*) waschen, dašɛ (mhd *tasche*) Tasche, flašɛ Flasche, wɐ̈š m Wisch, flāš Fleisch, fiš Fisch, gɛbýš Gebüsch.

Mhd *ch*.

§ 128. a) Mhd *ch* entspricht χ und x. Nach *i ī ɛ ē ei ai*, gewöhnlich auch nach *y ȳ ay ǝy* wird der *ich*-Laut χ gesprochen; vorderes x, der *öch*-Laut, nach *ɵ ō* (oft auch nach *y ȳ ay ǝy*). Der *ach*-Laut x wird stets nach *a ā ɔ ɔ̄ o ō u ū au ɔu* gesprochen. Beispiele für χ: siχl̥ f (mhd *sichel*) Sichel, meiχst machst, ιaiχ reich, byχɐɪ Bücher; für vorderes x: lɵxlɛ n Löchlein, hɵ̈xǝɪ höher; für hinteres x: laxɛ lachen, ιāxɛ rauchen, mɔxɛ machen; bɔx f Bach, gnɔxɛ m Knochen, hōx hoch, wuxɛ f Woche, baux Bauch, lɔux Loch. — Nach *l* erscheint nur χ, zB šelχ, šeliχ m (mhd *schelch*) Nachen, silχs (mhd *schilhen*) schielen, liliχs Lilie, kɔ̄liχ (mhd *kalch*) Kalk, miliχ miliχ (mhd *milch*) Milch; ebenso in Kɛdχɛ Kätchen, Mālχɛ Amalia (-χɛ < Suffix *-ichen*). In allen diesen Fällen ist *l* durch vorausgehenden *i*- oder *e*-Laut oder durch nachfolgenden (teils geschwundenen) Svarabhaktivokal (§ 278) palatalisiert.

Mhd *ch* < germ *k* ist Geminata gewesen, die vor Vokalen noch bestand, als die Dehnungen und Kürzungen eintraten, vgl syχɛ (mhd *suochen*) suchen, wuxɛ Woche gegenüber wāx weich (§ 180 ff). Vgl § 268, 8.

Anm 1. Wechsel *ch-h* ist zu Gunsten des ersteren ausgeglichen in dɛiχɛ ziehen, hɵ̈xǝɪ höher, ιaux rauh, hǣx f Höhe.

Anm 2. Nhd *lache, pfütze* entspricht *laɡɛ* f (vgl ahd *lahha* neben *laccha*, Beitr XII 552).

b) Die *p*-Ma hat für inlautende mhd *ch* den stimmhaften palatalen bezw velaren Reibelaut (im Sinne des § 45 c). Nach Brɛunɪɢ 33: bɛjɐ Becher, rījɛ riechen, wuɣɛ Woche, gnoɣɛ Knochen, būɣɛ Buche. Vgl auch § 147 b.

§ 127—132. Mhd *sch*, *ch*, *h*. 59

c) O bietet nach *e* nicht χ, sondern *x*, zB *rëxt* Recht, *maxdi* mächtig.

§ 129. Im betonten Auslaut ahd *h > k*, zB *flōk* m (ahd *flōh*, mhd *vlōch*) Floh, *šūk* m (ahd *scuoh*, mhd *schuoch* [*h*]) Schuh. Hingegen ist ahd auslautendes *ch* erhalten in Beispielen wie *bōx* f Bach, *baux* Bauch, *lɔux* Loch, *wāx* weich, *ιaiχ* reich.

Anm. *hōx* hoch, *raux* rauh haben ihr *x* aus den obl Kasus wieder eingeführt. — Nach Abfall des -*e* in den Auslaut gekommenes *ch* ist als *x*, *χ* erhalten. In Nachbarmaa nicht noch *hōk* von älteren Leuten?

§ 130. Mhd *ch* ist geschwunden:
1. in betonter Silbe vor *f* in *búfiŋk* m (zu mhd *buoche*) Buchfink, vor *st* in *búsd̦ɔwɛ* m Buchstabe. Vgl dazu nhd *hoffart* < mhd *hōchvart*. Vgl auch § 133.
2. im Auslaut, zB *glai* gleich, *ī* (daneben *īχ*) ich, *mi* (daneben *mīχ* mich).

Anm. Mhd *doch > dox* doch, weil enklitisch im Satze, also tatsächlich nicht auslautend.

3. in unbetonter Silbe, besonders im unbetonten Auslaut, zB *no* noch, *ā* auch, *hạli* (mhd *heimlīch*) zutraulich, *fɪaili*, *fɪailist* (mhd *vrīliche*) freilich.

Mhd *h*.

§ 131. Anlautendes *h > h*, zB *haus* Haus, *Hạnes* Hannes, Johann, *hēəɪ* her, *hege* Hecke, *hįml̦* Himmel, *hįnɛ* hinten, *hɔusɛ* Hose, *hōx* hoch, *hįnt* Hund, *husde* Husten, *hudsl̦* f (mhd *hutzel*, *hützel*) getrockneter Birnschnitz, *hēəɪlɛ* (zu mhd *hēre*) Grossvater, *husdà* Ruf der Sautreiber (vgl mhd Jagdausdruck *hu! sa!* WEIGAND unter *husa* und *hui*), *hopfɛ* hüpfen, *hulɛfɪäle* Frau Holle.

Anm 1. *gɪap* m Rabe, *gɪįŋkstɪɔm* ringsherum, *įmgɪįŋl̦* im Ringel sind entweder zu erklären aus ahd *hraban* neben *raban* usw (vgl dazu Beitr VI 556) oder aus mhd *ge + r*.

Anm 2. *wist* (auch *hyist*) Fuhrmannsruf 'links', rheinfrk *hišt* dürfte nicht zu mhd *winster* zu ziehen sein, sondern geht auf mhd *hiesit > *hīst > *hišt > hyišt wist* zurück.

§ 132. Geschwunden ist *h* inlautend zwischen Vokalen, zB *nō* (mhd *nāhe*) nahe, *gsē* gesehen, *gsē* gesehen, *fɔusie* (< mhd *versihen*, Partizip zu mhd *sihen*) keine

Milch mehr gebend, *lęnɛ* (mhd *lēhenen*) lehnen, *flē* (Sg *flōk* Flöhe, *šū* (Sg *šūk*) Schuhe, *sist* siehst, *sīt* sieht.

Anm. *dəīχɛ* ziehen, *hę̄χɛn* höher usw siehe § 128 Anm 1.

§ 133. Mhd *hs* erscheint gemeinmitteldeutsch als *ss* (BREMER Beiträge zur Geographie der deutschen Mundarten S 39 ff); so im Rheinfrk — allerdings mit Nasallaut — *wǫinšįkèašɛ* (zu mhd *wihsel*) Weichselkirsche, *dąinšį* Deichsel, *lqiŋš* f (< mhd **līhse* oder **liuhse*, LENZ I 27) Stangen, die an den Achsen eines Wagens befestigt sind, *rešįn* (< mhd *rehsenen*, LENZ I 40) husten, keuchend atmen. Diesen Beispielen stehen bei LENZ gegenüber die aus dem Gemeindeutschen eingewanderten *ags* Achse, *agšį* Achsel, *segs* sechs, *degšį* m (< mhd *dëhsel*) Küferbeil, *wagsɛ* wachsen, *wegšį* Wechsel. — Ebenso weist Tb nur die Formen mit *gs* auf: *ogs* m (mhd *ohse*) Ochse, *ɔgs* f (mhd *ahse*) Achse, *Sɔgsɛ* Sachsen, *fugs* Fuchs, *áidègsɛ* (mhd *egedëhse*) Eidechse, *nigs* nichts, *daigšį* f (mhd *dīhsel, dīsel*) Deichsel, *segs* sechs, aber *séχdsè̢* sechzehn, *wegšį* m Wechsel, *flɔgs* Flachs, *wɔgs* Wachs, *ɔgšį* Achsel, *dɔgs* Dachs, *wigsɛ* (mhd *wihsen*) wichsen. Doch in unbetonter Silbe *Gǣrlsɛɛ* Gerlachsheim (= Heim des ahd *Gērolah*). — In Nachbarmaa (Lauda, Gerlachsheim) finden sich *daišį* Deichsel (mhd *dīsel* neben *dīhsel*), ebenda die Flurnamen: *Óušɛbǣriχ* Ochsenberg, *Óušįdrwéχ* Ochsentalerweg (neben *ogš* Ochse), *Flɔ̈šląnɛ* Flachslanden, *Gə̀ərlɛsgrų̈nt* Gerlachsgrund. Vgl § 130, 1.

Anm. In Beispielen wie *mɛiχst* machst, stammt das χ aus dem Infinitiv.

§ 134. Mhd *ht*:

1. in betonter Silbe > χ*t* oder *xt* nach der § 128 gegebenen Regel, zB *liχt* Licht, *gwïχt* Gewicht, *nɛχt* Nächte, *rèχt* recht, *fayχt* feucht, *mɔχt* möchte; *frūχt* f Frucht, Getreide.

2. in unbetonter Silbe > *t* in *egit* (mhd *eckëht*) eckig, *šegit* (mhd *schëckëht*) scheckig, daneben *šegiχ* und *šegi*. Näheres § 259, 4.

§ 135. Mhd *schilhen* > *šilχɛ* schielen. Mhd *schël(ch)* > *šėl* scheel, mhd *bevëlhen* > *bɛfė̢lɛ* befehlen. Vgl auch § 128 a

5. Explosivlaute.

Mhd b.

§ 136. 1. **Anlautendes** mhd *b > b*, zB *bal* (mhd *balde*) bald, *balmɛ* Pl Palmen, *bēɹ* m Bär, *bīɹɛ* f Birne, *budsɛ* (mhd *butzen*) putzen, *bɛχ* n Pech, *bęndsļ* m (mhd *bensel*) Pinsel, *bábɛgài* Papagei, *babíɹɹ* Papier, *bɔ̄s* f Base, *bap* m (mhd *bap*) Pappe, *bɔ̄bst* m Pabst, *bilɛ* f Pille, *bigļ* m (mhd *bickel*) Hacke.

2. Jüngere Lehnwörter haben im Anlaut *p*, zB *Pēdɹɹ Peidɹɹ* Peter, *Paul* Paul, *pų̄ŋkt* Punkt, *post* f Post, *pest* f Pest. Vgl § 141, 1 a.

3. *b* der Vorsilbe *be + h*, welches die Stammsilbe anlautet, *> p* zB *paldɛ* behalten (§ 252, 1).

§ 137. 1. a) **Inlautendes** *b* erscheint nach Vokal, sowie nach *l* und *r* als *w*, falls *ɛ* bezw *ə* darauf folgt, zB *ídúwɛ* f (mhd *stube*) Stube, *hɔ̄wɛ* (mhd *haben*) haben, *owɹɹ* (mhd *ober*) Präposition ober, *Dauwɹɹn* Tauberfluss, *halwɹɹ* halber, *ogdóuwɹɹ* Oktober, *dsɹoywļ* (mhd *zibolle*) Zwiebel, *salwɛ* f (mhd *salbe*) Salben, desgl *ɋisàlwɛ* einsalben, *ídærwɛ* (mhd *stërben*) sterben, *ærwɛ* erben, *íærwɛ* f (mhd *schërbe*, *schirbe*) Scherbe.

Anm 1. Mhd *ërtber + ter* (wohl nach mhd *wachalter* gebildet) ergab mit Ausfall des *t ærɹbʃdɹɹ* Erdbeere, daneben seltener *ærwʃdɹɹ*. Mhd *erbeit > ærbt* Arbeit. *Díbɹɹt* < mhd *Dietbur* 1169 (< *Dietewür < *Dietenbür, *bür des Dieto*) Name des Dorfes Dittwar.

Anm 2. *gɹawɛls* krabbeln < mhd *krabelen* (neben *krappelen*); *dsawɛls* sappeln < mhd *zabelen* (neben *zappelen*).

Anm 3. Zu beachten ist der Wechsel *b-w*: *op* (ob), aber im Satzzusammenhange: *ówɹɹ bláít* ob er bleibt usw.

Anm 4. Zu *hawɹɹn* Hafer gegenüber *hofļ* Hobel vgl § 120 Anm. — *gɹ* gegeben neben *gɛ̄wɛ* ist wohl nach *gɛ̄ɹ* < **gɛ̄ɹs* < *gesɛ̄hen* gekürzt. Ähnlich in Dittwar *gɹō* gewesen.

b) Die *p*-Ma (Buchen) bietet nach BREUNIG S 32 *obɛ* oben, *dobɛ* dort oben, *ídubɛ* f Stube, *lebarn* f (mhd *lëbere*) Leber, *habarn* m (mhd *haber habere*) Haber. Weitere Fälle sind nicht gebucht.

2. *bb > b*, zB *bablɛ* pappeln (§ 268, 9); *mb > mm > m*, zB *ą̄mɹɹ* Eimer (§ 270 und 274, 2).

§ 138. Stammauslautendes *b* ist, nachdem das folgende ε bezw *e* ausgefallen (§ 264), vor *t* und *s* der Endung geschwunden in: *hɛt* (ihr) habt, *kɔdɛ* (< mhd *geha[b]ten*) gehabt, *gɛt* gebt, *blait* (er, ihr) bleibt, *sɛlt* (< mhd *sëlbt*, ahd *sëlbot* nach *dorot*) dort, *blaist* bleibst, *wäisbĭl* n Weibsbild.

Anm 1. In *blaist* und *wäisbil* ist keine Ersatsdehnung eingetreten, die man doch nach mhd *gibt* > mhd *gīt* (mundartl *gait*) erwarten sollte. Mhd *gīt* dürfte sich daher nicht aus mhd *gibt* 'mit Ersatzdehnung' erklären, sondern ist eine, wohl nach mhd *līt* 'liegt' gebildete Form.

Anm 2. Mhd *lëb(e)kuochen* > *lëkkuochen* (Analogie nach mhd *lecken* lecken, oder Assimilation *bk* > *kk*?) > *lɛ́-kùxɛ* Lebkuchen (§ 161 Anm).

§ 139. Sowohl ursprüngl auslautendes germ *b* (> mhd *p*) als nach Apokope in den Auslaut getretenes *b* ist nach Vokal geschwunden, zB *bū* Bube (Kas obl dagegen *būwɛ*), ɔ (< mhd *abe*) ab, ʊ̃ (mhd *abe*) herab, *gē* gebe, *blai* bleibe, *dɪ̃y* trübe, *hɔ* habe.

Dagegen nach Konsonanz zB *kǫmp* (< mhd *kamp*) Kamm, während zB *šwɑm* Schwamm die aus den obliquen Kasus verallgemeinerte Form zeigt.

Anm 1. Wie ʊ̃ 'herab' sind wohl *ɪỹ nỹ dɪỹ* 'hierüber, hinüber, darüber' zu beurteilen, die auf mhd *hërübe(n)*, *nüben*, *darübe(n)* zurückgehen.

Anm 2. Aus den obliquen Kasus ist *b* besw *p* wieder eingeführt in Beispielen wie *lāp* Laub, *dāp* taub, *grɔup* grob, *hɛip* hebe. — *ɔp* ob mit *b* bezw *p*, weil enklitisch im Satze, also nie im absoluten Auslaut.

Anm 3. *b* (*p*) ist geschwunden in Nachbarmaa in *hälmȩ̈nt* Halbmond.

Mhd *p* (*pf*).

§ 140. Zu anlautendem *p* vgl § 136, 2. Mhd auslautendes *p* (< germ *b*) ist bereits § 139 mitbehandelt worden.

a) 1. Im übrigen kommt *p* nur in der Verbindung *pf* vor, das im An-, In- und Auslaut im Ostfrk zu *bf* bezw *pf* geworden ist, zB anlautend: *pfɔ̈t* m (mhd *pfat*) Pfad, *pfūl* m (mhd *pfāl*) Pfahl, *pfɛfɚ* m (mhd *pfëffer*) Pfeffer, *pfɑnɛ* f (mhd *pfanne*) Pfanne, *pfɬuk* m (mhd *pfloc*) Pflock, *pfɪỹn* f (mhd *pfrüende*) Pfründe, *pfɑɪ* m (mhd *pfarre*) Pfarrer, *pfayfɛ* f (mhd *pfīfe*) Pfeife, *pfɛni pfénɪŋ* m (mhd *pfennic, pfenninc*) Pfennig; inlautend: *kipfɛ* f ndd Kipfe, *šdupfl̥* ndd Stoppel, *gnypfl̥* m (mhd *knüpfel*) Knüttel, *šdopfɛ* stopfen, *ɛpfl̥* Äpfel, *glopfɛ* klopfen; auslautend *kɔupf* m (mhd *kopf*) Kopf, *gɔupf* m (mhd *kropf*) Kropf, *dɪɔupf* m (spät mhd *tropfe*) Tropf, elender Kerl, *nɔpf* m Napf, *dsɔupf* m (mhd *zopf*) Zopf.

2. Inlautendes *b* < *pp* zB in *dɪabɛ* (mhd *trappe*) Treppe, *lubɛ* (mhd *lappe*) Lappen, *kaʰɛ* Kappe, *subɛ* Suppe, *bobɛ* Puppe, *fobɛ* foppen, *glabɔɪn* (mhd **klappere*) Art Schelle (§ 118, 2) *šdaybɔɪn* (mhd **stiuppere*) Haltestange usw (§ 268, 9). Vgl. auch § 137 Anm 2.

Anm 1. Zu anlautendem *pfl* < *fl* vgl § 121.

Anm 2. Neben *šnupfɛ* schnupfen, ebenso häufig *šnubɛ* (dies auch in Künzelsau); *gɪapfɛ* (in Tb) kratzen mit dem Fingernagel steht *gɪabɛ* (in Heckfeld) gegenüber.

Anm 3. Nhd *harfe*, mhd *harpfe* entspricht *haɪpfɛ* f; ebenso entsprechen nhd *scharf* und *scharfrichter* die Formen *šɔɪpf*, *šɔɪpfɪɪxdɔɪ*.

Anm 4. Wie im Nhd heisst es *hɛlfɛ* helfen, *wɑɪfɛ* werfen. Vgl auch *gɪlfɛɪɛ* sich zanken (zu mhd *gël'[p]f*, *gël[p]fen*).

b) Die *p*-Ma (vgl BREUNIG 34 f) bietet im Anlaut vor Vokal *p*, zB *pāt*, Pfad, *pūl* Pfuhl, *peni* Pfennig, *paifɛ* Pfeife, *pqnɛ* Pfanne, *pidsɛ* Pfütze, *pʊn* Pfund, *pilfɛ* Pfühl, *piŋgšdɛ* Pfingsten, *par* Pfarrer, *Palds* Pfalz. Aber vor *l* und *r* steht *pf*, zB *pflqndsɛ* Pflanze, *pflašda* Pflaster, *pflēje* pflegen, *pflūk* Pflug, *pfrɪmɛ* Pfriem (Eisenspitze zum bohren), *pfrɪn* Pfründe; nicht so das Rheinfrk bei Handschuhsheim, wo *plqns* Pflanze, *plašda* Pflaster, *plqʊm* Pflaume, *plūk* Pflug. Inlautend steht in der *p*-Ma *pf*, zB *apfḷ* Apfel, *dsapfɛ* Zapfen, *kupfɛ* f Kuppe, Bergspitze, *šlupfɛ* schlüpfen, *dsɪpfḷ* Zipfel, *dsopf* Zopf, *kopf* Kopf, *šdɛmpfḷ* Stempel, gegenüber rheinfrk *abḷ* Apfel, *dsabɛ* Zapfen, *šlubɛ* schlupfen.

Mhd *d*

§ 141. 1. a) Mhd an- und inlautendes *d* ist die stimmlose Lenis geblieben, welche es bereits im Ahd gewesen ist, zB *dō* da, *dēɔɪ* der, *dqi* (mhd *dīn*) dein, *dʊŋgḷ* dunkel; *lōdɛ* m (mhd *laden, lade*) Kaufladen, *bʊdɛ* m (mhd *boden*) Boden, *ærdɛ* Erde, *fōdɛ* Faden, *glādɛ* kleiden, *šōdɛ* Schaden. Mhd auslautendes *d* > *t*, zB *ōwənt* m (mhd *ābent*, ahd *āband*) Abend, *lit* n (mhd *liet [d]*) Lied, *fɪāt* f (mhd *vroude*) Freude, *lǫnt* n (mhd *lant*) Land, *ɪeit* f Rede.

d in modernen Lehnwörtern > *t*: *tɪɪégɪdɔɪ* Direktor, *talékt* m Dialekt. Vgl § 136, 2.

64　Geschichte der Konsonanten.

Anm 1. *d* ist infolge satzphonetischen Einflusses getilgt in *as* dass.

Anm 2. Antritt von *d* in 'ihr' > *dəʁ* erfolgte entweder nach Analogie von 'du', oder es ist angewachsen infolge von Verbindungen wie *hedəʁ* habt ihr, betont *hé-dəʁ*. — Für die Vorsilbe *-er* (oder *ver-*) findet sich häufig *dəʁ-*, vgl *dəʁnɛʁə* ernähren, *dəʁdsɛilt* erzählen; es erklärt sich wohl aus Verbindungen wie 'hat erzählt' > *hodeʁdsɛilt* als angewachsen.

Anm 3. 'mehr' heisst in der Ma *məndəʁ*; es ist eine zu *mę̄* < mhd *mē* mit progressiver Nasalierung gebildete Komparativform. Das inlautende *d* ist zu beurteilen wie das in nhd *minder*. Daneben vorkommendes *mɛʁʁ* scheint mir nicht echt mundartlich zu sein.

Anm 4. Fremdwort ist *afægt* (daneben *afegt*) Advokat.

b) Die *p*-Ma von Mudau-Reisenbach hat, wie das Rheinfrk überhaupt, inlautendes *d* zu *r* gewandelt (vgl Breunig 6 und 30), zB *breriχ* Predigt, *hɛrɛ* Heidekraut, *dəfrīrɛ* zufrieden, *wairɛ* Weide, *glērɛ* Kleider, *lārɛ* Lade, *bōrɛ* Boden; ebenso *t > r* in *rūrɛ* Rute, *blɛrɛ* Blätter.

2. *d + h > t*, zB *tąm* daheim (§ 252, 1); *dd > d*, zB *ladɛ* Latte (§ 268, 10); *nd > nn > n*, zB *fɪ̨nɛ* finden (§ 274, 4); *ld > ll > l*, zB *holəʁ* m Hollunder (§ 274, 1); *mʏmpfḷ* mundvoll, *hąmpfḷ* handvoll, Dim *hęmpfɛlɛ* (§ 275, 2).

Mhd *t* und *z*.

§ 142. 1. Mhd *t > d*, zB *dʏ̨nɛ* (mhd *tuon*) tun, *dɔ̄l* (mhd *tal*) Tal, *dɔ̄χ* (mhd *tac*) Tag, *dɔ̨ʁ* f (mhd *tür*) Tür, *drēdɛ* treten, *bēdɛ* beten; *mudəʁ* (mhd *muoter*) Mutter, *fodəʁ* Vater, *fedḷ* f (mhd *vëtel*) Vettel, *ęndɛ* f Ente, *ʁʏndəʁ* (mhd *runder* zu *runt*) runder. Im Auslaut *> t*, zB *fɛlt* (mhd *vëlt*) Feld, *blait* bleibt, *ʁeit* Rede, *līt* Lied (vgl § 141, 1 a).

Anm 1. Zu *ʏ̨n* 'und' vgl Braune § 126 Anm 4.

Anm 2. *sqn* < mhd *sin* (nhd *sind*).

Anm 3. *t* ist geschwunden in *niχs* nichts, *mɪ̨nąnəʁ* miteinander, *gɛbīl* gebildet, *maʁjk* Markt, *Wolfts* < *Wolftls* < *Wolft(a)l + e*, Flurname Wolftal'.

Anm 4. Zu *əbs* (mhd *ëtewaʒ*) etwas § 107, 3. Zu *Dibəʁt* < mhd *Dieteburc* (1169) vgl § 137 Anm 1.

Anm 5. In *disḷ* (mhd *distel*) Distel, *fləʃīdɪ̨m* Fistelstimme, *Basḷ* Sebastian ist *t* geschwunden vielleicht infolge einer Assimilation von *st > ss* (§ 274, 7). — Ausfall des *t* liegt auch vor in mhd *ɛrtbɛr* > *ɛrber + ter* > *ɛʁbḷdəʁ* (§ 137 Anm 1).

Anm 6. Nhd *heiraten* (zu mhd *hīrāt*) sollte *haiəʁdə* (vgl bair *heirətn*) entsprechen. Dafür *haiɛʁs*, wie neben *bɪɣdə* brüten die Form *hɪɣɛ*. Hierzu liefert Lenz II 8 folgende ansprechende Erklärung: »Das

§ 141—144. Mhd *d, t, z*.

Verb ist eine in älteren Sprachperioden nicht zu belegende Ableitung des mhd Adv *heimwert*, ahd *heimort* (aus *-wert*), nhd neben *heimwärts* auch *heimer* (in Volksliedern bei UHLAND). Aus *es heim'w)ertet mich, es hat mich geheim'w)ertet* musste lautgesetzlich hervorgehen: *s hęmat mi, s hot mi kęmat*. Da nun diese Formen fast ausschliesslich im Gebrauch waren, so verlor sich das Gefühl für die ursprüngliche Zusammensetzung und Form des Wortes, und es entstand nach dem Muster von 'hört, gehört: hören' ein neuer Infinitiv *hęman*. Ganz ebenso erklären sich *haisn* heiraten (anstatt *haisds, bair heiretn*), *brü* brüten (schon bei LUTHER *brüen*) anstatt *brüte*, ferner die bei KLUGE unter *abend* angeführten *aben* Abend werden und *arben* arbeiten. Bei all diesen Verben fand Synkope eines *e* der Endung zwischen stammhaftem *t* und *t* der Endung statt, was eine Verschmelzung der beiden *t* zu einem einzigen, seinerseits als Endung aufgefassten *t* zur Folge hatte. Ein Blick auf die angeführten Zeitwörter lehrt, dass die 3. Pers Sing Praes und das Ptc Praet hier die am häufigsten gebrauchten Formen sind.«

2. Mhd *z (tz) > ds*, zB *dsait* Zeit, *dsōl* Zahl, *dsɔupf* Zopf, *dsūx* (mhd *zuc*) Zug, *dswā* zwei, *fœdsix* (mhd *vierzic*) vierzig, *ęndsļ* (mhd *einzel*) einzel, *sidse* (mhd *sitzen*) sitzen, *wūds* (mhd *weitze*) Weizen, *wuds* Rotz, *sōds* Kaffeesatz, Satz, *fūsds* Furz, *kūsds* kurz, *hɔulds* (mhd *holz*) Holz, *swǫnds* (mhd *swanz*) Schwanz.

3. Mhd *tt > d*, zB *wedɛ* wetten (§ 141 und 268, 10).

§ 143. Ausfall des *t* findet statt vor der Endung *-st* bei Nominal- und Verbalstämmen auf *-cht*, zB *laixst* leichteste, *layxst* leuchtest, *paxst* pachtest, *hest* hättest, *dɛst* tätest.

§ 144. Nach *s, f, ch, g, r* ist häufig *t* angetreten (vgl BREMER § 56 Anm, PAUL § 36, 7), zB *gwist* (mhd *gewiss*) gewiss (aber in W und S *gwiš*), *Daubst* Stadtviertel Taubhaus, *frailist* freilich (§ 124 Anm 1), *qnɔsʃt* anders, *glüst* n Geleise, *rūst* m (mhd *ruoz*) Ofenruss, *ęmɛst* (Heckfeld *ęms*) Ameise; *sęmpft* Senf, *hǫmpft* m Hanf; *laixt* f Leichenbegängnis, *daixt* Teich, *daixt* m (mhd *tich*) Bodensenkung, *fœrixt* f Furche, dazu *fœrixtle* Furchen ziehen, *gebśerdixt* gebürtig, zu *ǫ́sèxdi* vgl § 126 Anm 4, *joxt* n Joch, *noxt noxnt* nachher; *selwɛrt* selbst, *dsɛbąnsʃt* selbander, *Gaixst* Familienname Geiger, *Dibɔsʃt* Name des Dorfes Dittwar (1169 *Dietebure*). — Wie im Nhd ist *t* angetreten in *bɔbst* Pabst, *ɔgst* f Axt, *jedst* jetzt, *sɯndst* sonst, *qnɔrtálp* anderthalb. Es fehlt dagegen in *mǫn* Mond, allerdings in Nachbarmaa *hálmǫnt* Halbmond.

Mhd *g*.

§ 145. 1. Anlautendes mhd *g* > *g*, zB *gīft* n (mhd *gift*) Gift, als Mask = Zorn, *gédsòıε* m Jähzorn (vgl mhd *gǣhe, gāch*), *géιε* gern, lieb, *gę̄nε* (mhd *gēn*) gehen, *gaul* m (mhd *gūl*) Pferd, *gǭnds* f Gans, *gĺ̄əs* n Glas, *guąinε* (mhd *grīnen*) weinen, *gnųmε* genommen.

Anm. Anlautend findet sich *g* für *b* in *gųmbε* f Pumpe, vgl PFAFF 187.

2. Anlautendes *k* für *g* in den modernen Fremdwörtern *Kaléıi* Geschlechtsname 'Galleri', *Kabálǝıśt* Flurname (Ge) Balderstat (s Wb), *kabélįk* n Gebälk, letzteres vielleicht mit Anlehnung an *kabélε* Kapelle. Vgl § 136, 2 und 141, 1 a).

3. *ge-* ist mit folgendem *h* der Stammsilbe zu *k* verschmolzen, zB *kēıi* gehörig (§ 252, 1).

§ 146. Anlautendes *g* ist vor *i* und *ī* zu *j* geworden und dann geschwunden in: *īιε* (mhd *giren gēren*) gähren vom Wein, *ibs* m (ebenso rheinfrk) (mhd *gips*) Gips, dazu *ibsəı* Gipser, *ibsε* gipsen, *ilχε* f (mhd *gilge*) Lilie in Poppenhausen und Eiersheim. Dublette zu obigem *īιε* ist *u̇fbεgēιε* zornig aufbrausen.

Über *sg* > *š* in *ndýšıi* neugierig s § 126 Anm 4.

§ 147. 1. a) Inlautendes *g* nach Vokalen oder Konsonanten > χ bezw x, unter denselben Bedingungen wie *ch* (§ 128), zB *jēχəı* (mhd *jeger*) Jäger, *eiχε* (mhd *egen* neben *ecken*) eggen, *fəıšwíχε* verschwiegen, *īχḷ* m (mhd *igel*) Igel, *ıḗχε* m (mhd *rēgen*) Regen, *ıēχḷ* f (mhd *rēgel[e]*) Regel, *gal(i)χε* m Galgen, *aı(i)χəı* arger; *gıýχ* Krüge, *mɔγχ* mag, *fıɛ́xε* fragen; *hɔuxε* m Bogen, *mɔ̄xε* m (mhd *mage*) Magen, *fəıĺuxε* verlogen, *jɔ̄xε* jagen, *āxε* Augen, *pflūx* Dativ zu Pflug, *fourḷ* m (mhd *vogel*) Vogel.

Anm 1. In Fällen wie *bəıiχət, gεbǫ́ıiχt* usw ist χ aus den Formen 'borge, borgen' eingeführt.

Anm 2. *ŋg* vor *s* und *t* der Endung > *ŋg*, zB *fεŋgt* fängt, *hıεŋgət* bringet, *fεŋgət* fängst, *dεŋgt* denkt.

Anm 3. Statt *g* steht *ŋ* in den Fremdwörtern *siŋnɔ̄l* Signal, *Mąŋnus* Magnus, *Áŋnēs* Agnes.

b) Die *p*-Ma zeigt nach den Angaben BREUNIGS in diesen Beispielen den stimmhaften palatalen bezw velaren Reibelaut, welch letzterer jedoch wohl besser als leichter Explosivlaut aufzufassen ist (§ 45 c), also *eijɛ* eggen, *jāyɛ* jagen, *šbījəl* Spiegel, *brījəl* Prügel, *kuyl̥* Kugel, *foyl̥* Vogel usw (BREUNIG 33).

2. Mhd *ng* > *ŋŋ* > *ŋ* zB *bṵŋɛ* bringen (§ 270); *sg* > *š* s § 126 Anm 4.

§ 148. *g* ist geschwunden in *sęndsɛ* f (< *sēnse* < mhd *sëgense* oder < *senşɛ* < *segŋsɛ* < *sëgense*) Sense, *lait* (< mhd *līt* ≤ *liget*) liegt), *māt* f (mhd *meit*) Magd, *mādlɛ* n Mädchen, Tochter. Vgl auch § 119 Anm 2.

§ 149. Ahd *-ingen* in Ortsnamen liegt teils als *i* (ahd *Gissingen* Gissigheim > *Gissiŋŋ* > *Gisi* mit Abfall jeglichen Nasalverschlusses), teils als *jɛ* oder *iχɛ iχɛ* (*Gissingen* > *Gissigen* > *Giss(i)jɛ* > *Gisjɛ* oder *Gisiχɛ Gisiχɛ*) vor. Näheres in § 257, 6, vgl auch § 104.

§ 150. a) Im Auslaut ist es fraglich, ob wir von mhd *χ, x* (geschrieben *g*) oder *k* auszugehen haben. Beispiele wie *dswāx* Zweig, *ɔiχ* arg können ihr *x, χ* von den obliquen Kasus geborgt haben. Die einzigen vor dem Verdacht der Analogiebildung geschützten Worte sind: *ɛwék* (< mhd *enwëc*) weg, dessen *k* sicher lautorganisch, bezw auf lautlichem Wege ererbt ist, zumal die Nebenform *ɛwéχ* die Anlehnung an das Subst 'Weg' zeigt; *dāk* m (< mhd *teic[g]*) Teig, *dɔuk* (ahd *troc, trog, troch*) Trog. Vielleicht sind hierher noch *kųmbḗk* (vgl Wb 10) und *másik* (Etymologie?) m verschmitzter, bösartiger Mensch (in der Karlsruher Gegend: *másiχ*) zu stellen. Da indes nach § 129 auch auslautendes *ch* als *k* erscheint, bleibt die Zurückführung auf mhd *g* ebenso offen wie die auf mhd *k*.

b) Im Rheinfrk bei Handschuhsheim herscht der bemerkenswerte Wechsel *k : γ* bezw *j*, zB *ūk* Auge: Pl *āyɛ*, *arik* arg : *ɛarjə* ärger, *jāk* jage: Infinitiv *jāyɛ*, *ɛwék* weg, *Jeark* Jörg Georg usw.

§ 151. Mhd *g* im unbetonten Wortauslaut ist ebenso geschwunden wie mhd *-ch* (§ 130), zB *ledi* (mhd *lēdig, lēdec[g]*) ledig, *ą́fɛldi* einfältig, *gɹefdi* kräftig, *šyli* schuldig, *węni* (mhd *wēnec*, *weinec[g]*) wenig, *fœrdi* fertig, *męndi* der Nachbarmaa: *mǫndōx* Montag in Tb. Zu *-tac* > *di* und den Ortsnamen auf *-burg* > *(m)əri* vgl § 257, 4 und 2, zu *-ig* > *-ix* vgl § 259, 3.

Gegenüber dieser lautlichen Entwicklung vgl zB *kēnix* König, eine Analogiebildung mit den obliquen Kasus entlehntem χ, desgleichen zB *dswǫndsix* zwanzig, *hǭnix* Honig, *raisix* Reisig.

§ 152. Ursprünglich auslautendes *ŋg* erscheint als *ŋk*, während das erst durch Apokope im Auslaut stehende *ŋg* als η (§ 119) erscheint, zB *gǭŋk* Gang: Pl *gęŋ*, *gəǭŋk* Gesang: Pl *gsęŋ*, *jüŋk* jung: Pl *juŋi*. Aber mit *k* zB *bǭŋk* Bank: Pl *bęŋk*, *gəǭŋk* krank; *guŋk* f (mhd *krenke* Schwäche) verwünschender Fluch.

Mhd *k* (*ck*).

§ 153. Während mhd *d* und *t* in der stimmlosen Lenis *d* zusammengefallen sind, ist im Anlaut mhd *k* als aspiriertes *k* von *g* < mhd *g* geschieden. Dieser Unterschied besteht jedoch nur vor Vokal, zB *kōrɛ* Korn, *kærix* Kirche, *kærbə* Kürbis, *kōlt* kalt, *kērɛ* Kern, *kɯnt* Kind, *Kāsər* Kaiser (Flurname).

Anm. Fremdwort ist *gugǔk* Kuckuck.

§ 154. Vor Konsonanten erscheint mhd anlautendes *k* unaspiriert als *g*, zB *glofdər* f Klafter, *gnydl* m Knüttel, *gnówɛli* m Knoblauch, *gɯaydə* n Kreuz, *gɯaydsər* m Kreuzer, *glaisdər* m (mhd *klīster*) Kleister, *glɔxɛ* klagen, *glosdər* n Kloster.

Mhd *qu* > *gw*, zB *gwɔləm* (mhd *kwalm*) Qualm, *gwɛlɛ* f Quelle, *gwēlɛ* (mhd *quelen*) quälen.

§ 155. Inlautendes mhd *ck* ist allgemein zu *k* > *g* vereinfacht worden (§ 268, 11) und somit mit einfachem mhd *k* zusammengefallen, zB *šdigl* m (mhd *stickəl*) Stickel, Stecken, *gligər* m Schnellkügelchen, *bugl* m Buckel, Rücken, *agər* m (mhd *acker*) Acker, *glogɛ* f Glocke, *fagl* f Fackel, *mugsɛ* (mhd *muckezen*) sich regen, *bɑugɛ* f (mhd *bücke*) 1. Trommel, 2. Zwetschennarren, *gnaugɛ* (< mhd *genücken*) beim Schlafen den Kopf sinken lassen, etwas bejahen (SCHMELLER I 1351 und 1751), *gauge gaugle* (< mhd *gücken, *gückelen) stossen vom Rindvieh. Ebenso *leŋgl* Schenkel.

Anm 1. *fɐlágle* leugnen geht auf mhd *louckenen* neben *lougenen* zurück.

Anm 2. In mhd *weretac* ist *k* ausgefallen > *wdɪdɔ̀x*; daneben seltener *wdɪgədɔ̀x*.

Anm 3. *gegmɪ̀ɐt*, Partizip zu **gmɪ̀ɐ* (erhalten zB in Eiersheim) von einem ein Stück Vieh zur Arbeit leihen, geht wohl auf mhd *marketen* **mar(h)en* (vgl mhd obd *market, margt, marcht*, dagegen md *mart*) zurück. Mhd *marketen* bedeutet 'Handel treiben'.

§ 156. Über auslautendes mhd *k* < germ *g* vor Vokalen ist bereits § 150 gehandelt worden. Auslautendes *k* nach Konsonanten zB in *gědǫŋk* m Gestank, *dǫŋk* m Dank, *wǣrɪk* n Werk, *folɪk* n Volk.

II. Zusammenfassende Darstellung der wichtigsten Lautwandlungen der Mundart.

A. Vokaldehnungen.

1. Dehnung in offener Silbe.

§ 157. Kurzer Vokal in mhd offener Silbe ist gedehnt worden und zwar $a > \bar{\sigma}$ [Nachbarmaa $\bar{o}, \bar{a}$], $ĕ > \bar{e}$ [$\bar{e}$], $i > \bar{i}$, $u > \bar{u}, \ddot{u} > \bar{g}$ [$\bar{i}$]. Die Diphthongierung von mhd $e > ei, o > ɔu$, $\ddot{o} > ɔy$ (§ 176ff) setzt gleichfalls Vokaldehnung ($\bar{e}, \bar{o}, \bar{ö}$) voraus. Die entsprechenden gedehnten Nasalvokale (§ 205 ff) sind — soweit nicht, wie in O, reduzierte Nasalierung bezw gänzlicher Verlust derselben eintrat — $\bar{ǫ}$ [$ǫų$], $\bar{ę}, \bar{į}, \bar{ī}, \bar{y}$ und $\bar{ę}$ [$ęį$], $\bar{ǫ}$ [$ǫų$], $\bar{ö}$ [$ęy$].

Mhd *sch* war damals noch Doppelkonsonant bezw getrenntes *sx* (BREMER § 70) oder bildete wenigstens schon geschlossene Silbe (ebd § 99 Anm 1—3), daher keine Dehnung in Beispielen wie *daśɛ* Tasche, *waśɛ* waschen.

Anm 1. 1. Die vorliegenden Ausnahmen verstossen nicht gegen das Prinzip der Dehnung, sondern erklären sich anderweitig. Besonders ist zu beachten, dass zu der Zeit, als die Dehnung eintrat, die betreffende Silbe vielfach eine geschlossene gewesen ist, welche erst

Vokaldehnungen.

durch Vereinfachung der Konsonantengemination zu einer offenen geworden ist. Urgerm Geminata liegt zB vor in *wols* (ahd *wolla*) Wolle (BRAUNE § 95), wgerm Geminata zB in *agɔɿ* (mhd *acker*, ahd *accar*, got *akrs*) Acker; ahd Geminata (§ 268) zB in *šys* Schüssel, *daš* Tasche.

2. Unterblieben ist die Dehnung ferner vor der erst durch Synkope entstandenen Geminata, zB in der 2. Pl Ind Präs, 2. und 3. Sg und bei den schwachen Verbaladjektiven, zB *bet* (ihr, er) betet, *gə́yt* geschüttet. Diese Formen beweisen, dass zur Zeit des Eintritts der Dehnung diese Silben keine offenen mehr gewesen sind; vielmehr war damals das unbetonte *e* bereits synkopiert worden, so dass auf den Vokal eine Geminata folgte.

Anm 2. 1. a) In einer Reihe von Nomina auf Liquida oder Nasal stammt die Kürze aus den obliquen Kasus, von welchen sie auf den Nom Akk Sg übertragen worden ist, so dass auch hier der kurze Vokal statt des lautlich zu erwartenden langen vorliegt. Schema: Nom Akk Sg mhd -*zer*: Kas obl -*zre*. Beispiele: *fidļbɔ̀uzɛ* (mhd **fidleboge*) Fiedelbogen, *kisļ* (< mhd *kisel*, *kisles*) Kiesel, *wüšļ* Wiesel, *hofļ* Hobel, *lodļ* unordentlicher Mensch, Lottel, *kudļ* Kuttel, *gauļ* Gabel, *mìstsùdļ* Mistsuttel, *šduwļ* Strobel, *dsωywļ* Zwiebel, *kuzļ* Kugel, *bıyχļ* Pl zu *bıyχļ* Prügel; *hawɔɿ* Hafer, *blɛdɔɿ* (mhd *blɛter*, *blɛtrɛ*, *blɛtrɛn*) Blätter, *kɛfɔɿ* Käfer, *kɑmɔɿn* Kammer, *šifɔɿ* Schiefer, *ägɛdəifɔɿ* Ungeziefer, *lodɔɿ* lotter, *sumɔɿ* Sommer, *dsuwɔɿ* Zuber, *brɛdɔɿ* (mhd *brɛter*) Bretter, *hedɛɿi* Hederichpflanze; *šɔdɛ šɔdŋ* Schatten; *fɔsɛnɔ̀xt* Fastnacht, *kədɛ* gehabt.

b) Dass es sich in all diesen Fällen um Analogiebildungen handelt, zeigt noch das Schwanken der Quantität in den Maa des Taubergrundes. Obigen Beispielen für Kürze stehen zB folgende aus den Nachbarmaa mit Länge gegenüber: *gòwļ* Gabel, *sūdļ* Mistsuttel, *šdrɔwļ* Strobel, *dswīfļ* Zwiebel; *hōwɿ* Hafer, *hēdɛɿi* (mhd **hēderich* statt *hederich*) Hederichpflanze; *šōdŋ* Schatten; *fōsɛnōxt* Fastnacht, *kōds* gehabt usw. Vgl § 159 Anm 3 und 4.

2. In Tb (und den Nachbarmaa) hat der regelrecht gedehnte Vokal des Nom Akk Sg den Sieg errungen über den kurzen der obliquen Kasus in Beispielen wie: *šwīfļ* Schwefel, *weidļ* Wedel (Verbum dazu *wedls* wedeln), *eisļ* Esel, *iχļ* Igel, *üχļ* Riegel, *nɔ̄wļ* Nabel, *šnɔ̄xļ* Schnabel, *nɔ̄xļ* Nagel, *fowļ* Vogel, *mɔwdļ* m hölzernes Model, *dsɔydļ* (zu mhd *zote*, WEIGAND unter *zotel*) drolliger Kerl, *kȳwļ* Kübel, *gīwļ* Giebel, *kȳmļ* Kümmel, *hɨmļ* Himmel, *lēdɔɿ* Leder. — Unbeeinflusst ist der lange Vokal erhalten in *nīdɔɿ* nieder, *wīdɔɿ* wieder, *dɿȳwɔɿ* darüber. Für den Sieg der Form mit langem oder kurzem Vokal bei den zweisilbigen Substantiven war jedenfalls die Häufigkeit des Gebrauches des Nom Akk Sg gegenüber den andern Kasus massgebend.

3. Die Adjektiva zeigen denselben Wechsel zwischen kurzer und langer Stammsilbe, was folgende Beispiele bezeugen mögen: *Édļbə̀ɿiχ* (mhd *edleberg*) Edelberg gegenüber *eidļ* edel; *glɔdɔɿ* glatter, unflektiert

§ 157—158. Dehnung in offener Silbe.

*gl*st*, gegenüber *s*s*t* satt; *blod*ə*r* (mhd *bluter* *bloter) alleinstehender, unflektiert *blut*, gegenüber *gr*ə*d*ə*r* gerader; *yw*f übel gegenüber *nīd*ə*r* nieder.

4. Die starken unflektierten Verbaladjektiva weisen ausschliesslich gedehnten Vokal auf, zB *gəsud*ə gesotten, *gəbōd*ə geboten, *glıdə* gelitten, *grıdə* geritten, *gıdrıdə* gestritten, flektiert dagegen: *grıdən*ə*r* gerittener, *gəsodəni* gesottene.

Anm 3. Ebenso wie mit den Wörtern auf Liquida oder Nasal verhält es sich mit solchen auf mhd Nom -*zeg*, Gen -*zges* usw, zB *m*ə*ni*χ *m*ə*ni*χ*ə*r manch mancher, *brėdi*χ*ə* predigen, *lėdi* (eventuell < *lëddig neben *lëdig*?) ledig, gegenüber *hōni*χ Honig, *kȫni*χ König.

Hierher gehören auch die Wörter mit mhd Nom -*zes*, Gen *zt*es, also auf andere Konsonanten, zB *bōbə*s*t* Papst, *dȫzt*ə (mhd **tor*ə*s*ə neben *tor*s*ə*) Salatstengel, *f*ē*r*s*ə* (mhd **v*ē*r*ə*s*ə neben *v*ē*rs*ə*n* Verse). In Nachbarmaa: *bẹndə*ə (mhd **bĭ*ne*ʒ*, *bĭne*ʒ*) Binse, gegenüber *bȋndə*ə, *s*ə*mpft*, Senf in Tb.

Anm 4. Lehrreich für die mhd Synkope sind ferner die folgenden Beispiele aus Tb: *niw*(*ə*)*lə* (mhd *nib*ə*l*ə*n*) fein regnen, *ris*(*ə*)*lə* (mhd *rīs*ə*l*ə*n*) rieseln, *glewə*r*ə* (mhd *kl*ē*br*ə*n*) klettern, *ənadə*r*ə* (mhd *sn*ə*tr*ə*n*) schnattern, *lewə*r*ə* (mhd *lĕbr*ə*)* Leber, *budə*r*ə* (mhd *butr*ə*)* Butter, *fedə*r*ə* (mhd *fĕdr*ə*)* Feder, *gədẹmə*r* n (mhd *getemre*) Lärm, *dəqmə* (mhd *z*ə*s*ə*mne*) zusammen, *kydə* (mhd *kütne*) Quitte, *hedə*r*i* (mhd *hĭderich, *hĕdrich* statt *hederich hedrich*) Uederich, *odə*r oder (mit alter Geminata, oder weil enklitisch), *sıdə*r*dẹm* (< *sider dĕm*) seitdem, *idə*r*ı* (vgl mhd *iter*ü*cken*) wiederkauen von der Kuh, *Kȫ*r*lə* (mhd *Karel*ˈ*in*) Karl.

Anm 5. Dehnung ist eingetreten bei den ursprünglich einsilbigen Wörtern, welche durch Svarabhakti (§ 278) zu zweisilbigen mit offener Silbe geworden sind, zB *k*ɔ̄*l*(*ə*)*p* Kalb, aber Plural *kəhrə*r, *wūrə*ə*m* Wurm aber Pl *wər*ı(*ə*)*m*. Weitere Beispiele siehe § 278. — Ob der Vokal der offenen Silbe seine Dehnung verdankt, ist deshalb nicht auszumachen, weil die Dehnung auch nach § 167 erklärt werden kann. Eine Entscheidung würde erst dann möglich sein, wenn sich feststellen liesse, ob die Entwicklung des Svarabhakti vor oder nach Eintritt der Dehnung stattgefunden hat.

§ 158. Unter den Beispielen für Kürzung langer Vokale vor Doppelkonsonanz (§ 180 ff) finden sich eine grosse Anzahl einsilbiger Wörter wie *host* hast, *gest* gehst. In einsilbigen Wörtern ist aber sonst Dehnung kurzer Vokale eingetreten (§ 167). Man sollte aus dem Mangel der Dehnung in jenen Fällen also schliessen, dass die Dehnung bereits ausser Kraft war, als jene Kürzung eintrat. Andrerseits finden sich aber unter den Beispielen für Vokaldehnung (§ 167) eine grosse Zahl von Wörtern, welche langen Vokal vor Doppelkonsonanz aufweisen, zB *nēst* Nest

Aus dem Mangel der Kürzung sollte man also schliessen, dass die Kürzung bereits vollzogen war, als die Vokaldehnung eintrat. Dieser Widerspruch kann nur durch die Annahme gelöst werden, dass die Quantität der ursprünglichen Längen eine andere gewesen ist als die der gedehnten Vokale.

Zu demselben Ergebnis gelangen wir auch auf anderm Wege. Für gedehnte mhd *e o ö* sind nach § 176 ff zunächst *ē ō ę̄* anzusetzen, bevor die Diphthongierung zu *ei ou əy* eintrat. Mhd *ē ō ǣ* sind aber als *ē ō ę̄* erhalten (§ 76, § 80, § 82). Da diese und jene *ē ō ę̄* eine verschiedene Entwicklung aufweisen, so folgt daraus, dass ein qualitativer Unterschied nicht bestanden haben kann, dass der Unterschied in der Quantität oder in dem Akzent gelegen hat. Dürfen wir den steigend-fallenden (?) Tonfall der alten *ē ō* und *ǣ* (MAURMANN Grammatik der Mundart von Mülheim a d Ruhr § 15) als ursprünglich ansehen, so würde eine Erklärung der in Frage stehenden Differenz noch nicht gegeben sein, weil kein Grund ersichtlich ist, weshalb die bei Dehnung eingetretene Diphthongierung nicht auch hier eingetreten sein sollte. Es wird also ein quantitativer Unterschied bestanden haben. Die Mundart bietet kaum einen Anhaltspunkt dafür, was von beiden länger war, da die heutigen *ē ō ę̄* wohl ebenso lang wie *ei ou əy* sind.

Nur ein solcher Quantitätsunterschied erklärt es auch im Hinblick auf die § 281 festgestellte Chronologie, dass gedehnte mhd *i u y* als *ī ū ȳ* erhalten sind (§ 162, § 165, § 166), während mhd *ī ū iu* zu *ai au ay* diphthongiert worden sind (§ 78, § 84, § 87).

Mhd *a*.

§ 159. 1. a) Mhd *a* > *ɔ̄*, zB *mɛ̄lɛ* (< mhd *malen*, nicht *maln*) mahlen, *fɔ̄rɛ* (mhd *varen*) fahren, *hɔ̄fɛ* m Hafen, *nɔ̄sɛ* Nase, *hɔ̄sɛ* m Hase, *hɔ̄wɛ* haben, *hɔ̄wiŋ* f (mhd *habunge*) Kraft in den Gliedern, *šnɔ̄wḷ* m Schnabel, *nɔ̄wḷ* m Nabel, *gɾɔ̄t* gerade, dennoch, *bɔ̄dɛ* (mhd *baden*) baden, waten, *mɔ̄xɛ* m Magen, *sɔ̄xɛ* sagen, *dɾɔ̄xɛ* tragen.

§ 158—159. Dehnung in offener Silbe.

Anm 1. Lehrreich sind in Tb die Beispiele fɔdɘr Vater, glɔdɘr (mhd glatɘr) glatter, wonach auch glɔt statt *glɔ̄t glatt, ɔdɘr (mhd adɘr) aber, sɔdḷ Sattel, ʋdḷ Pl (mhd *rɑtɘl zu mhd rate) Unkraut im Getreide, fɔɘrn f Faser, fɔsḷ m (mhd vasel) Faselochse, nɔx(ɛ)ls nageln, ɔxḷ (mhd agene) kleine Grannen, Gerstenacheln, ɔlwɘn albern (ahd alawāri) in Dittwar, das in Tb unter Einfluss des l (§ 247) zu olwɘn gewandelt ist, Wɔrnɘr m Wagner. — Da wir einerseits Beispiele mit a haben wie hawɘr Hafer, gawḷ Gabel, in Dittwar sadḷ Sattel, in Heckfeld fadṛ Vater, andrerseits Beispiele für gedehntes ɔ wie šnɔwḷ Schnabel (oben § 157 Anm 2), ferner in Nachbarmaa ʋdḷ < *ʋɑtɘl (s oben), hōwɘr < *hɔ̄wɘr (mhd haber) Hafer, gōwḷ Gabel usw, so kann jenes ɔ offenbar nur aus älterem ɔ̄ entstanden sein, entweder durch eine quantitative Angleichung an die regelrechten Formen mit a oder, wenn man von diesem a ausgeht, durch eine qualitative Angleichung an die regelrechten Formen mit ɔ̄. Aus mhd vater — vatre entwickelten sich die Doppelformen *fɑter und *fāter > *fɔ̄tɘr. Einen Kompromiss zwischen beiden Formen stellt unser fɔdɘr dar.

Anm 2. Während verschiedene Nachbarmaa mhd dahs flahs zu dɔgs flɔgs gewandelt haben (§ 167), hat in Tb die Quantität des Stammvokals der obliquen Kasus gesiegt, indem zu gleicher Zeit ɔ des Kasus rektus sich einschlich. Tb hat also dɔgs Dachs, flɔgs Flachs, wɔgs Wachs; analog letzterem auch wɔgsɘ wachsen; nach lautlicher Analogie ferner: ɔgs (mhd ahse) Achse, ɔgsḷ (mhd ahsel) Achsel, Sɔgsɛ Sachsen (§ 172 Anm 2).

Anm 3. Mhd *gehaten 'gehabt' > kɔ̄ds (Nachbarmaa, § 157 Anm 2, 1 b), das vielleicht unter dem Einfluss der Unbetontheit im Satze zu kɔds (Tb, ebd a) gekürzt wurde. — kɔn (mhd kan) kann, ɔ̨ni (mhd anhin) dorthin, sind enklitische Formen mit aus *ɔ̄ verkürztem ɔ. Südliche Nachbarmaa bieten für ersteres kɔ̨ų < *kɔ̄.

Anm 4. blads (mhd *blatten neben mhd blaten) die Stämme im Walde anhauen, fɔ̄sɘnɔ̨xt Fastnacht gegenüber regelrechtem fɔsɘnɔxt der Nachbarmaa, Wīsbɔ̨x Flurname Wiesenbach gegenüber wīsɛ Wiese erklären sich so: Ursprünglich wohl *fasenacht * Wīsebach > fɔ̄sɘnɔxt Wīsbɔx; daneben Satzdublette *fasnacht * Wīsṇbach > fɔ̄sɘnɔ̨xt Wīsbɔ̨x. deren kurzer Vokal mit Herübernahme der ɔ-Qualität in fɔ̄sɘnɔ̨xt siegte,

b) Die S- und O-Maa — mit Ausnahme der sich Tb anschliessenden Ma von Krensheim — haben dieses ɔ̄ weiterhin zu ō gewandelt, zB gōwḷ Gabel, hōfɛ Hafen, hōwɘr Hafer, hōs Hase, mōxɛ Magen, nōwḷ Nabel, šnōwḷ Schnabel, wōsɛ Rasen.

c) Die p-Ma kennt den Laut ɔ̄ ɔ überhaupt nicht. Mhd a ist hier — wie auch im Rheinfrk bei Handschuhsheim — zu ā gedehnt (Bezunig S 16): nāyḷ Nagel, grāyɛ Kragen, šlāys schlagen, drāys tragen, nāwḷ Nabel, dāfḷ Tafel, hās Hase, nās Nase, bās Base, mālɛ mahlen.

2. Gedehntes ɔ̄ ist zu ǭ nasaliert worden, zB hǭmɘr (mhd hamer) Hammer (§ 207).

Mhd *e*.

§ 160. Mhd *e* > *ē > *ei*, zB *lei̯χɛ* legen (§ 176 f), vor *r* > *ē*, zB *ēɘɿ* Ähre (§ 194), vor Nasal > *ę̄*, zB *gu̯ę̄nɛ* gewöhnen (§ 209).

Anm 1. Im Anschluss an die dazugehörigen Substantiva *wǭl* Wahl, *gu̯ǭl* Qual sind mhd *welen*, *quelen* nicht zu *weilɛ, *gweilɛ gewandelt, sondern zu *wēlɛ gwēlɛ*.

Anm 2. Moderner (analogischer) Umlaut zu *ę̄* < mhd *a* in *nę̄mɛ* Pl Namen, *ɿę̄mlɛ* n Dim zu Rahmen.

Mhd *ë*.

§ 161. 1. a) Mhd *ë* > *ē*, zB *šdēlɛ* (mhd *stëlen*) stehlen, *hēlɛ* (mhd *hëlen*) hehlen, *gēɿɛ* (mhd *gërn*) lieb, gern, *hēɘɿ* m (mhd *hëher*) Vogel Hähr, *lēsɛ* lesen, *lēwɛ* leben, *wēwɘɿ* Weber, *gɿēwlɛ* (mhd *krëbelīn*) Körbchen, *ɿēwɛ* f (mhd *rëbe*) Rebe, *gēwɛ* geben, *hēdɘɿi* (mhd *hëderich, nicht *hederich*!) in Nachbarmaa (in Tb *hɛdɘɿi*) Pflanze Hederich, *gnēdɛ* kneten, *dɿēdɛ* treten, *bēdɛ* beten, *pflēχɛ* pflegen, *sēχɛ* m Segen, *glēχɛ* gelegen, *ɿēχļ* f Regel, *fēχɛ* (mhd *vëgen*) fegen (Paul § 43, 2), *fēχɛ* f (mhd *vëge* f Ausfegung) Nachgeburt, Reinigung der Kuh.

Anm. Mhd *lëbekuochen* > *lēkùxɛ*, in O *lákòxɛ* Lebkuchen (§ 138 Anm).

b) In S und in der *p*-Ma > *ē*, zB *pflēχ* Pflege, *fēχɛ* fegen, *šdēlɛ* stehlen, *gēɿɛ* gern, lieb, *lēwɛ* leben, *wēwɛ* weben.

c) In O > *ǟ*, zB *bǟsɛ* Besen, *kǟrɛ* Kern, *gǟwɛ* geben, *lǟsɛ* lesen, *rǟχɛ* Regen, *rǟwɛ* Reben, *sǟχɛ* Säge, *sǟχɛ* sehen, *šdǟlɛ* stehlen, *šwǟfļ* Schwefel.

2. Gedehntes *ë* > *ę̄* nasaliert, zB *lę̄nɛ* Polster (§ 211).

Anm. Dehnung fehlt in *nɛmɛ* (mhd *nëmen*) nehmen.

Mhd *i*.

§ 162. 1. Mhd *i* > *ī*, zB *hīɿɛ* (mhd *hirn*) Hirn, *šdīfļ* (mhd *stivel*) Stiefel, *wīsɛ* (mhd *wise*) Wiese, *ɿīs* Riese, *fīχ* n (mhd *vihe*, *vëhe*) Vieh, dummer Mensch, *gīwļ* Giebel, *sīwɛ* (mhd *siben*) sieben, *gšīwɛ* geschrieben, *gɿīwɛ* gerieben, *gīdɛ* (mhd *geriten*), geritten, *gšnīdɛ* (mhd *gesniten*) geschnitten, *nīdɘɿ* nieder, *wīt* f (mhd *wide*) Weidenstrang, *glīdɛ* gelitten,

§ 160—166. Dehnung des mhd *e*, *ë*, *i*, *o*, *ö*, *u*, *ü*. 75

wɪdəɹ wieder, *gɨdīχɛ* gestiegen, *iχḷ* Igel, *dīχḷ* m (mhd *tigel tëgel*) Tiegel, *wīχɛ* wiegen, *Ęmīl* Emil, *Máɹɨ* Marie.

Gedehntes *ī* > *į* nasaliert, zB *hįmḷ* (mhd *himel*) Himmel (§ 213).

Mhd *o*.

§ 163. Mhd *o* > *ō > *ou*, zB *ɔufɛ* Ofen (§ 178 a 1), vor *r* > *ō*, zB *hōɹɛ* Horn (§ 195, 1), vor Nasal > *ǭ*, zB *wǭnɛ* wohnen (§ 215).

Anm. *gnɔudɛ* m Knoten geht wohl auf ahd *knodo* zurück, vgl HEIMBURGER § 59.

Mhd *ö*.

§ 164. Mhd *ö* > *ē > *ɵy*, zB *gɹɵyt* Kröte, Krott (§ 179 a 1), vor *r* > *ē*, zB *dēɹlɛ* Dim zu *dōɹɛ* Dorn (§ 196, 1), vor Nasal > *ę̄*, zB *kę̄niχ* König (§ 217).

Mhd *u*.

§ 165. 1. Mhd *u* > *ū*, zB *hūdḷ* m (mhd *hudel*) Lump, *dūɹɛ* m (mhd *turen*) Turm, *dūsḷ* m Rausch (vgl ndd *dusel* = Schwindel), *mū́siχ* Musik, *dūsɛ* f Dose (vgl ndd *dose*), *jūχənt* Jugend, *dūχənt* Tugend, *jū́lɨ* Monat Juli, in Heckfeld *ɨdūɹɛ* f Stube, in Poppenhausen *sūdlɛ* (mhd *sudelen*) sudeln.

Anm 1. *ɨduɹɛ* Stube in Tb (in O *idūɹo*'), dazu *ɨdýnɪχ* (mhd *stübich*, *stubech*) Kübel, vgl HEIMBURGER § 57.

2. Gedehntes *ū* > *ų̄* nasaliert, zB *jų̄nɨ* Juni (§ 219).

Anm 2. *kųmɛ* kommen beruht wohl auf westgerm *mm* < urgerm *mj*, so dass urgerm neben einander lagen *kwëman* und **k'w*(*umjan*, letzteres = lat *venio*, griech βαίνω.

Mhd *ü*.

§ 166. 1. a) Mhd *ü* > *ȳ*, zB *mȳlɛ* f (mhd *mül*, *müle*) Mühle, *šȳɹɛ* (mhd *schür(e)n*) schüren, *šbȳɹɛ* (mhd *spür(e)n*) spüren, *dȳɹɔɹ* darüber, *kȳwḷ* m (mhd *kübel*) Kübel, *bɹȳχḷ* m (mhd *brügel*) Prügel, *dsȳχḷ* m Zügel Sg, *lȳχ* m (mhd *lüge*) Lüge, *sȳt* f (mhd *süte*) Gerstenabfall (vgl *sȳt* im Wb) *ɨ́ydɛ* (mhd *schütten*) schütten, *Jȳt* (mhd *Jüte*) Jude, *dȳdɛ* (früh nhd *tüten*, WEIGAND IV 949) auf einem Horne blasen.

b) Die *p*-Ma — doch Hainstadt und Walldürn wie Tb — hat *ȳ* zu *i* entlabialisiert, zB *kiwl̥* Kübel, *flijəl* Flügel, *mīl* Mühle, *brijəl* Prügel usw (BREUNIG 20).

2. Gedehntes *ȳ* > *ų̄* nasaliert, zB *kų̄ml̥* (mhd *kümel*) Kümmel (§ 221).

2. Dehnung bei einsilbigen Wörtern in geschlossener Silbe.

§ 167. Vor silbeschliessenden Konsonanten bezw Konsonantengruppen ist bei mhd einsilbigen Wörtern Vokaldehnung eingetreten. Sie hatte wohl ursprünglich in der unflektierten Form nur am Satzende bezw in Pausastellung statt und wurde dann auch auf die eventuell mehrsilbigen obliquen Kasus des Sg ausgedehnt. Das Ergebnis ist das gleiche wie bei der Dehnung in offener Silbe, ein Beweis, dass beide Dehnungen zeitlich nicht weit auseinander fallen können. Die Beispiele für Diphthonge siehe § 176 ff.

Anm 1. Beispiele wie *bet* betet, *gėyt* geschüttet (< *bett, *gėytt) beweisen, dass Geminata diese Dehnung verhinderte, jedoch natürlich nur die zur Zeit dieser Dehnung bestehende Geminata. Beispiele wie *sɔk* Sack, *lɔux* Loch, *foul* voll lehren, dass die Dehnung hier keine Geminata mehr vorfand.

Anm 2. Stehende Kürzen wie *šwqm* (mhd *swom[m]*) Schwamm, *folḳ* (mhd *volc*) Volk, *šeli̯x* m (mhd *schelch*) Nachen, sind den flektierten Formen entsprungen oder erklären sich anderweitig (wie § 168 Anm 1 und 3, § 174 Anm 2).

Anm 3. Nur noch wenige Reste sind vorhanden, in denen der Länge des ursprünglich einsilbigen Nom Sg im Singular Kürze der mehrsilbigen obliquen Kasus gegenübersteht, zB *fɔl* Fall: *imfál* im Falle, *šdɔl* Stall: *im šdál* im Stall, *dɔx* Dach: *uf̌əmdáx* auf dem Dach.

Mhd *a*.

§ 168. 1. a) Mhd *a* > *ɔ*, zB *fɔl* m (mhd *val*) Fall (aber Pl *fɛl* mit Kürze, weil mhd zweisilbig), *bɔl* m Tanzball (Pl *bɛl*), *šdɔl* m (mhd *stal* [-*ll-*]) Stall (Pl *šdɛl*), *sɔt* (mhd *sat*, Gen *sates*) satt, *gɹɔs* (mhd *gras*) Gras, *glɔs* Glas, *sɔk* Sack (Pl *sɛk*), *gəšmɔk* Geschmack (aber *šmagɛ* schmecken), *dɔx* Dach (Pl *dɛχəɹ*); *wɔlt* Wald, *kɔlt* (mhd *kalt*) kalt (flektiert

§ 167—169. Dehnung des mhd *a* und *e* in einsilbigen Wörtern. 77

kaldəɩ), *hɔlds* Hals (Pl *helds*), *sɔlds* Salz (Verbaladj *gsaldsɛ*), *mɔlds* Malz (Verbum *maldsɛ*), *šmɔlds* Schmalz (*šmaldsɛ* schmalzen), *bɔəɩt* Bart (Pl *bæɩt*, Dim *bæɩdlɛ*), *dsɔəɩt* zart, flektiert *dsɔəɩdəɩ*, *ɔəɩt* Art, Pl *ɔəɩdɛ*, *fɔəɩt* Fahrt, *kɔəɩšt* Karst (Pl *kæɩšt*), *ɔɩš* (mhd *ars*) Arsch (Pl *æɩš*), *ɔəɩšlɔux* Arschloch, *šwɔəɩds* schwarz (flektiert *šwaɩdsəɩ*), (*n*)*ɔst* Ast (Pl *est*), *lɔst* f Last, *bɔst* Bast, *nɔxt* Nacht (Pl *nɛχt*, Adj *nɛχdi* nächtig, gestern Nacht), *blɔds* dünner Kuchen (Pl *blɛds*), *gɩɔds* m (mhd *kratz*) Krätze, *ɩɔds* m (mhd *ratz*) Ratz, Marder (Pl *ɩɛds*), *ɩɔdskɑ̀ds* Ratzkatze = Dieb.

Anm 1. *fɔx* n Fach mit kurzem Vokal ist Verbindungen wie 'Schreibfach' entnommen, in denen 'Fach' als zweites Kompositionsglied fungierte. — *bɔx* f Bach, dagegen *Wɩmbɔx* Wiesenbach (Flurname); doch *nɔxt* Nacht und *fɑ̀senɔxt* Fastnacht. In *dsɔəɩdəɩ* zarter, *ɔəɩdɛ* Arten ist nach dem Simplex *dsɔəɩt* und *ɔəɩt* ausgeglichen worden.

Anm 2. Zur Entwicklung der mhd *dahs*, *fluhs*, *wahs* (*wahsen*, *ahsel*, *Sahsen*) in Tb und den Nachbarmaa vgl § 159 Anm 2. Kürze zeigt auch *jɔxt* f < mhd *jag(e)t* Jagd, *šɩɛɔx* schwach nach *šwɔɩɛɩ* schwacher und das häufigst gebrauchte *ɔxt* 8 und Acht, wonach *ɩ́xdɩ̨η* Achtung; ferner *mɔxɛ* (Dittwar *maxɛ*) machen, bei welchem wohl proklitisch gekürztes **mɔx < mach(e)* massgebend gewesen ist.

Anm 3. Kurzes *a* haben die vielleicht nicht echt mundartlichen Wörter wie *blads* m Platz, *šads* m Schatz, *šbads* Spatz, *šwqm* m Schwamm; doch können hier auch die flektierten Formen im Spiele sein, so jedenfalls bei *šwqm*! — Nhd *spatz* in Hockfeld = *šbads* (mit allerdings regelrechter Dehnung, aber mit *a* aus den obliquen Kasus).

b) Gemäss § 159, 1 b stehen diesen Beispielen in S und O — doch Krensheim wie Tb — solche mit *ō* gegenüber, zB *blōt* Blatt, *bōərt* Bart, *bōst* Bast, *hōlds* Hals, *nōχt* Nacht, *ōst* Ast, *wōlt* Wald, *mōlds* Schmalz, *sōlds* Salz, *sōds* Satz.

c) Die *p*-Ma hat *ā* (vgl § 159, 1 c). Beispiele nach BREUNIG S 16: *sāk* Sack, *ālt* alt, *wālt* Wald, *gwālt* Gewalt, *fāls* falsch, *sālds* Salz, *šmālds* Schmalz, *kālt* kalt, *nāxt* Nacht, *sāft* Saft, *gāst* Gast, *bāərt* Bart, *šwāərds* schwarz.

2. Gedehntes *ɔ* ist zu *ǫ* nasaliert worden, zB *mǫ* Mann, Pl *mę̊nəɩ* (§ 207, 2).

Mhd *e*.

§ 169. Mhd *e > ē > ei*, zB *beilds* Pelz, Dim *beldslɛ* § 177 a 2), Beispiele für *ę̄*, der Entsprechung vor Nasalen, s § 209.

Mhd ë.

§ 170. 1. a) Mhd ë < ē, zB ēəɹ er, wēəɹ wer, dɩ̄ēf m Subst zu 'treffen', flēk m (mhd vlëc) Fleck (Pl flɛk, Dim flɛglɛ), ŝbēk m (mhd spëc) Speck, dɩēk m (mhd drëc) Dreck (Adj dazu dɩɛgit dreckig), bēχ n (mhd bëch, pëch) Pech, bēχpfɛdsəɹ Pechpfetzer, humoristisch für Schuster, blēχ Blech; fēlt n (mhd vëlt) Feld, wēəɹt wert, hēəɹt Herd, nēst Nest (Pl nɛsdəɹ, Dim nɛsdlɛ).

b) In den S- und p-Maa > ē (vgl § 161, 1 b), zB bēχ Pech, drēk Dreck, fēlt Feld, flēk Fleck, gēlt Geld, gnēχt Knecht, nēŝt Nest, rēχt recht, ŝbēk Speck.

c) O hat ǟ (vgl § 161, 1 c), zB bäχ Pech, dräk Dreck, fläk Fleck usw.

2. Gedehntes ë ist zu ę̄ nasaliert, zB bɩę̄mɛ Breme (§ 211).

Mhd i.

§ 171. 1. Mhd i > ī, zB mīəɹ mir, pfīf m Pfiff, mīt (mhd mit) mit, ŝīs m Schiss (Pl ŝis), zīt m Ritt (Pl zit), ŝmīs m Schmiss (Pl ŝmis), bɛŝīs m Betrug (zu bɛŝäisɛ bescheissen, dagegen bɛŝisɛ betrogen), zīs m (mhd riz) Riss (Pl zis), gwīst (mhd gewis [-ss-]) gewiss, fīŝ m (mhd visch) Fisch, (Pl fiŝ, Dem fiŝlɛ), dīŝ m Tisch (Pl diŝ, Dim diŝlɛ), ŝdɹīk m (mhd stric [-ck-]) Strick (Pl ŝdɹik, Dim ŝdɹiglɛ), lę̄ŋkwīt f (mhd lengwit) das den Vorderwagen mit dem Hinterwagen verbindende Längsholz, dīχ dich, mīχ mich, — die unbetonte Form siχ sich ist verallgemeinert worden —; bīlt m Bild (Dim bildlɛ), wīnt m (mhd wint) Wind (Adj windi windig), zīnt m (mhd rint) Rind (Verbum zīnɛɩɛ läufig sein von der Kuh), kīnt Kind (Pl kin < *kinne < mhd kinde), dazu kīndsk'upf Kindskopf, gɹīnt m Grind, gɹīndk'upf Schimpfname Grindkopf, gwīndst Gewinst, gīft Gift (Adj gifdi giftig), gīftŝäisəɹ Giftscheisser, zorniger Mensch, ŝɹīft Schrift, mīst Mist, mīstlàgɛ Mistlache, gɹīs(t)bạ̄m Christbaum, gīχt Gicht (Pl giχdəɹ), ŝnīds Schnitz (Pl ŝnids), ŝlīds Schlitz.

2. Beispiele für ī̜ s § 213.

Anm. Doppelformen įmɛs und įms m '< mhd imbiʒ) Imbiss.

§ 170—175. Dehnung des mhd ë, i, o, ö, u, ü in einsilbigen Wörtern.

Mhd o.

§ 172. Mhd o > *ō > ɔu, zB fɔul voll (flekt folɘɪ) (§ 178, 2).

Anm 1. Neben gɔult Gold auch jünger golt, wohl nach goldi goldig.

Anm 2. Mhd ohse Ochse ist in Tb regelrecht durch ogs vertreten, aber in Dittigheim und Dittwar durch ɔugs (Pl ɘgs) mit gedehntem, diphthongiertem Vokal, trotzdem das Wort mhd zweisilbig ist. Vgl auch Ɔuɪɘbɘ̀rɪx Flurname Ochsenberg (§ 133). Hier liegt eine Analogiebildung vor nach dem Verhältnis von dōgs Dachs: Pl degs, fūgs Fuchs: Pl fygs. Die umgekehrte Ausgleichung, nämlich Kürze der mhd dahs fuhs, nach ogs: ɘgs usw, hat in Tb stattgefunden (§ 159 Anm 2).

Mhd ö.

§ 173. Mhd ö > *ȫ > ɔy, zB mɔyxt möchte (§ 176 und 179 a 2). Für gedehntes ö vor Nasal > ę̄ bietet die Mundart kein Beispiel (§ 217).

Mhd u.

§ 174. 1. Mhd u > ū, zB šūs m Schuss (Pl šys), nūs f (mhd nuz) Nuss (Pl nys), fɘɪdɪṻs m (vgl mhd urdruz) Verdruss, dūk m (mhd tuc [-ck-]) Tücke; gɘdū́lt f Geduld (Adj gɘdūldi geduldig), dūɘɪšt m (mhd durst) Durst (Verbum fɘɪdɘ̀ɪšdɘ verdursten, Adj dɘɪɪšdi durstig), wūɘɪšt f (mhd wurst) Wurst (Pl wɘɪšt), fūɘɪds m Furz, Bauchwind (Pl fɘɪds), kūɘɪds (mhd kurz) kurz (flektiert kɘɪdsɘɪ kurzer), šdɪɪ̈mpf m Strumpf (Pl šdɪympf), fɘɪnū́nft f Vernunft, hṻnt m Hund, jṻŋk (mhd junc) jung (flektiert jyŋɘɪ), šbɪṻŋk (mhd sprunc) Sprung (Pl šbɪɪŋ), kṻndšt f Kunst, dū́ft m Duft (Pl dyft), bɪṻšt f Brust (Pl bɪyšt).

Anm 1. gɘɪt Gurt (ɘ für u nach § 203, 3) mit Kürze wohl nach gɘɪdɪ Gürtel. Nicht gut mundartlich sind dɘɪt dort und fɘɪt fort, dafür šɘlt und (s)weχ, wek.

Anm 2. Tb hat gegenüber der Länge der Nachbarmaa kurzes u in fugs Fuchs, Pl fygs in Anlehnung an ogs: ɘgs (§ 172 Anm 2).

2. Beispiele für ų̄ s § 219.

Mhd ü.

§ 175. 1. ü > ȳ, zB fȳɘɪ vor (enklitische Form fɘɪ § 254 und 204, 3).

Beispiele für ỹ s § 221.

B. Diphthongierung der aus mhd e o ö gedehnten ē ō ē̈.

§ 176. a) Die Diphthongierung hat in gleicher Weise die in offener Silbe (§ 157 ff) und die in einsilbigen Wörtern (§ 167 ff) gedehnten Vokale betroffen. Nur vor folgendem *r* (§ 193 ff) oder Nasal (§ 205 ff) sind die den Diphthongen zu Grunde liegenden Längen erhalten, zB *bēɪɛ* Beere, *gwēns* gewöhnen; *hōɪɛ* Horn, *wǭne* wohnen; *dēəɪlɛ* Dim zu Dorn, *kēniχ* König.

b) S hat analogisch mhd *e o ö* auch vor *r* zu *ei ou ou*, vor Nasal zu *ei ou ey* diphthongiert, zB *beiɛɪɛ* Beere, *gwei̯ne* gewöhnen, *wou̯ne* wohnen, *kouɛɪɛ* (mhd *koren*) Korn, *keyniχ* König, *dəyɪɪlɛ* Dim zu Dorn. Vgl § 199.

§ 177. a) ē (< mhd Umlauts-*e*) > *ei*.
1. in offener Silbe, zB *šeilɛ* (mhd *schelen* schälen, *dseilɛ* (mhd *zelen*) zählen, *eilɛ* (mhd *ele*) Elle, *heifɛ* f Hefe, *heiwɪ̯* Hebel, *ɪeidɛ* reden, *weidɪ̯* Wedel, *eiχɛ* (mhd *egen*) ecken, *ɦeiχ* (< mhd *schrege*) schräg, *šleiχ* Schläge, *šleiχɪ̯* Schlegel, *fleiχɪ̯* Flegel, *neiχɪ̯* Nägel, *seiχt* (< *seget*) (er) sagt, *šleiχst* schlägst, *dɪeiχ(s)t* träg(s)t, *jeiχst* (< *jegest*) jagst, *meilt* (er) mahlt.

2. in einsilbigen Wörtern, zB *beit* (mhd *bet*) Gartenbeet, *beildš* m (mhd *belliz, belz pelz*) Pelz (Dim *beldšlɛ*).

b) Das Rheinfrk bei Heidelberg bietet *ɛi*, nicht *ei*, für diphthongiertes mhd *e*, zB *ɛilɛ* Elle, *ɛijɛ* eggen usw.

§ 178. ō (< mhd *o*) > *ou*.
1. in offener Silbe, zB *doul* m (mhd *tole*) Durchgang, *houlɛ* f (mhd *hol*) Hohlweg, *housɛ* f (mhd *hosɛ*) Hose, *oufɛ* m (mhd *oven*) Ofen, *kouwe* gehoben, *moudɪ̯* Gestell, *gsoudɛ* (< mhd *gesoten*) gesotten, *gɛbɔudɛ* geboten, *fouχɪ̯* Vogel.

2. in einsilbigen Wörtern, zB *foul* (mhd *vol*) voll (flektiert *foləɪ*), *šdoulds* stolz (flektiert *šdoldsəɪ*), *goult* Gold, *šlous* (mhd *sloz*) Schloss, *fɪouš* (mhd *vrosch*) Frosch (Pl *fɪeš*), *šdouk* Stock (aber *hólɪɪšdòk* m Hollunderstock, Dim *šdeglɛ*), *pflouk* (mhd *pfloc*) Pflock (Pl *pflek*), *ɪouk* (mhd *roc*) Rock (Pl *ɪek*, Dim *ɪeglɛ*), *houlds* (mhd *holz*)

§ 176—180. Diphthongierung von mhd *e, o, ö.* — Vokalkürzung. 81

Holz (Dim *həldələ*), *mōəṣ* (§ 201 a) morsch (flektiert *məɹiə̯ɹ*, daneben mit Ausgleichung *mōə̯ɹə̯ɹ*), *mɔust* Most (Kompositum *Móstbàldələ* Spitzname Mostbalthasar), *kɔupf* Kopf (Pl *kəpf*), *grɔupf* Kropf (Pl *grəpf*), *gnɔupf* Knopf (Pl *gnəpf*), *dɔupf* m Topf (Pl *dəpf*, Dim *dəpflɛ*), *dsɔupf* m Zopf (Pl *dsəpf*), *bɔuds* Schreckgestalt (mhd *butze*, **botze*), darnach *bəydsɛ* jemanden erschrecken, *glɔuds* m Klotz (Dim *glədəlɛ*, Pl *gləds*).

§ 179. a) *ō* (< mhd *ö*) > *əy*.

1. in offener Silbe, zB *məyχɛ* (mhd *mögen*) mögen, *fəyχḷ* Vögel, *grəyt* Kröte, *dəydlɛ* (Dim zu *dɔut* < mhd *tote* Patin) Patenkind, *həyf* Höfe, *həylɛɹ* hohler (Komparativ), *əyfɛ* Öfen, *dəywiš* (vgl mhd *töbic*) umnachtet im Kopfe.

2. in einsilbigen Wörtern, zB *məyχt* (möchte), *əyl* Öl.

b) Die S- und p-Maa zeigen Entlabialisierung des *əy* zu *ei*, zB *heiflɛ* Dim zu Hof, *gleiblɛ* Dim zu Kloben (Breunig 23). — In Handschuhsheim *eil* Öl.

C. Vokalkürzung vor Doppelkonsonanz.

§ 180. a) Vor primärer oder sekundärer Doppelkonsonanz bezw Geminata sind alle langen Vokale und Diphthonge (ausser mhd *ī, ū* und *iu*) gekürzt worden und zwar mhd *ā* > *o*, mhd *ǣ* > *ɛ*, mhd *ē* > *e*, mhd *ō* > *o*, mhd *œ* > *ø*, mhd *ie* > *i*, mhd *uo* > *u*, mhd *üe* > *y*, mhd *ei* > *a*, mhd *ou* > *a*, mhd *öu* > *a*.

Aus der Qualität der heute vorliegenden kurzen Vokale darf man folgern, dass zur Zeit der Kürzung bereits *ō* für mhd *ā* vorlag (§ 69), desgl *ē* für mhd *ǣ* (§ 73), *ī* für mhd *ie* (§ 90), *ū* für mhd *uo* (§ 92), *ÿ* für mhd *üe* (§ 94), *ā* für mhd *ei* (§ 96), *ā* für mhd *ou* (§ 99) und für mhd *öu* (§ 101).

Länge ist erhalten vor mhd *sch*, das folglich zur Zeit der Kürzung — im Gegensatz zu § 157 — bereits ein einheitlicher Laut gewesen ist, zB *flaš* Fleisch.

Anm 1. Über das Verhältnis der Kürzung zur Dehnung vgl § 158.

Anm 2. Wie su § 157 Anm 1, 1 ist auch hier zu beachten, dass zur Zeit der Kürzung noch die alten Geminaten bestanden, und dass insbesondere auch inlautende ahd *f, z, ch* geminiert gewesen sind

(§ 268), was bei voraufgehender Länge (BRAUNE § 92) von besonderer Wichtigkeit ist, zB *kafe* kaufen, *idoss* stossen, *idrose* Strasse, *riχe* riechen. Das Verhältnis von *šlōf* Schlaf: *šlofe* schlafen, *šōf* Schaf: *šef* Schafe, *šefər* Schäfer, *dīf* tief: *difər* tiefer, *Difdl̥* Ortsname Tiefenthal usw beweist, dass auslautende Geminata bereits vereinfacht war, als die Kürzung eintrat (BRAUNE § 93). — es sei denn, dass die Erhaltung der Länge sich aus der Einsilbigkeit (§ 167 ff) erklärt.

Anm 3. Die Nomina auf Liquida oder Nasal weisen teils kurzen, teils langen Vokal auf; kurzen zB in *axl̥* Eichel, *ryəl̥* Rüssel, *mudər* Mutter, *fudər* Futter, *ludərn* Leiter, *odəm* Atem; langen zB in *rōsle* Röslein, *ibiχl̥* Spiegel, *šwōχərn* Schwager, *Pēdər* Peter, *lūdər* Luder (Schimpfname). Im ersteren Falle ist die Form der obliquen Kasus, im letzteren die des Nom Akk Sg verallgemeinert worden. Schema Nom Sg ⁻*xəl* > ⁻*xl̥*, Kas obl ⁻*xəle* > ⁻*xle*. Die Verhältnisse liegen also hier ebenso wie § 157 Anm 2.

Anm 4. Ebenso wie § 157 Anm 3.

b) Die Ma von W nimmt insofern eine besondere Stellung ein, als sie vor ahd Geminata (*ff*, *zz*, *ch*) Verkürzung nicht zu kennen scheint, zB *šdrōfe* strafen, *šīse* schiessen, *māsl̥* Meissel, *dāf* Taufe, *šdrōse* Strasse, *riχe* riechen usw (§ 268 Anm 1).

§ 181. Zu beachten ist, dass zwar mhd $\bar{a} > \bar{o}$, $\bar{æ} > \bar{e}$, $\bar{e} > \bar{e}$, $\bar{o} > \bar{o}$, $\bar{œ} > \bar{ø}$; *ie* > $\bar{\imath}$, *uo* > $\bar{u}$, *üe* > y, *ei* > $\bar{a}$, *ou* > $\bar{a}$, *öu* > $\bar{a}$ ($\bar{e}$) der Kürzung unterliegen, aber nicht mhd $\bar{\imath} > ai$, $\bar{u} > au$ und *iu* > *ay*. Vgl *raiχ* reich, *daiχe* (mhd *dichen*) büssen, *waisle* (mhd *wizenen*) tünchen, *baise* beissen, *šmaiss* schmeissen; *lauše* lauschen, *brauχe* brauchen, *kauχe* (mhd *küchen*) kauern, *saufe* saufen; *sayft* säuft, *bayχ* Bäuche; *layχdə* leuchten und in den W-Maa *layχt* lügt, *flayst* fliesst, *dsayχt* zieht, *frayərt* friert. Da die enge Artikulation bezw geschlossene Qualität der mhd $\bar{\imath}$, $\bar{u}$ und $\bar{y}$ (geschrieben *iu*) an sich nichts mit der Frage der Kürzung zu tun hat, so muss mit dieser Aussprache zugleich eine quantitative Besonderheit verbunden gewesen sein, abweichend von der Aussprache aller übrigen, weiter artikulierten Vokale. Wahrscheinlich lagen bereits die Diphthonge vor, und haben diese die Kürzung verhindert.

Anm 1. Ausnahme in O *gəle* Gäulchen, *məle* Mäulchen < *gəylle*, *məylle* < mhd *giullīn* (zu *gūl*), *miullīn* (zu *mūl*, *mūle*).

Anm 2. Kürzung des mhd $\bar{u}$ liegt vor in *uf* auf, *nuf* hinauf, *druf* drauf. Die Kürzung erklärt sich hier aus der Unbetontheit im Satze. Diese Kürzung wäre demnach älter als die nhd Diphthongierung.

Mhd ā.

§ 182. a) Mhd $\bar{a} > \bar{o}$ (§ 69 a) $> o$.

1. **vor Doppelkonsonanz.** Alte Doppelkonsonanz liegt vor zB in *hosť* hast, *glofdǝn* Klafter, *noxbǝɹ* Nachbar; junge (nach Vollzug der mhd Synkope) in *blodǝɹn* Blatter, Blase (mhd *blātre setzt Synkope in mhd *blātere* voraus oder alte Geminata wegen des folgenden *r*, < ahd *blāttara?*), *odǝm* Atem (aus den obliquen Kasus < mhd *ātem, ātme*), *glodsɛ* Pl (nach *dadsɛ* Tatze gebildet zu *glō < mhd *klā* Klaue) Hände, im verächtlichen Sinn.

Anm. *gebɹóxt* gebracht, *gǝdxt* gedacht (aber mit Kürze *bɹɔxt* brächte, *dɔxt* dächte), *ibɹöx* Sprache (< mhd *sprāch < ahd *sprāch oder mit Länge nach dem Vorbild der nhd Gemeinsprache?) gemäss dem westgerm Auslautsgesetz, also keine Geminata, weil im Auslaut; oder wegen ursprünglicher Einsilbigkeit (§ 167 ff).

2. **vor Geminata.** Westgerm Geminata liegt vor zB in *hogɛ* Haken, *šnogɛ* Schnacke, *dobɛ* (mhd *tāpe*) Hand, *wobɛ* Wappen (Lehnwort?); ahd Geminata in *losɛ* lassen, *šlōfɛ* schlafen (Subst *šlōf*), *šdɹofɛ* strafen, *šdɹof* Strafe, *bɹɔx* f Brache, braches Feld, *šdɹosɛ* Strasse.

3. Gekürztes *o* (< *ō* < *ā*) vor *r* > *ɑ* ist nicht vorhanden; vor Nasalen > *ǫ*, zB *bɹǫm̩dǝn* Brombeere (§ 223).

b) In O mhd $\bar{a} > \bar{o}$ (§ 69 b) $> ɔ$, zB *hɔsť* hast, *lɔsˊ* lassen. Vor Nasal fehlen Beispiele.

Mhd ǣ.

§ 183. a) Mhd $\bar{æ} > \bar{e}$ (§ 73 a) $> ɛ$.

1. **vor Doppelkonsonanz.** Sekundäre Doppelkonsonanz, zB *i̯dɛdɛlɛ* (mhd *untǣt[e]lin*) ein bischen.

2. **vor Geminata,** zB *ɹɛdix* m Rettich. Ahd Geminata liegt vor in *bɛgɹɹ* (mhd *bǣcker, zu ahd *bāgan*, *bācken schreien?) Schaf, *šɛfɹɹ* Schäfer.

3. Gekürztes mhd *ǣ* vor *r* > *æ*, zB *šwænɹɹ* schwerer (§ 202, 2); vor Nasal > *ę*, zB in Nachbarman *mę̨ndi* Montag (§ 225).

4. *šɐf* Schafe (Sg *šōf*) gegenüber altem Umlauts-*ǣ* in *šɛfɛɩ* Schäfer, *blɐst* bläst, *brɐt* bratet, *grɐt* gerät (Inf *grōdɛ*), *hrɐxt* brächte, *dɐxt* dächte, *šbədəɩ* später, *pɐdəɩlɛ* (mhd *pǣterlīn* (zu *pater* [*noster*] gebildet oder *pǣterlīn*, dann natürlich zu § 82 a) geweihte Münze, *hɐglɛ* Häckchen, *šlɐflɛ* Schläfchen, *mɐslɛ* Mässlein. Siehe § 74.

b) In S mhd *ǣ* > *ē* (§ 73 b) > *e*, zB *ųdèdɛlɛ* (mhd *untǣt[e]lin*) ein bischen; vor Nasal > *ę*, zB *mę̄ndi* Montag.

c) In O mhd *ǣ* > *ā* (§ 73 c) > *a*, zB *radi* Rettich, *šafȥ* Schäfer; vor Nasal fehlen Beispiele.

Mhd. *ē*.

§ 184. a) Mhd *ē* > *ē* (§ 76 a) > *e*.

1. vor Doppelkonsonanz, vor alter, zB *gest* gehst, *šdest* stehst; *sę̄ndsɛ* Sense.

Anm 1. Länge in *sɐ̄bt* sät, *ufgɛblɐ̄bt* aufgebläht, ist nach dem Infinitiv *sɐ̄wɛ*, *blɐ̄wɛ* eingeführt.

Anm 2. Zu *ɐtšt* und *sɐɩšt* erst s § 248, 5.

2. vor Geminata, zB *pɐdəɩli* Pl (mhd *pēt[e]rlīn*) Petersilie.

3. Gekürztes *e* vor Nasal, zB *sę̄ndsɛ* Sense (§ 227); vor *r* > *æ*, zB *Gǣɩdɩɐut* Gertrud (§ 202, 4).

b) In O mhd *ē* > *ē* (*ɛɛ*) (§ 76 b) > *ɛ*, zB *gɛst* gehst.

Mhd *ō*.

§ 185. a) Mhd *ō* > *ō* (§ 80 a) > *o*.

1. vor Doppelkonsonanz, zB *osdəɩn* Ostern, *hoxdɛ* *glosdəɩ* Kloster.

Anm. *rɐ̄slɛ* (mhd *rɐ̄selīn*) Röslein; *kɐ̄ɩɩt* gehört, ist Analogiebildung nach *hɐ̄ɩɛ* hören.

2. vor Geminata, zB *šdosɛ* stossen, *grosəɩ* (zu *grōs* mit schon ahd im Auslaut vereinfachter Geminata).

3. Für gekürztes *o* vor Nasal > *ǫ* (?) fehlen Beispiele (§ 230); vor *r* > *æ* in *lǣɩbɛ̄ɩɛ* Lorbeeren (§ 203, 2).

b) In O mhd *ō* > *ɔ̄* (§ 80 b) > *ɔ*, zB *hɔxdɛ* Hochzeit, *glɔsdȥ* Kloster, *grɔsȥ* grosser.

§ 183—188. Kürzung des mhd ǣ, ē̇, ō̇, ǣ, ie, uo.

Mhd ǣ.

§ 186. a) Mhd ǣ > ė̄ (§ 82 a) > ə.

1. vor Doppelkonsonanz, zB kədsɛ (mhd kǣtze, vgl Kluge unter *kietze*) Tragkorb, rəsdɛ rösten, grəst grösste, drəsdɛ trösten; sekundäre Doppelkonsonanz, zB hərt hört, rədl̥ m rote Masse (aus den obliquen Kasus), šdəst stösst.

2. vor Geminata. Ahd Geminata, zB gləs Klösse, grəsər grösser.

3. Gekürztes ə vor Nasal > ǫ, zB šǫndst schönste (§ 232); für gekürztes ə vor r > æ fehlen Beispiele (§ 204, 2).

b) In O mhd ǣ > ō̇ (§ 82 b) > ɔ, zB rɔdl̥ m rote Masse, glɔs Klösse.

Mhd ie.

§ 187. a) Mhd ie > ī (§ 90) > i.

1. vor Doppelkonsonanz, zB risdər Riester, Difdl̥ Tiefenthal (< *Dīfn̥-).

Anm. lïχt (mhd lieht) Licht nach § 182 Anm.

2. vor Geminata. Ahd Geminata zB in šisɛ schiessen, šlisɛ schliessen, dsiχɛ Zieche (Bettüberzug), riχɛ riechen, hifſdər Hiefen, brif Briefe (Sg brif), gist giessest.

3. Gekürztes i vor Nasal > ị, zB dịndsdɔ̄χ Dienstag (§ 236); vor r > æ, zB fært vierte (§ 202, 6).

b) Eine Ausnahme macht O, wo mhd ie > iɛ (§ 90 b) > e gekürzt ist, zB dseχɛ Zieche, gesχ Giesser, šest schiesst, šlest schliesst, bref Brief.

Mhd uo.

§ 188. a) Mhd uo > ū (§ 92) > u.

1. vor Doppelkonsonanz. Alte Doppelkonsonanz zB in husdɛ Husten, šusdər Schuster; sekundäre Doppelkonsonanz in gəblut gəblutet, fudər Futter (aus den obliquen Kasus, mhd *fuoter fuotre*), mudər Mutter.

Anm. blųmɛ Blume hat wohl Kürze wegen blųmls < mhd blüəm(e)līn. rūst (mhd ruoχ) Ofenruss, mit erst neuerdings angetretenem t, daher mit erhaltener Länge.

2. vor Geminata. Ahd Geminata, zB in *fluxɛ* fluchen, *kufɛ* Kufe, *ɩufɛ* rufen, *fusɛ* n (mhd *vuozen*) Fussende am Bett, *kuxɛ* Kuchen.

3. Gekürztes *u* (< *uo*) vor Nasal > *ʉ* (§ 238); vor *r* > *ɯ* (§ 203, 4).

b) In O erscheint mhd *uo* (> *ůɛ* § 92 b) gekürzt als *o*, zB *modṛ* Mutter, *koxɛ* m Kuchen, *most* musst, *dost* tust, *hosdɛ* m Husten.

Mhd *üe*.

§ 189. a) Mhd *üe* > *ɣ* (§ 94) > *y*.

1. vor Doppelkonsonanz, zB *nyχdəɩ* nüchtern; sekundäre Doppelkonsonanz, zB *hynəɩ* (mhd *hüener*, oblique Kasus *hüenre*) Hühner, *kyt* gehütet, *gɛbɩýt* gebrütet.

2. vor Geminata. Ahd Geminata, zB in *ɩysḷ* (mhd *ɩüezel*) Rüssel, *mysɛ* müssen, *sys* süss, *syχɛ* (mhd *süechen*) suchen, *dyχəɩ* Tücher.

3. Gekürztes *y* vor Nasal, zB *blymlɛ* Blümlein (§ 240); vor *r* > *ɵɵ* (§ 204, 4).

b) In O > *ɵ*, zB *gɛbrét* gebrütet, *mɵsɛ* müssen, *nɵxdəɩ* nüchtern, *rɵsḷ* Rüssel, *sɵxɛ* suchen.

c) In der *p*-Ma Entlabialisierung zu *i*, zB *misɛ* müssen usw.

Mhd *ei*.

§ 190. a) Mhd *ei* > *ā* (§ 96) > *a*.

1. vor Doppelkonsonanz. Primäre zB in *wast* (du) weisst, *masdəɩ* Meister, *Sdą́mbæ̀ɩiχ* Steinberg, *śbadsɛ* (mhd *speitzen*) speien, dazu Subst *śbádsiχ*, *sáxẹ̀mest sέχẹ̀mest* (zu mhd *seichen* harnen) Art Ameise (in der *p*-Ma von Freudenberg *sáxį̀mḷdsɛ*, vgl Wb 7). Sekundäre Doppelkonsonanz: *glat* kleidet, *ą́igɛglàt* eingekleidet von der Nonne, *gɛbɩát* gebreitet, *ladəɩɩ* Leiter (aus den obliquen Kasus), *gɩadḷt* (zu mhd *reitelen* LENZ I 39) gebunden, zusammengeschnürt, *dswadəɩ* zweiter (von den obliquen Kasus her), hiernach Bildung *dswāt* (der) zweite für *dəwāt*, *ǡusə́nàdsɛ* (mhd *sneif[e]zen* zu mhd *sneiten*) trans entästen, *ɩadḷ* m

(mhd *reitel*) Pfahl zum Aufwinden eines Seiles, *hqmǝı(d)li* n (Sg *hǫ̈mǝıɛ*) Heimchen.

2. vor Geminata. Ahd Geminata in *hasɛ* heissen, *gas* zu *gās* Geiss, dazu Dim *gaslɛ*, *axɛ* (*eich* + *en*) Eiche, *axļ* Eichel, *safɛ* Seife, *šlafs* schleifen, *masļ* Meissel.

Anm 1. *glāst* n (mhd *gǝ* + *leix*) Wagenspur, Geleiss, mit Länge wegen der erst späteren Anfügung des *-t* (§ 144).

Anm 2. Länge in *mādls* Mädchen in Anlehnung an *māt* (< mhd *meit*) Magd; *wāds(ɛ)*: Weizen (*p*-Ma *wēdsɛ*): *wɛs* (!) in O-Nachbarmaa; *sāxɛ* (mhd *seichen*, got *saihjan*?) harnen: *sa̧x̧ǝmsst* (oben unter 1).

3. Gekürztes *a* vor Nasal > *q*, zB *hqmǝı(d)li* Pl Heimchen (§ 242).

b) O hat mhd *eı* (vgl § 96 b) zu *a* gekürzt, zB *masdɟ* Meister, *axļ* Eichel, *gaslɛ* Geiss Dim, *safɛ* Seife. Daneben (lokal?) *ɛxɛ* Eiche, *wɛs* Weizen.

Die *p*-Ma bringt für gekürztes *ē* (§ 96 b) < mhd *eı* kein Beispiel.

Mhd *ou*.

§ 191. Mhd *ou* > *ā* (§ 99) > *a*.

1. vor Doppelkonsonanz. Sekundäre: *glabst* glaubst, *fɛɹlāglɛ* (mhd *louckenen* neben *lougenen*) leugnen.

Anm 1. *lāft* läuft, *drābt* droht, haben ihr *ā* nach den Infinitiven *lāfɛ*, *drāwɛ* neu eingeführt.

2. vor Geminata. Ahd Geminata in *lāwǝɹhỳdɛ* (entsprechend *lauberhütte* bei Luther) Laubhütten der Juden, *daf* f Taufe, *kafɛ* kaufen, *lafǝı* m (mhd **loufɛr*) junges Schwein.

Anm 2. Ausnahmen: *lāfɛ* laufen (Analogiebildung!), *hāblɛɹāut* (mhd *houbetlīn*) Krauthaupt.

3. Gekürztes *a* vor Nasal > *q*, zB *Bąmbü̇s* Familienname Baumbusch (§ 214).

Mhd *öu*.

§ 192. a) Beispiele für mhd *öu* > *ā* > *a* sind von denen für mhd *ou* (§ 191) nicht zu scheiden (§ 101 a).

b) In der O-Ma mhd *öu* > *ē* (§ 101 b) vor sekundärer Doppelkonsonanz > *ɛ*, zB *fɟléxlɛ* (mhd *löugenen*) leugnen, *heblɛ* (mhd *höubetlīn*) Krauthaupt, *keft* kauft, *left* läuft.

D. Veränderungen der Vokale vor *r*.

§ 193. Quantitative Veränderungen der Vokale vor *r* kennt unsere Mundart nicht. Der lange Vokal in Beispielen wie *bōəɹt* Bart, *ōəɹš* Arsch ist nach § 167, der in *dōəɹšɛ* (mhd *torse*) Salatstengel, *fēəɹšɛ* Fersen nach § 157 Anm 3 zu beurteilen. Kürze vor *r* + Konsonant zeigen die mehrsilbigen Wörter wie *gaɹdɛ* Garten, *šwaɹdɛ* Schwarte (§ 48 ff), gegenüber *gū(ə)dɛ šwū(ə)dɛ* usw in der *p*-Ma und im Rheinfrk. Die Veränderungen, denen die Vokale vor *r* unterworfen sind, sind dreierlei Art:

1. Vor *r* hat sich in schon mhd geschlossener oder in sekundär geschlossener Silbe ə entwickelt.

§ 193 A. 1. Nach mhd langem Vokal und Diphthong, zB *wōəɹ* (mhd *wār*) wahr, *glōəɹ* (mhd *klār*) klar, *jōəɹ* n (mhd *jār*) Jahr, *hōəɹ* (mhd *hār*) Haar; *šwēəɹ* (mhd *swǣre*, ahd *swāri swār*) schwer, *lēəɹ* (mhd *lǣre*) leer; *ēəɹ* f (mhd *ēre*) Ehre; *faiəɹ* f (mhd *vīre*) Feier, *laiəɹn* f (mhd *līre*) Leier, *gaiəɹ* m (mhd *gīr*) Geier, *šbáiəɹlĩŋ* m crataegus area (WEIGAND II 756); *ōəɹ* (mhd *ōre, ōr*) Ohr, *ɹōəɹ* n (mhd *rōr*) Rohr; *ēəɹ* f (mhd *ǣre, ǣr*) Öhre; *bauəɹ* (mhd *gebūr*) Bauer, rusticus, *mauəɹ* f (mhd *mūre, mūr*) Mauer, *sauəɹ* (mhd *sūr*) sauer; *fayəɹ* n (mhd *viur*) Feuer, *šayəɹn* f (mhd *schiure*) Scheuer; *šdiəɹ* (mhd *stier*) Stier, *biəɹ* n (mhd *bier*) Bier; *flūəɹ* m (mhd *vluor*) Flur, *fūəɹ* f (mhd *vuore*) Fuhre, *šnūəɹ* f (mhd *snuor*) Schnur, Faden; *fȳəɹ* (ich) führe.

Anm. Die Offenheit der ersten Silbe erklärt das Nebeneinander von *fȳəɹ* (ich) führe und *fȳɹɛ* Infinitiv führen, ferner von Fällen wie *gaiəɹ* m (mhd *gīr*) Geier und *gaiɹɛi* gierig essend (zu mhd Adj *gīre*, vgl KLUGE unter *geier*), *haiɹɛt* m Heirat und *haiɹɛɛ* heiraten.

2. Nach ursprünglich kurzem mhd Vokal, der an den Dehnungen (§ 157 ff und 167 ff) sich beteiligte, zB *fōəɹ* ich fahre: *fōɹɛ* (mhd *varen*) Inf fahren, *dōəɹšɛ* (mhd **torese* neben *torse*) Salatstengel, *fēəɹšɛ* (mhd **vëresen* neben *vërsen*) Verse, *hēəɹ* (mhd *hëher*) Vogel Här, *ēəɹ* (< mhd *eher*) Ähre, *dēəɹlɛ* Dim zu *dōɹɛ* Dorn, *šȳəɹ* schüre: *šȳɹɛ* (mhd *schüren*)

schüren, — *bɔɐɻt* (mhd *bart*) Bart: Pl *bart*, *dsɔɐɻt* zart, flektiert *dsɔɐɻdɐɻ*, *ɔɐɻt* Art, *fɔɐɻt* Fahrt, *kɔɐɻst* m Karst, *ɔɐɻʃ* (mhd *ars*) Arsch, *mɔɐɻʃ* morsch: flektiert *mɔɐɻʃɐɻ*, daneben mit Ausgleichung *mɔɐɻʃɐɻ*, *wēɐɻ* wer, *ēɐɻ* er, *mɪɐɻ* mir, *dūɐɻst* (mhd *durst*) Durst, *wūɐɻʃt* f (mhd *wurst*) Wurst: Pl *wɐɐɻʃt*, *fūɐɻds* m Furz, Bauchwind usw.

2. *r* hat die Diphthongierung der gedehnten *ē*, *ō*, *ȫ* verhindert.

§ 194. *ē* (< mhd Umlauts-*e*) ist erhalten, ohne zu *ei* diphthongiert zu werden (§ 177).

1. **in offener Silbe**, zB *bēɪɛ* (mhd *bere*) Beere, *ēɐɻ* (mhd *eher*) Ähre, *ēɪɛ* m (ahd *ero*) Hausflur, *hēɪɛ* (mhd *heren*) brennend schmerzen von Wunden (Schmeller I 1150), *wēɪɛ* (mhd *weren*) wehren, *dsēɪɛ* (mhd *zeren*) zehren, *dɐɻnḗɪɛ* ernähren, *ɑ́iměɪɛ* (mhd *meren, nicht *mëren*) Teig rühren (s Wb unter *ɑ́iměɻɛ*).

Anm. Mhd *erne* Ernte > *ēɪɛ* infolge einer Ausgleichung zwischen lautl *ēɪɛ* (< mhd *eren) und *ærn(e)*.

2. **in einsilbigen Wörtern**, zB *hēɐɻbst* neben *hæɐɻbst* (mhd *herbst* mit engem bezw weitem *e*) Herbst; dagegen *mēɐɻ* (mhd *mēr*) mehr.

§ 195. *ō* (< mhd *o*) ist erhalten, ohne zu *ou* diphthongiert zu werden (§ 178).

1. **in offener Silbe**, zB *hōɪɛ* (< mhd *horen*, nicht *horn*) Horn, *bōɪɛ* (mhd *boren*) bohren, *kōɪɛ* (mhd *koren*) Korn, *dsōɪɛ* Zorn, *dōɪɛ* Dorn, *ʃōɪɛ* (mhd *schoren*) schoren, *dōɐɻʃɛ* (mhd *torese, *torse*) Krautstengel.

2. **in einsilbigen Wörtern**, zB *kōɪəp* Korb, *mōɐɻʃ* morsch, *ʃdōɪχ ʃdōɪχ* Storch in Dittwar: *ʃdɑɻɪχ* in Tb.

§ 196. *ȫ* (< mhd *ö*) ist erhalten, ohne zu *ɵy* diphthongiert zu werden (§ 179).

1. **in offener Silbe**, zB *dsȫɐɻlɛ* Zörnlein, *dȫɐɻlɛ* (zu *dōɪɛ* Dorn) Dörnlein.

2. **in einsilbigen Wörtern** — Beispiele fehlen.

Behandlung der langen Vokale vor *r* in den Nachbarmundarten.

Bezüglich der §§ 194—196 verhalten sich die Nachbarmaa im allgemeinen wie Tb. Doch sind folgende Abweichungen festzustellen:

§ 197. In der *p*-Ma, in welcher § 194—196 nur für die in offener Silbe gedehnten Vokale gilt, hat *r* die Diphthongierung eines vorhergehenden mhd *ē* und *ǣ* zu *ei* (§ 76 d und 82 c), mhd *iu* zu *ei* (§ 87 b) und mhd *ō* zu *ou* (§ 80 c) gehindert. Vielmehr steht

1. *ē* für mhd *ē* und *ǣ*, zB *lēa* Lehre, *lēarn* lehren, *mēɛ* mehr, — *hēarn* hören, *rēarn* Röhre, *likéu* Likör (BREUNIG 18 f und 19).

2. a) *ǣ* für mhd *iu*, zB *dǣa* teuer, *śǣa* Scheuer, *fǣa* Feuer (BREUNIG 17).

Anm. *idɛis* Steuer (BREUNIG 22) wird gemeindeutscher Herkunft sein.

b) In Walldürn und Hainstadt *ə̄* (?) für mhd *iu*, zB *də̄a* teuer, *śə̄a* Scheuer, *fə̄a* Feuer (BREUNIG 17).

c) Auch die O-Ma weist hier *ə̄* auf, zB *mə̄rər* (mhd **miurǣre*) Maurer, *də̄ər* teuer, *fə̄ər* Feuer, *ə̄ər* euer.

3. *ɔ̄* für mhd *ō*, zB *ɔ̄a* Ohr, *rɔ̄a* Rohr (BREUNIG 15).

§ 198. 1. In der *p*-Ma erscheint mhd *ā* — das sonst zu *ō* geworden (§ 69 a) — und gedehntes mhd *o*, das in einsilbigen Wörtern sonst zu *ou* geworden (§ 178), desgleichen sonst zu *ū* gedehntes mhd *u*, vor *r* als *ɔ̄* (?), zB *hɔ̄a* Haar, *wɔ̄a* wahr, *jɔ̄a* Jahr, — *wɔ̄art* Wort, *ɔ̄art* Ort, *dɔ̄ɔarn* Zorn, *dɔ̄a* Thor, *falɔ̄arn* verloren, *gebɔ̄arn* geboren, *kɔ̄rəp* Korb, *śdɔ̄riχ* Storch, *śɔ̄arn* schoren, — *wɔ̄rɛm* (?) Wurm (BREUNIG 14).

Anm 1. *glǣa* klar und *gfǣa* Gefahr (BREUNIG 15) werden *ā* von der gemeindeutschen Umgangssprache haben; ebenso *wǣs*, *wǣrn* war, waren (BREUNIG ebd), weil sehr selten; gewöhnlich dafür die Umschreibung 'bin gewesen', 'sind gewesen'.

2. Ebenso erscheint mhd *ǣ*, das sonst *ē* zum Vertreter hat (§ 73 b), ferner gedehntes mhd *ë*, das sonst in einsilbigen Wörtern gleichfalls zu *ē* geworden ist (§ 170 b), und gedehntes mhd *e* vor *r* als *ē*, zB *lēa* leer, *śwēa* schwer, *jēari* jährig, *hēarlɛ* Dim zu *hɔ̄a* Haar, *hēriŋ* Hering, *śēarn* Schere, —

bēɐ Bär, bə̄rįx Berg, hēɐ her, šwēɐ Schwiegervater, wēɐ wer, gēarn gern, kēarn Kern, wēart wert, šbēarli spärlich, šdēarn Stern, — ēarn Ernte (BREUNIG 17).

Anm 2. In offener Silbe sonst zu ei diphthongiertes mhd e (§ 177 a) erscheint vor r, wie in Tb, als ē (§ 194), zB bēɐ Beere, wēarn wehren, ɐrnēarn ernähren (BREUNIG 19). Für o und ö fehlen entsprechende Beispiele bei BREUNIG.

§ 199. In den S- und in einigen O-Maa haben vor -ɛr bezw -ər Diphthongierungen statt, zB beiɛrɛ Beere, — hɔuɛrɛ Horn, douərš Krautstengel, hóuərdsļ Hornis, šɔurɛ schoren, — dɐzyərlɛ Dim zu Zorn, dəyɐlɛ Dim zu Dorn. Vgl § 69 b und c und § 176 b.

§ 200. In den Maa von Königheim und Heckfeld erscheinen mhd ī und ū vor -r als ei und ɔu, zB heiɐrt'm Heirat, — mɔuər Mauer, bɔuər Bauer, sɔuər sauer.

3. Brechung der kurzen Vokale vor r.

§ 201. a) In geschlossener Silbe sind vor r alle kurzen Vokale (in mhd mehrsilbigen Wörtern) zu überweiten geworden; nur a ist unverändert geblieben, weil dieser Vokal einer weiteren Artikulation nicht fähig ist. Mit dem mhd ë und e ist auch mhd i in æ zusammengefallen, ebenso mhd o und u in ɔ und mhd ö und ü in æ. Dieser Lautwandel ist neueren Datums; denn er trifft die einsilbigen Wörter, welche ihre kurzen Vokale noch unter Beibehaltung der ursprünglichen Qualität gedehnt haben, nicht; vgl kūərds kurz, mōərš morsch, hēərt Herd, miər mir. Betroffen werden auch die nach § 180 ff gekürzten Längen.

b) Die p-Ma hat ɔ statt ɔ, und ɛ (?) statt æ; doch Hainstadt und Walldürn ə für mhd i, ü und e.

§ 202. 1. Mhd ë > æ, zB kærwɛ Kerbe, šdærwɛ sterben, šærwɛ Scherbe, fɐddærwɛ verderben trans und intr, wærfɛ werfen, lærnɛ lernen, kærl Kerl, pfæršįŋ (mhd pfërsich) Pfirsich.

2. Ebenso aus mhd ǣ gekürztes ɛ > æ, zB šwærnɐ schwerer.

3. a) Mhd e > æ, zB ærbs Erbse, ærbt (mhd erbeit)

Arbeit, *mæıe* (mhd *merhe*) alter Gaul, *fæıwɛ* färben, *æımĺ* Ärmel, *kæıdsɛ* Kerze, *pfæıχ* Pferch, *gæıdɛ* Gärten, *wáıdɔ̀x* Werktag, *Mǽıdlɛ* Dim von *Máıd̂n* Martin, *æıwɛ* erben, *dæı(ə)m* Därme, *wǽıfɛ* werfen.

b) Von den *p*-Maa haben Hainstadt und Walldürn *ə* statt *æ*, zB *hərbə́t* Herbst (BREUNIG 17), vgl § 204, 3 b.

4. Aus mhd *ē* verkürztes *e* > *æ*, zB *Gǽıdıàut* Gertrud, *æıśt* erst (über *ǽıśt* § 248, 5), *læı(į)χɛ* Lerche, *Gæıgsɛ* Dorf Gerchsheim (Heim des *Gērich*), *Gæıleɛ* Gerlachsheim (Heim des *Gērolah*), *Gǽıśdéıdɛ* Gerichtstetten (Stätte des *Gērich*), vgl dazu Wb 9 und 10.

5. a) Mhd *i* > *æ*, zB *wæıt* Wirt, *wæıt* wird, *æı* irre, *kæıχ* Kirche, *Wǽıdsbúıχ* (mhd *Wirzburg*) Würzburg, *gśæı* Geschirr, *hæıś* Hirsch, *wæıwĺ* Wirbel, *hæıt* (mhd *hirte*) Hirt, *wǽıśdıö* kurzes Stroh (LENZ I 21), *wǽıśįŋ* Wirsing, *kæıśɛ* (mhd *kirse, kerse*) Kirsche, *śwæıwlɛ śwæımlɛ* (zu mhd *smirwe*) nach Fett riechen. Dublette: *hǽındèywiś* (mhd *hirntöbic*) hirnverbrannt neben *híıɛ* (mhd *hiren*) Hirn.

b) Von den *p*-Maa haben Hainstadt und Walldürn *æ* statt *æ*, zB *gśær* Geschirr, *kǽrśɛ* Kirsche (BREUNIG 17).

6. Ebenso ist das aus *ī* (< mhd *ie*) verkürzte *i* (§ 187) vor *r* zu *æ* geworden in *fæıt* (mhd *vierte*) vierte, *næıχəndə* (mhd *niergent*) nirgend, *śæı* (mhd *schiere*) schier.

Anm. Über *śæı* schier und *næı* (< *nŗ̥*) nur vgl Wb unter *śı*; vgl auch § 106 Anm 5 und § 254.

§ 203. 1. Mhd *o* > *ɶ*, zB *dɶıglɛ* turkeln, *bɶıχɛ* borgen, *śɶıχ* Sorge, *gśdɶıwɛ* gestorben, *fɛıwǽıχɛ* verworgen, *mɶıχɛ* morgen, *fɶınɛ* vorne, *fɶıdĺ* m Vorteil. Dublette: *dǽınbỳślɛ* Dim zu Dornbusch neben *dōıɛ* (mhd *doren*) Dorn.

2. Ebenso aus mhd *ō* verkürztes *o* (§ 185) > *ɶ* in *lɶ̀nbə̀̀ıɛ* (mhd *lōrber*) Lorbeeren.

3. Mhd *u* > *ɶ*, zB *kǽıdsəı* kurzer, *dɶımlɛ* (mhd *durmelen*) berauscht sein, hin- und herwanken, *wɶıdsĺ* Wurzel, *śnɶıɛ* schnurren, *hɶıɛ* (mhd *hurren* sich sausend bewegen) in Lauda: auf dem Eise schleifen, *bɶıś* Bursche, *hɶıdlí* (mhd *hurteclich*) schnell, *dǽıdĺdáıwɛ* Turteltaube, *ɶıśĺ*

§ 202—204. Brechung des *e*, *i*, *o*, *u*, *ö*, *ü*.

Ursula, *gæıɛ* (mhd *gurren* schreien vom Esel) knurren im Bauch, *bə̀nı̣χɛmásdəı* (< *burgenmeister*) Bürgermeister.

Anm. Die *p*- und einige W- und N-Maa bevorzugen gegenüber den in Tb ungebrochenen *dũʋ* Turm, *wũʋ̃m* Wurm, *šdũʋ̃m* Sturm, die gebrochenen Formen *dœrn*, *wœrəm*, *šdœrəm*, bezw *dɔrn*, *wɔrəm*, *šdɔrəm*.

4. Ebenso aus mhd *uo* verkürztes *u* (§ 188) > *æ.

§ 204. 1. a) Mhd *ö* (sonst > *e*, § 63 a) > *æ*, zB *mæıšļ* Mörser, *kœı(ə)p* Körbe, *kœınəı* Körner, *hœınlɛ* Hörnchen, Gebäck, *mærdļ* Mörtel, *dœıfəı* Dörfer, *gnœılɛ* n Knorre Dim.

b) In der *p*-Ma (sonst > *e*, § 63 b) > *æ* (*ɛ*?), zB *hærnɐ* Hörner, *dæın* Dörner, *dsærnlɛ* Dim zu Zorn (BREUNIG 17).

2. Ebenso aus mhd *œ̄* verkürztes *ö̆* > *æ.

Anm. *hœʋt* hört, statt des lautlich zu erwartenden *hœʋt*, in Anlehnung an *ȫ* des Infinitiv und Präsens.

3. a) Mhd *ü* > *æ*, zB *gœıdɛ* gürten, *gœıdļ* m Gürtel, *mœı(ə)p*. mürbe, *wœı(ə)m* (mhd *würme*) Würmer, *šdœı(ə)m* Stürme, *šdœımi* stürmig, *bœı(i)χəı* Bürger, *dœı* dürr, *fəıdœıšdɛ* verdürsten, *bœıšdɛ* Bürste, *bœıdsļ* Bürzel, *kœıbs* Kürbis, *Dœı(i)k* Türke, *Dœ́ınsıšdũıɛ* Türmersturm, *fœ́ıši* vorwärts, für sich.

b) In der *p*-Ma, in Künzelsau (S) und Reichholzheim (N) ist mhd *ü* vor *r* + Konsonant zu *æ* geworden, wird also analog mhd *i* > *æ* behandelt. Hieraus folgt, dass die Entlabialisierung des mhd *ü* zu *i* in diesen Maa schon stattgehabt haben muss, als mhd *i* vor *r* zu *æ* gebrochen wurde. Beispiele nach BREUNIG 17: *bærja* Bürger, *bæršlɛ* Bürschlein, *færšt* Fürst, *fær(i)χdɛ* fürchten, *šærds* Schürze, *kærds* Kürze, *wærm* Würmer, *bærdsļ* Bürzel, *gwærds* Gewürz, *wǽrdsbærdɛ* Würzbürde (der an Maria Himmelfahrt geweihte Heilkrautstrauss).

Walldürn und Hainstadt scheinen auf dem Standpunkt von Tb zu stehen.

4. Ebenso aus mhd *üe* verkürztes *y* (§ 189) > *æ.
Beispiele fehlen.

E. Nasalierung.

§ 205. Sämtliche Vokale werden vor einer Nasalis genäselt gesprochen. Diese Vorwegnahme der nasalen Artikulation ist früher eingetreten als die Diphthongierung (§ 176 ff), weil die dem ɛi ɔu ɵy entsprechenden Nasalvokale als ę̄ ǭ ę̄ erscheinen, also auf den für jene Diphthonge vorauszusetzenden ē ō ē beruhen. Sonst $a > ą$, $ɛ > ę$, $e > ę$, $i > į$, $o > ǫ$, $ɵ > ę$, $u > ų$, $y > y̨$; diesen kurzen Vokalen stehen nach § 157 ff und 176 ff die langen ǭ ę̄ ī ų̄ ȳ gegenüber sowie jene ę̄ ǭ ę̄. Qualitative Veränderungen haben also nur bei ɔ (< mhd a) und ɛ̄ (< mhd ë) stattgefunden, indem der weite Vokal, genäselt, eng artikuliert wird.

Die den mhd langen Vokalen und Diphthongen entsprechenden Nasalvokale weisen keine Abweichung auf, beruhen also offenbar auf den heutigen Vertretungen derselben.

Anm 1. Die Nasalierung fehlt in *hɛmərli* Pl zu *hą̄mər* Heimchen (Gissigheim), *sɛ̄ns* sehen (aber *dųni* tue ich), *drunəm* zu ihm.

Anm 2. *n* hat progressive Nasalierung erzeugt in *nǫ* noch und *nǫ* nun (< *no < mhd *nu < mhd *nū[n]), *m* in *mę̄ndər* (zu mhd *mē* gebildeter Komparativ) mehr.

Mhd *a*.

§ 206. Mhd $a > ą$, zB *ąmbļ* Ampel, *gɩąmbɛ* f (mhd *krampe*) ein mit einem gezackten Eisenhaken versehener Pfahl zum Ausheben von Hopfenstangen; *šbąnɛ* spannen, *dąnɛ* Tanne, *pfąnɛ* Pfanne, *Hą́nmiχļ* Johannmichael, *dąn* (mhd *dann*) denn, *ąn* (mhd *ande*) leid, *ą́ndę̇m* (mhd *andëm*) beinahe (selten!), *ǭcą̀nɛ* (mhd *anwande*) Weinbergzeile, *dą́ndsɛ* tanzen, *álɔhą̀nt* allerhand (s Wb 5), *gą́ndsər* (mhd *ganzer*) Gänserich; *ąŋļ* f Angel, *dsąŋɛ* Zange, *šląŋɛ* Schlange, *lą́ŋəɹ* langer, *dą́ŋgɛ* danken, *dsą́ŋgɛ* zanken, *ąŋgɛ* f (mhd *anke*) Anke, *ɩąŋgɛ* grosses Stück Brod (vgl GRIMM Deutsches Wörterbuch, LENZ I 40), *gɩą́ŋgəɹ* kranker, *mą́ŋgùss* Manggasse.

Anm. Über *Hǫ́nigļ* Honickel < Hannickel s § 117 Anm 1. Über *hą < hm* vgl LENZ I unter *hą*.

§ 207. Der gedehnte Nasenvokal ist ǭ, das natürlich nicht auf ą beruht, sondern bereits auf dem gedehnten ō (§ 159 und 168). Beispiele für Nasalierung des gedehnten Vokals in offener Silbe zB *hǭmɘɿ* Hammer, *rǭmɛ* Rahmen, *nǭmɛ* Name; in einsilbigen Wörtern zB *lǭm* lahm, *dsǭm* zahm, *grǭm* Gram, *kǭmp* Kamm, *grǭmpf* Krampf, *sǭmpft* sanft; *ǭ* an, *dsǭ* Zahn, *mǭ* Mann, *rǭnt* Rand, *brǭnt* Brand, *sǭnt* Sand, *wǭnt* Wand, *hǭnt* Hand, *gǭnds* Gans, *śwǭnds* Schwanz, *dǭnds* Tanz; *bǭŋk* Bank, *śdrǭŋk* Strang, *dsǭŋk* Zank, *ǭfǭŋk* Anfang, *gǭŋk* Gang, *gɛdǭŋk* Gestank, *rǭŋk* Rang, *gsǭŋk* Gesang, *lǭŋk* lang, *grǭŋk* krank.

Mhd *e*.

§ 208. Mhd *e* > *ę*, zB *dęmɘɿt* dämmert, *gedęmɘɿ* n (mhd *getemere*) Lärm, *kęm* Kämme, *hęm* Hemde, *lęmlɛ* Lämmlein, *ręmśäit* n Vorrichtung am Wagen (zu ahd *ram, rammo*), *ęmsi* (mhd *emzec*) emsig, *bręmsɛ* f Hemmschuh, *kęmpft* kämpft, *fɘɿgrɿmsɛ* trans vergittern (Lɛɴz I 25), *gręmpf* Krämpfe; *ęn* Ende, *hęn* Hände, *męnɘɿ* Männer, *flęnɛ* (mhd *vlennen*) weinen, *bręnɛ* brennen, *gwęnt* m (zu mhd *want*) Fensterlein, *Fręnds* Franziska, *dęndsɘɿ* (zu tauzen) Spindel, *dęndḷ* (zu Tand), vornehmes Fräulein (ironisch), *śwęnds* Schwänze, *dęnds* Tänze, *gęnds* Gänse, *Gęndsdö̂lɘ̇* Geschlechtsname Genstaler (der vom Gänsetal?); *lęŋ* Länge, *gsęŋ* Gesänge, *gęŋ* Gänge, *hęŋḷ* Henkel, *fęŋt* fängt, *gręŋk* (mhd *krenke*) Fluchwort Krankheit!, *bęŋk* Bänke, *lęŋkwȧlt* f (mhd *lengwit lenkwit lenquid* neben *langwit*) das den Vorderwagen mit dem Hinterwagen verbindende Längsholz.

Aus diesen Beispielen ist nicht zu erkennen, ob in den einzelnen Fällen altes oder neueres Umlauts-*e* (vgl § 51 f) vorliegt. Die Nasalierung hebt eben jeden Unterschied zwischen *ɛ* und *e* auf. Vgl auch Kauffmann § 67.

§ 209. Der gedehnte Nasalvokal ist *ę̄* (für beide Umlauts-*e*?), zB *lę̄mɛ* schämen, *gɘdrę̄m* n (zu mhd *dram*) Balkenwerk im Keller, *fę̄mḷ* m (mhd *femel* neben *fimmel*) Hanf ohne Samen; *dę̄nɛ* (mhd *denen*) dehnen, *gwę̄nɛ* mhd *gewenen*) gewöhnen, *dsę̄* Zähne.

Nasalierung.

Anm. ę̄ als moderner Umlaut zu ō < mhd a in nę̄mɛ Pl Namen, rę̄mlɛ Dim zu Rahmen.

Mhd ë.

§ 210. Mhd ë > ę, zB nęmɛ (mhd nëmen) nehmen; gręndļ m (mhd grëndel neben grindel) Längsholz des Pfluges; bręŋɛ (mhd brëngen, bringen) bringen, hęŋɡəɪ im Fluchwort dáihę̀ŋɡəɪ (zu älterem nhd Deube? und mhd hinken, *hënken), Wę̀ŋɡɛ Dorf Wenkheim (zu ahd Wigo Wëgo, vgl Wb 20).

§ 211. Gedehntes mhd ë > ę̄, zB brę̄mɛ Stechfliege, lę̄nɛ f (mhd lëne, line) Polster, ę̄m (ahd ëmo neben imo) ę̄n ihm ihn.

Mhd i.

§ 212. Mhd i > į, zB šįmļ m Schimmel, Pferd, šįmpfɛ schimpfen; fįnɛ finden, Gwįnəɪdlɛ (zu mhd wingert) Flurname, šįnɛ schinden, šįnəɪ Schinder, šįnȫs Schindaas, ɪįnɛ rinnen, ɪįnɪχɛ Rinne, bįnɛ binden; dįŋgļ Dinkel, glįŋɡɛ Klinke, įŋgwàt (mhd ingeweide) Eingeweide.

Anm 1. Aber bɪęŋg(s)t (zu mhd brengen) bring(s)t.

Anm 2. In Nachbarmaa bę̄ndsɛ (mhd *bënsx, binsx) gegenüber bįndsɛ in Tb.

§ 213. Gedehntes mhd i > į̄, zB į̄mɛs neben į̄ms (mhd imbīz), Imbiss, hį̄mļ Himmel; Dį̄nɛ Koseform für Martina; kį̄nt Kind, ɪį̄nt Rind, wį̄nt Wind, šbį̄ Baumrinde (vgl mhd spint, in Dittigheim šbē < mhd *spën[t]).

Mhd o.

§ 214. Mhd o > ǫ, zB fǫm und fɪ̨m von dem, Dǫ́mįni Dominikus, nǫ (mhd noh) noch.

§ 215. Gedehntes mhd o > ǭ, zB wǭnɛ wohnen, hǭnɪχ Honig.

Mhd ö.

§ 216. Mhd ö > ę in kęnɛ können (md).

§ 217. Gedehntes mhd ö > ę̄ in kę̄nɪχ (mhd künec, md mit ö) König, daneben Kÿndshɔ̀ufɛ Königshofen (§ 220 f).

§ 209—222. Nasalierung des mhd *e*, *ē*, *i*, *o*, *ō*, *u*, *ū*, *ā*. 97

Mhd *u*.

§ 218. Mhd *u* > *ų*, zB *kųmɛ* kommen, *gnųmɛ* genommen, *gšwųmɛ* geschwommen, *sųmɘɹ* Sommer, *glųmbɛ* Klumpen, *dųmlɛ* (mhd *tumelen* zu *tumel*) sich beeilen; *dųnɛɹɛ* (mhd *dunren*) donnern, *gųnɛ* geronnen, *gšbųnɛ* gesponnen, *gwųnɛ* gewonnen, *gfųnɛ* gefunden, *gɛbųnɛ* gebunden, *sųnɛ* Sonne, *ųnɛ* unten, *bɹųnɛ* Brunnen, *bɹųndsɛ* (mhd *brunnezen*) harnen, *gɛdɹų́ndsɛ* aufgedunsen; *lųŋɛ* Lunge, *hųŋɘɹ* Hunger, *gɛglųŋɛ* geklungen, *gšdųŋgɛ* gestunken.

§ 219. Gedehntes mhd *u* > *ų̄*, zB *gɹų̄m* krumm, *šdɹų̄mpf* m Strumpf, *šdų̄mpf* stumpf; *pfų̄nt* Pfund, *hų̄nt* Hund, in Dittwar *sų̄* Sohn; *šbɹų̄ŋk* Sprung, *dɹų̄ŋk* Trunk, *jų̄ŋk* jung.

Mhd *ü*.

§ 220. Mhd *ü* > *y*, zB *ym* (mhd *ümbe*, ahd *umbi*) um, *ɹym* herum, *dymɘɹ* dümmer, *gɹymɘɹ* krümmer, *šdympf* Pl zu Stumpf, *glymp* n (mhd *gelümpe*) Kollektiv zu Lumpen; *dyn* dünn, *syn* Sünde, *šdynlɛ* Stündlein, *kyn(ds)t* (mhd *küm[s]t*) komm(s)t, *bɹyndslɛ* Intensiv zu *bɹųndsɛ* (§ 218) harnen, *hynt* Hunde, *hyndlɛ* Dim zu Hund, *Kyndshɔufɛ* Dorf Königshofen (741 *Kunegeshoba*, 1528 *Khennigshoffen*, vgl Wb), in Heckfeld häufiger Eigenname: *Mynix̣* Münch.

§ 221. Für gedehntes mhd *ü* > *ȳ* findet sich nur *kȳml̥* m (mhd *kümel*) Kümmel.

Anm. *kęnix̣* König weist auf die mhd (md) Form mit *ö* zurück, nicht auf *künec*, stammt aber wahrscheinlich aus der Schriftsprache, vgl *Kẏndshɔufɛ* (§ 217 und 220).

Mhd *ā*.

§ 222. Mhd *ā* > *ǭ*, zB *sǭmɛ* m (mhd *sāme*) Same, *ǭmɛt* n (mhd *āmāt*) Ohmet, *ǭmɔxt* (mhd *āmacht*) Ohnmacht, *fɘɹgɹcǭmt* (< mhd *verquāmt*, erstarrtes Partizip zu mhd *quēmen*, nach *quāmen* gebildet, Lenz II 5) verkommen, zu Grunde gegangen, *ǭm* f (mhd *āme*) Ohm als Mass von Flüssigkeiten, in Dittwar *ǭnǭmɛ* (mhd *ānamen* zu mhd *āname*) einen Spottnamen geben; *jǭ* m (mhd *jān*) Weinbergszeile, *šbǭ* m Span.

Anm. *kų̃nɛ* Pl (< mhd *kãm*) Schimmel auf dem Weine, ist wohl aus dem Rheinfrk (vgl LENZ I 23) eingewandert.

§ 223. Gekürztes *ō* (< mhd *ā*) > *ǫ*, zB *brǫmįdər* Brombeere, *jǫmɛrɛ* jammern; *mǫn(t)* (mhd *māne*) Mond, *mǫ́ndɔ̀z* Montag.

Anm. Für *brǫmįdər* Brombeere, auch *brųmįdər*.

Mhd *ǣ*.

§ 224. Mhd *ǣ* > *ę̄*, zB *flę̄mɛ* Pl (mhd *flǣme*) Haut zwischen Bauch und Hinterbeinen des Viehs, *gnę̄m* (mhd *genǣme*) genehm, *kę̄m* käme, *grę̄mər* (mhd *krǣmer*) Krämer, *Brę̄mɛ* (zu ahd *Brāmo*, s Wb) Name des Dorfes Brehmen.

Anm. Nach § 74 kann auch *ą̄* dafür eintreten: *sąmlɛ* (zu mhd *sāme*) Same Dim, *ką̄m* käme, *śbą̄* Pl (mhd *spǣne*) Späne, *śbą̄brɛnər* Spänebrenner, Geishals.

§ 225. Gekürztes *ę* < *ę̄* < mhd *ǣ* wird durch kein Beispiel gestützt. In Nachbarmaa allerdings *mǫndi* Montag.

Mhd *ē*.

§ 226. Mhd *ē* > *ę̄*, zB *węni* (mhd *wēnec*) wenig, *śdę̄nɛ* (mhd *stēn*) stehen, *lę̄nɛ* (mhd *lēhenen*, *lēnen*) anlehnen, *gę̄ gę̄nɛ* (mhd *gēn*) gehen.

§ 227. Gekürztes mhd *ē* > *ǫ*, zB *sęndsɛ* (mhd *sēnse*, *sëgense*) Sense, *męndər* mehr (zu mhd *mē* > *mę̄* gebildet, § 205 Anm 2).

Mhd *ī*.

§ 228. 1. Mhd *ī* > *qi* vor *n*, zB *grqinɛ* (mhd *grīnen*) weinen, *dsiχqinər* (mhd *zigīner*) Zigeuner, *hqint* (mhd *hīnt*) heute abend, heute, *Žqi(n)* Hundename (Wb 16), *mqi* Adj mein, *sqinɛ sqi* (mhd *sīn*) Inf sein, *wqi* Wein, *wqiɛrt* m (mhd *wīngert*) Weinberg, *wqinàzdɛ* (mhd *wīhen-nahten*) Weihnachten.

2. Mhd *ī* > *qy* vor *m*, zB *kqym* m Keim, *kqymɛ* keimen, *rqymər* m Reim, *lqym* m Leim, *lqymɛ* leimen, *šlqym* m Schleim.

Anm. Kürzung kommt nicht vor (§ 181).

Mhd ō.

§ 229. Mhd ō > ǭ, zB bǭnɛ f (mhd bōne) Bohne, šǭnɛ (mhd schōnen) schonen, lǭ (mhd lōn) Lohn, Frǭnɛbrų̃nɛ Gewann Frohnbrunnen, grǭnɛ f (mhd krōne) Krone.

§ 230. Für gekürztes *ǫ < ō vor n finden sich keine Beispiele. Vor m > ų in Dųmɛs Thomas.

Mhd œ̄.

§ 231. Mhd œ̄ > ǭ̈, zB šǭ̈ (mhd schœ̄ne) schön, lǭ̈ (mhd lœ̄ne) Löhne, bǭ̈nlɛ Böhnchen.

§ 232. Gekürztes mhd œ̄ > ę̈, zB šę̈nɒ schöner, šę̈ndɛt schönst(e).

Mhd ū.

§ 233. Mhd ū > ąų, zB dąųmɛ (mhd dūme) Daumen, rąųmɛ (mhd rūmen) den Acker ordnen, pfląųmɛ Pflaume; bosą́ųnɛ f (mhd bosūne) Posaune, gąųdsɛ (< mhd *gūnezen; nach LENZ I 20 < mhd *gūwezen) bellen vom Hund, dsąų Zaun, brąų (mhd brūn) braun.

Anm. Mhd ū findet sich nicht gekürzt vor (§ 181).

Mhd iu.

§ 234. Mhd iu > ąų, zB šąųmɛ schäumen, Bąųmɒt Dorf Paimar (Wb 14); dsąųnɛ (mhd ziunen) zäunen, dsąų Pl zu dsąų Zaun, nąų (mhd niun) neun.

Anm. Mhd iu erscheint nicht gekürzt (§ 181).

Mhd ie.

§ 235. Mhd ie > į̄, zB rį̄mɛ m (mhd rieme) Riemen, nį̄mɛst (mhd niemen) niemand; dį̄nɛ (mhd dienen) dienen, kį̄ (mhd. kien) Kien.

§ 236. Gekürztes mhd ie > į, zB dįndsdɔ̃x Dienstag.

Mhd uo.

§ 237. Mhd uo > ų̄, zB dų̄nɛ (mhd tuon) tun.

§ 238. Gekürztes mhd uo > ų, zB blųmɛ (mhd bluome) Blume.

Anm. Über blomɛ in O vgl § 246 b.

Mhd üe.

§ 239. Mhd *üe* > *ȳ*, zB *gɪȳ* (mhd *grüene*) grün, *hȳlɛ* Hühnchen.

§ 240. Gekürztes mhd *üe* > *y* in *blymlɛ* Blümlein; *hynǝɪ* Hühner, *hyŋgɛlɛ* n (ahd *huoninchili*) Huhn (LENZ I 17).

Anm. Über *hɵ̀ǝɪ*, *hɵ̣̀ǝɪ* Hühner in Nachbarmaa vgl § 246 b.

Mhd ei.

§ 241. Mhd *ei* > *q̄*, zB *Lī̆mɛgɪ̀ȳwɛ* Flurname Lehmgrube, *tq̄m* daheim; *mq̄nɛ* meinen, *q̊lq̀̄nɛ* (mhd *anleinen*) anlehnen, *q̄ndsɪχ* (mhd *einzec*) einzig, *gmq̄* und *gmq̄n* Gemeinde, *kq̄(n)ǝɪ* keiner, *nq̄* nein, *rq̄* m Rain, *ɪq̄* Adj (mhd *reine*) fein, dünn, *rq̄f[dǝɪ* (mhd *reinevaneber*, vgl Wb) Rainfarn, *hq̄li* (mhd *heinlich*) zutraulich, *gɪq̣̄dsɛ* (mhd *greinezen, LENZ I 25) knirschen vom Leder, *bq̄dslɛ* (mhd *beinzelen) ein Kind übertrieben pflegen.

Anm. In westl Nachbarmaa *mq̣̄ı́dɽ* (mhd *meinster* neben *meister*) Meister.

§ 242. Gekürztes *q̄* > *q*, zB *Hq́mbèɪiχ* Heimberg (Flur), *Śdq́mbèɪiχ* Steinberg (Berg bei Tb), *hqmǝɪli* (Pl zu mhd *heimer*) Heimchen; *mqndst* und *mqst* meinst (du), *mqnt* meint, *dswqndsɪχ* zwanzig.

Anm 1. *ę* als moderner Umlaut von *q* in: *glęnǝɪ*, *glęndst* kleiner, kleinst(e) (§ 52, 5).

Anm 2. *ɛ* als modernerer Umlaut von *q* in: *hemɽli* Pl Heimchen in Gissigheim (§ 52, 5).

Mhd ou.

§ 243. Mhd *ou* > *q̄*, zB *dɪq̄m* Traum, *bq̄m* Baum.

§ 244. Gekürztes *q̄* > *q* im Familiennamen *Bq́mbṳš* Baumbusch.

Mhd öu.

§ 245. Mhd *öu* > *q̄*, zB *bq̄m* Bäume, *bq̄mlɛ* Bäumlein, *dɪq̄m* Träume, *dɪq̄mɛ* (mhd *tröumen*) träumen, *q̣́ıdsq̣̀mɛ* (mhd *zouinen*) sich heimlich aneignen.

Nachbarmundarten.

§ 246. Bezüglich des in den §§ 205—245 Gesagten sind für die Nachbarmundarten folgende **Abweichungen** festzustellen:

a) Die S-Maa haben *$\bar{o}$, *$\bar{e}$ und *$\bar{ę}$ zu $ǫu$, $ęu$ und $ęi$ **diphthongiert**: mhd $\bar{u} > ǫu$, zB *sbǫu* Span; gedehntes mhd $a > ǫu$ zB *kǫump* Kamm, *gǫundš* Gans, *wǫunt* Wand, *mǫu* Mann, *kǫu* kann, *bǫuŋk* Bank, *gǫuŋk* Gang, *ǫufǫuŋk* Anfang, *rǫuŋk* Rang, *grǫuŋk* krank, *lǫuŋk* lang; mhd $\bar{o} > ǫu$, zB *bǫu* Bohne, *lǫu* Lohn; gedehntes mhd $o > ǫu$, zB *hǫunix* Honig; — mhd $\bar{æ} > ęu$, zB *sęu* schön; gedehntes md $\ddot{o} > ęu$, zB *kęunix* König; — mhd $\bar{æ} > ęi$, zB *gręimr* Krämer; mhd $\bar{e} > ęi$, zB *węini* wenig; gedehntes mhd $\ddot{e} > ęi$, zB *bręime* Breme, Kuhfliege; gedehntes mhd $e > ęi$, zB *gwęine* gewöhnen, *dsęi* Zähne. Vgl dazu auch KAUFFMANN § 52, 2.

b) Die O-Maa haben die **Nasalierung** bedeutend reduziert bezw ganz aufgegeben in den Reflexen von mhd $\ddot{e}$, $\bar{æ}$, $\bar{\imath}$, $\bar{u}$, *uo*, *üe*, *ei*, zB *næms* nimm es, *bræme* Breme, — *græmr* Krämer, *ougnæm* (zu mhd *genæme*) angenehm, — *dsixdiŋr* Zigeuner, *laim* Leim, — *pflaume* Pflaume, *brau* braun, — *blome* Blume, — *grøesbå̄* Grünspan (S *gręe* grün), *høər* Hühner (S *hę̄ər*), — *mēne* meinen, — *tem* daheim. Desgl $m\bar{o} < $ *$m\bar{ǫ}$ Mann u ähnl. Vgl § 118 b.

c) Den *p*-Maa eignet die Wandlung von mhd $a > \bar{ǫ}$ (in Tb $\bar{ǫ}$!), zB $r\bar{ǫ}$ heran, $m\bar{ǫ}$ Mann, $s\bar{ǫ}t$ Sand, $g\bar{ǫs}$ Gans, $b\bar{ǫ}k$ Bank, $gr\bar{ǫ}k$ krank, $gəd\bar{ǫ}k$ Gestank — man beachte auch den **Schwund** des *n* bezw *ŋ* in diesen Formen gegenüber sonstigen $s\bar{ǫ}nt$, $b\bar{ǫ}ŋk$ usw (§ 119 b); — mhd $ei > \bar{ę}$, zB $b\bar{ę}$ Bein, $m\bar{ę}ne$ meinen, $h\bar{ę}m$ heim; — mhd $ou > \bar{ǫ}$, zB $b\bar{ǫ}m$ Baum, $dr\bar{ǫ}m$ Traum; — mhd $öu > \bar{ę}$, zB $b\bar{ę}m$ Bäume, $h\bar{ę}mɛt$ (mhd *höumate*) Heuwiese, $gedr\bar{ę}mt$ geträumt.

F. Labialisierung.

§ 247. 1. Mhd *a* und *ā* ist durch den Einfluss eines vorhergehenden oder folgenden Labials oder Velars sporadisch zu *ɔ* geworden, zB *ɔgs* m (mhd *ahse*) Achse, *mɔxɛ* machen, *fodəɪ* (mhd *vater*, *vatr*, vgl Beitr IX 114 ff) Vater. Vgl jedoch auch § 159 Anm 1 und 2 und § 168 Anm 1 und 2.

2. Aus mhd *a* gedehntes *ō erscheint nach *w* als *ū* in *šwūɪəm* Schwarm; mhd *ā* in *wū wu* (mhd *wā*) wo.

§ 248. 1. Mhd *e* ist unter Einwirkung vorhergehender und folgender Labiale und Velare zu *o* geworden. Diese zwiefache Einwirkung liegt vor in *dɜwɵlf* (mhd *zwelf*) zwölf, *gwɵlwɛ* (mhd *gewelben*) wölben, *gɛgwɵlbt* (Partizip zu mhd *welben*) gewölbt, *Wɵlɛbɵ̀ɪɪχ* Wellenberg (Flurname), *šɵpfɛ* (mhd *schepfen*) schöpfen, *lɵfl* (mhd *leffel*) Löffel, *fərlɵbɛɪɛ* (mhd **lepperen* zu mhd *lap* [*b*]) verschütten, *dsq́mɛglɵ̀bɛɪɛ* (mhd **klepperen* neben *klapperen*) zusammenrühren (vgl zu beiden LENZ I 24), *lɵšɛ* (mhd *leschen*) löschen. Diese Labialisierung setzt velare Aussprache des *l* (§ 41) voraus (vgl auch § 251), *š* ist labial.

2. Im allgemeinen unterbleibt diese Labialisierung, wenn nur einer jener beiden Faktoren vorhanden ist, zB *gɪɛfdɪ* kräftig, *šnɛbɛ* Tauben schnappen, *débɛlɛ* n (zu *tappen*) dummes Kind, *Kébɛlɛ* (zu *kapelle*) Würzburger Kapellchen, *héfɛlɛ* (Dim zu *hafen*) Häfelchen, *gwę̄nɛ* (mhd *gewenen*) gewöhnen. Ausnahmsweise jedoch *o* in *hɵl* f (mhd *helle*) Hölle, *ɵpfl* (mhd *epfel*) Äpfel. Für diese beiden Wörter kommt in Betracht, dass *h* sowohl wie der vokalische Einsatz (§ 11) hinsichtlich der Labialität indifferente Laute sind. Sonst nur noch ohne erkennbaren Grund in Dittwar *dɵbɪχ* Teppich, in Nachbarmundarten *dɵlr* Teller, *dɵlɛrɛ* (< **telleren*) einen runden Gegenstand (Teller) schieben, *nɔ̈xtglɵ̀dslɛ* (zu mhd *letze* Abschied, vgl LENZ I 28 und Wb 13) Nachtletze, Abschied, in Dittigheim *háïšrɵ̀gɛ* Heuschrecke.

3. Gedehntes *ō* liegt vor in *šmḕlɐɪ* (mhd *smeler*) schmäler, *lōp* (mhd *lewe*) Löwe, oblique Kasus *lōwɛ*.

4. Das einzige Beispiel für *o* < mhd *ë* ist *ɵbɐɪ*, *ɵbs* (< **epper*, **eppes* < mhd *ët*[*e*]*wër*, *ët*[*e*]*waz*) jemand, etwas.

5. Wegen *mē̆ɛ* mähen usw in den W-Maa vgl § 74 Anm. — Gekürztes mhd *ērst* ergab regelrecht *aɪšt*, daneben *ɵɪšt* wegen (*ɪ*)*š* (§ 126, 2).

§ 249. a) Mhd *i* > *y* sporadisch in *Byši Byšɛmɛ* Bischofsheim (s Wb), *Býlfti* (1628 *Bülverigheim*, zu ahd *Bilifrid*, s Wb) Pülfringen, *dswywḷ* (mhd *zibolle*) Zwiebel; vgl auch *dswyšɛ* (mhd *zwischen, zwüschen*) zwischen, *wyšɛ* (mhd *wischen, wüschen*) abwischen.

b) Aus der *p*-Mundart sind hierher zu stellen: *wysɛ* wissen, *gwyst* (mhd *gewist*) gewusst, *wyšɛlɛ* n (mhd *wisele*) Wiesel.

§ 250. Mhd *ī* (> *ai* § 78) > *ay*. Fest ist *qy* vor *m*, zB *kqym* Keim (§ 228). Sonst vor Labial: *šaywɛ* (mhd *schībe*) Scheibe, *šnayɛ* (mhd *snīwen*) schneien, *pfayšɛ* (mhd *pfīfen*) pfeifen, *šlayfɛ* Schleife, *šdayf* (mhd *stīf*) steif. Offenbar ist diese Labialisierung nur dann eingetreten, wenn ein Labial vorausging und ein anderer folgte. Zu diesen Labialen ist auch *š* zu rechnen (§ 248, 1 und 249 a), dessen mittlere Lippenöffnung durch ein folgendes *l* oder *n* hindurch bis zum folgenden Vokal festgehalten wurde. Wo eine dieser Bedingungen fehlt, steht *ai*, zB *xaiwɛ* reiben, *šxaiwɛ* schreiben, *dxaiwɛ* treiben, *waisɛ* zeigen, *baisɛ* beissen, *šmaisɛ* schmeissen, *faiɛli* Veilchen.

§ 251. In O mhd *giullīn (Dim zu mhd *gūl* Gaul) und mhd *miullīn (Dim zu mhd *mūl, mūle* Maul) > *gəyllɛ, *məyllɛ > *gəylɛ, *məylɛ (§ 268) und mit Assimilation des *y* an *l* > *gəllɛ*, *məllɛ* > *gəlɛ*, *məlɛ* (§ 268). Vgl dazu mhd *iu* vor *r* > *ə̄* (§ 197, 2 c).

G. Kontraktion.

§ 252. Kontraktion nach Schwund des intervokalischen *h* (131):

1. Im Ostfränkischen ist *b* der Vorsilbe *be-*, *g* der Vorsilbe *ge-*, ferner *d* vor stammsilbeanlautendem *h* zu aspiriertem *p, k, t* verschmolzen, zB *paldɛ* behalten, *köɹi* gehörig, *tüm* daheim (§ 260, 2. 3. 5).

2. Bei Schwund des intervokalischen *h* nach betontem und vor unbetontem Vokal (§ 131) ist schon mhd nur der lange Vokal übrig geblieben. Ursprünglich langer Vokal zB

in *lęne* (mhd *lēhenen*) lehnen, *nō* (mhd *nāhe*) nahe, *dsē* zähe, *dsē* (mhd *zē* < mhd *zēhe*) Zehe, *flē* Flöhe, *šū* Schuhe; ursprünglich kurzer Vokal zB in *gsē* (< *gsēɛ < mhd *gesëhen*) gesehen, *ɩēɛ* Pl (mhd *rē < *rehe*, Pl zu *rahe*) Haltestangen am Pflug, *gšē* geschehen, *fnsłɛ* (mhd *versihen*) keine Milch mehr gebend, *sit* sieht.

§ 253. Mhd ist auch die Kontraktion nach Schwund des intervokalischen *j* vor ahd *i*: sowohl des ursprünglichen *j* (§ 103) als des aus *g* vor ahd *i* entstandenen, mhd meist *g* geschriebenen *j* (§ 148). Ursprüngliches *j* ist zB geschwunden in *faieli* Pl (mhd *vijellīn* neben *viel*) Veilchen. Beispiele für Kontraktion nach Schwund eines ursprünglichen *g*: *hḗbūxɛ* f (mhd *hēbuoche < *hegebuoche < ahd *hagibuohha) Hagebuche, *sęndsɛ* (mhd *sënse* < *sëgense*) Sense (mit gekürztem Vokal nach § 227); mhd *ei* < germ *agi* liegt vor in *māt* f (mhd *meit*) Magd, *mādlɛ* n Mädchen, Tochter; mhd *ī* < germ *igi* liegt vor in *lait* (mhd *līt*) liegt.

Anm 1. *seiχ(ə)t* sag(ə)t, *łleiχ(ə)t* schläg(ə)t, *dɩeiχ(ə)t* träg(ə)t, sind Neubildungen.

Anm 2. Ob *h*, *j*, *w* oder kein Konsonant zu Grunde liegt, ist ungewiss bei *blȳɛ* (mhd *blüen*, *blüejen*) blühen, *glȳt* glüht, *kȳ* Kühe, *ftȳ* früh, *bɩȳ* f Brühe, *bail* n (mhd *bīl*, *bījel*, *bīgel*) Beil, *gkī* geschrieen, *gšbī* gespieen.

Anm 3. Zu *gait* (mhd *gīt*) giebt vgl § 138 Anm 1.

Anm 4. Zur Kontraktion in *nœr* nur vgl § 106 Anm 5.

H. Vokalkürzung und Vokalschwund in unbetonter Silbe.

§ 254. Jeder Vokal wird um so kürzer ausgesprochen, je weniger er betont ist. Diese Regel ist offenbar zu allen Zeiten geltend gewesen. Im allgemeinen gilt die Form eines Wortes in der Gestalt als die normale, in welcher es mit voller Betonung ausgesprochen wird. Diejenigen quantitativen Veränderungen, welche ein Wort im Satze durch Verkürzung bezw Entziehung der Betonung erhält, gewinnen nur dann eine vom Sprachgefühl als berechtigt anerkannte Geltung, wenn das betreffende Wort immer oder besonders häufig enklitisch gebraucht wird. Es können sich auf diesem

§ 252—253. Kontraktion. § 254. Vokalkürzung und Vokalschwund. 105

Wege Doppelformen entwickeln, von denen unter Umständen die enklitische Form die betonte ganz verdrängen kann. So ist zB die unbetonte Form *siχ* 'sich' verallgemeinert worden, so dass die heutige Mundart das analog *mīχ*, *dīχ* zu erwartende *sīχ nicht mehr kennt. — Unbetonte Satzdubletten sind ferner zB *dǝʋ* : *dīǝʋ* ihr, *mr̥ mǝʋ* : *mīǝʋ* wir (§ 105 Anm 3), *dęnɛ* : *dę̄nɛ* denen, (ɛ)*s* (zB *s haus* das Haus, *i̥nds bet* ins Bett): *ēs* es, *wɔs* (zB *wɔ̄s wilt* was willst du): *wɔ̄s* was, *wu* : *wū* wo, *m̥* (zB *ufm̥* auf dem) : *m* (zB *bɑi̥m* bei dem, *dsu̥m* zu dem): *dęm* : *dę̄m* dem, *is* ist (Tb): *īt* (in Nachbarmaa). *Nɛsdái̥χ* Flurname 'nächst dem Teich', *Dàusm̥bdúds* Flurname 'draussen am Stutz', *tō* in die Höhe, *nÿɛn ágǝʋ* hinüber den Acker.

Aus unbetontem mhd *schiere* > *schīre > *schir* + Konsonant ist *śæʋ* 'beinahe' geworden. Eine andere Erklärung, die auch für *næʋ* (mhd *newǣre*) 'nur' gilt, bringt Wb 17 unter *śer*: nämlich mhd *schiere* > *śīr > *śir > *śr̥* (unbetonte Dublette), dieses dann betont > *śæʋ* (vgl Beitr XV 181); *newǣre* > *nr̥*, betont > *næʋ*. — Interessant ist auch die Entwicklung von mhd *hiesīt (vgl Wb *hɛ́sdɛgɛ̀st*) > *hīsit > *hīst > *hest* (unbetonte Satzdublette), das betont zu *héisdɛgɛ̀ist* geworden ist. *kɔdɛ, kɔ́dɛ* (mhd *gehaten) 'gehabt' ist von Hause aus die enklitisch unbetonte Form, die jetzt alleinherrschend geworden. Kürze in Proklise: *fǝʋ* 'für', daneben *fǝ́ʋśi* 'vor sich'; neben *fȳǝʋ* 'vor': *fǝ́ʋui* (< mhd *vürhin*) 'nach vorn hin', enklitisch. *kǫn* 'kann' ist die unbetonte Satzdublette neben *kǭ, hat aber letztere Form ganz verdrängt. Ebenso *ǫni* neben einstigem *ǭni (mhd *anhin*) dorthin; *śo* neben *śō (< mhd *schōn*) schon. *uf* auf, *nuf* hinauf, mit *u* für *ū* in unbetonter Silbe. Hierher gehören auch *net* (mhd *ni[h]t*) nicht, *eds ɛds* (< *ɪzt* < mhd *ieze*) jetzt, *sęn* (wir) sind, *sǫn* (< *sān < md *sein*) (sie) sind. Mhd *und* > ɛ in Fällen wie *kɛ́sɛbʋɔ̀t* Käse und Brot, *gǫ́ndsɛgɔ̀ʋ* ganz und gar, *gnálɛfál* Knall und Fall = schnell, *fílɛśę́nǝʋ* viel schöner < viel und schöner, *hɛ́sdɛgɛ̀st* Adv (mhd **hiesīt und jensīt*) diesseits-jenseits, *ą́sɛgǫ́nds* (< eins und ganz) ganz und gar.

106 Vokalkürzung und Vokalschwund.

Im folgenden sollen diejenigen **Kürzungserscheinungen** zur Sprache kommen, welche nicht ein unbetontes ganzes Wort, sondern nur eine un- oder nebenbetonte Silbe betreffen.

1. Behandlung der Komposita.

§ 255. Der vortonige Vokal ist zu ε geworden oder geschwunden in mhd *alsō* also > *esóu* nachdrückliches 'so', *tö* für *$nt\acute{e}$ in die Höhe.

§ 256. Mhd *schuochsūtære* > *śusdən* Schuster; 1363 *Wigersteten* (ursprünglich Stätte des *Wighard*?) > *Wȧśdéidε* Dorf Weickerstetten; *Kÿndshóufε* (§ 220) Königshofen.

§ 257. Die auf der ersten Silbe betonten Komposita zeigen besonders bei Ortsnamen Verkürzung des Vokals des zweiten Bestandteils zu ə (ε) oder Schwund des Vokals, setzen also Unbetontheit des zweiten Kompositionsgliedes voraus:

1. Mhd *-teil* > *-dḷ* : *fəndḷ* Vorteil, *dridḷ* drittel.
Mhd *-feil* > *-fḷ* : *wolfḷ* wohlfeil.
Mhd *-voll* > *-fḷ* : *arfḷ* armvoll.
Mhd *vil* > *fḷ* : *wifḷ* wie viel.
Mhd *-māl* > *mḷ* : *nǫmḷ* nochmals.
Mhd *-tal* > *dḷ* : *Difdḷ* Dorf Tiefenthal, *Gardḷ* Flurname Gartthal, *Aldḷ* Flur Altthal, *Dawərdḷ Taubertal (Wb 18) + analogem ε > *Dawəullε*, mhd *Wolftal > *Wolftḷ + analogem ε > *Wolftε* Flurname (Wb 20).
Mhd *-vëlt* > *-fḷt* : *Æifḷt* Dorf Erfeld.

Anm 1. Nach dem Simplex wiederhergestellt: *Śhfèlt* Schönfeld, ebenso *lə̄dsȧl* Leitseil, anderwärts *lə̄dsḷ*.

2. Mhd *-wār* > *-wər* : *newər* nicht wahr, neben *néd wə̄ər*.
Mhd *-būr* > *-bər* : *noxbər* (< mhd *nāchgebūr*) Nachbar, *Dibər(t)* (1169 *Dietebure*) Dittwar (Wb 18), *Bąymər* Paimar (Wb 44).
Mhd *-garte* > (g)ərt : *wqịərt* (mhd *wïngart*) Weinberg.
Mhd *-vurt* > *-fərt* : *Śdafərt* Steinfurt.
Mhd *-burg* (so, nicht *-burc* ist vorauszusetzen) in Orts-

§ 254—257. Vokalkürzung: Behandlung der Komposita. 107

namen > *burix > (m)ɛɹi : Gǫmɛɹi (1111 Gamenburg) Gamburg, Swǫ̊mɛɹi (im 13. Jh Sweneburc) Schweinberg. Folgende Wandlung ist anzusetzen: Gámenbùrg > * Gámbùrχ > * Gámburiχ (§ 278) > *Gámmərix (§ 257, 2) > Gǫ́mɛɹi (§ 130, 2). Vgl thüringisch Almerich < Altenburg (bei Naumburg).

3. Mhd -hūs > -s: * Tūbhūs Flur Taubhaus > Daubst mit angefügtem t (§ 144), ebenso sowie mit š < s nach r (§ 126, 2) (Ge)Baldrādishūsen > Kabálsɹit Flur (Wb 10).

Mhd -stat > st: fɔɹišt Vorstadt, Widšt Wittstadt (s Wb), Dišt Dję̄št Dienstadt (s Wb), Hę̄nšt Hę̄št Hainstadt, Begšt Beckstein (ursprünglich Beckstadt?, Beckhaus?).

Anm 2. Nicht abgeschwächt (sondern nach Analogie des Simplex wiederhergestellt?) ist mhd -trūt in Gǟɹdɹùut (mhd Gǟrtrūd. Gertrud. Wahrscheinlich ebenso zu beurteilen ist die Erhaltung des mhd -bach in Flur- und Ortsnamen als -bòɹ, zB in Wīsebòɹ Wiesenbach (§ 50, 2).

4. Mhd -tac in Wochentagen im Rheinfrk > i (i ?): mę̄indi Montag, dīšdi Dienstag usw, dagegen im Taubergrund mǫn-dōx Montag usw nach dem Simplex dōx.

5. Mhd -heim > -ɛ in Ortsnamen: Aiəɹšɛ (1248 Isershem [?]) Eiersheim, Bǣldsɛ (mhd Bērolsheim) Berolzheim, Hɔəɹdɛ Hardheim, Kyldsɛ (1144 Cullesheim) Külsheim, Bofsɛ Bofsheim, Gǣɹgsɛ (mhd Gēwrichsheim) Gerchsheim, Wę̄ŋgɛ Wąŋgɛ (ahd * Wēginkheim, Wb 20) Wenkheim, Hǫndɛ Hundheim.

Anm 3. Hiernach sollte Biscofesheim Bischofsheim *Byšɛss ergeben, wie (Neckar-)Bischofsheim wirklich > Byšɛsɛ, Handschuhsheim > *Hend-šs-hę̄m > *Hę̄nd-ss-ę̄- > Hę̄ndɛss wurde (vgl zu letzterem PFAFF 164). Ebenso sollte Bischofsheim (vgl unten) Byšɛsɹ (oder vielleicht weiterentwickelt *Byšɹ?) ergeben. Nun wurde aber -ɛsɹ analogisch durch -(s)əmɹ < -(s)heimer verdrängt und nach so gebildetem Byšɛmɹ Bischofsheimer auch ein Byšɛmɛ Bischofsheim geschaffen. Dass -(s)heimer regelrecht -(s)əmɹ ergab, beweisen Hɔəɹdɛmɹ Hardheimer, Hǫndɛmɹ Hundheimer, Wɛɹdɛmɹ Wertheimer, Aiəɹšɛmɹ Eiersheimer, Bǣldsɛmɹ Berolzheimer, Kyldsɛmɹ Külsheimer, Gǣɹgsɛmɹ Gerchsheimer, Wę̄ŋgɛmɹ Wenkheimer, Gǟɹlɛsɛmɹ Gerlachsheimer.

Wie in Byšɛmɹ (s oben) ist -ɛmɹ analogisch angetreten in Widšdɛmɹ Wittstadter, Bobšdɛmɹ Bobstadter, Begšdɛmɹ Becksteiner (urspr Beckstadter?), ferner in šdōdɛmɹ Städter (vgl auch LENZ I 46) und fɔɹišdɛmɹ = die in der Vorstadt, Dīšdɛmɹ Dienstadter, Hę̄šdɛmɹ Hainstadter.

-ɛmɹ liegt ferner in den unter 6. behandelten Ortsnamen vor, zB Didɛmɹ Dittigheimer, Kę̄nɛmɹ Königheimer, Gisɛmɹ Gissigheimer,

Ysemət Uissigheimer, Ιmpfɛmət Impfinger, Bylfɛımət Pülfringer, Gɪɛsɛmət Krensheimer, Hɒpfɛmət Höpfinger (vgl alle diese Ortsnamen auch im Wb).

-mət, nicht -ɛmət ist angetreten in Dibətmət (zu mhd Dietɒbur > Dɪbɛɪ[t]) Dittwarer, Bqymətmət (s Wb) Paimarer, Śwq̄mətmət (zu Swainburg 1363 < Sweneburc 13. Jh) Schweinberger, Laudəmət (zu mhd Lüden) Laudaer, Dÿɪɛmət (zu mhd Durne Walldürn) Walldürner.

6. Für die Ortsnamen Bylfɪɪ Pülfringen, Didi Didiχɛ Dittigheim, Gɪsɪ Gɪsiχɛ Gissigheim, Gɪɛsɪ Gɪɛsɪ Krensheim, Hɒpfɪ Höpfingen, Kɛniχɛ Kɛnjɛ Königheim, Yfɪ Uiffingen, Ympfɪ Impfingen, Ysɪ Uissigheim und ähnl habe ich in meinem Wb unter Kɪsɪ die Entwicklung -i und -iχ(ɛ) < *-igen < *-ingen < ahd *ingun (zB Didiχə < ahd Dietingun Dat Pl) angesetzt; doch könnte auch ahd *-ingen < ahd *-incheim zu Grunde liegen. Ein zweiter Weg von ahd *Dietingun bezw *Dietingen > mundartl Didi wäre: *Dietingen > ... *Dɪtɪŋŋ > Didi (§ 149, doch vgl Nachtrag zu § 117). Oder Didi einfach < ahd *Dietinc? Doch ist damit nicht die Form Didiχə zu erklären. Es scheinen also ahd Doppelformen zu Grunde zu liegen, von denen die eine die primäre alemannische, die andere die sekundäre fränkische sein dürfte. Die Etymologieen dieser Ortsnamen siehe im Wb.

2. Behandlung der suffixalen mhd Vokale ausser e (ɛ).

§ 258. Die Suffixe mit langem Vokal werden folgendermassen behandelt:

1. Ahd -ɪù, -ù (fränk), -iu (obd) (BRAUNE § 248 Anm 6) > -i (§ 89), zB ɛ ślɛɪχɪ fɪɪɪ es schlägt vier Uhr, ɛ śɛ̨ni fɪā eine schöne Frau, gɪosɪ haysət grosse Häuser, kɪnlɪ Pl zu kɪnlɛ (ahd kindilīn) Kindlein. Zu bemerken ist, dass -i < -iu im Taubergrund auch auf den Akk Sg fem und Nom Akk Pl mask und fem beim Adjektivum übertragen sind.

2. Die Diminutivendung mhd -īn wird im Auslaut zu -ɛ verkürzt, zB saylɛ Dim zu Sau, maylɛ Dim zu Maul, ogɛlɛ Dim zu Ochs usw.

§ 257—259. Vokalkürzung: Komposita und Suffixe. 109

Anm. Auslautendes -*i* weist auf mhd inlautendes -*īn*- zurück, so *sayli* (Pl zu *sayle*) < mhd *sūlīne*. *saidi* 'seiden' hat sein *i* den obliquen Kasus (mhd *sīdīne-*) zu danken. *wæɹdįn* Wirtin, *čaysįn* Frau Reuss < mhd -*inne*, nicht -*in*. — Die Erhaltung des *i* in *frǫ́i* vorhin, nach vorn, *ǫ́ni* (< mhd *anhin*) dorthin, erklärt sich aus antevokalischer Stellung im Satzinnern. Zu *yωειͻ̄li* überall vgl § 89 Anm.

3. Die Erhaltung des Vokals bei dem Suffix -*lich* in Beispielen wie *hǭli* (< mhd *heinlich*) zutraulich, *fɹaili* freilich, weist darauf hin, dass auslautendes -*n* früher abgefallen ist als -*ch*, so dass *i* dort schon zu einer Zeit im Auslaut stand, als es hier noch durch den Konsonanten geschützt war.

4. Ahd -*uoti* > -*et* in *hǫ̃mɛt* Heimat, ahd -*uota* > -*edɛ* in *bæɹmɛdɛ* (ahd *wërmuota*) Wermut.

5. Mhd -(*h*)*eit* > -(*e*)*t* in *æɹwɛt æɹbt* (mhd *erbeit*) Arbeit, *wōɹɛt* Wahrheit, *faulɛt* Faulheit.

§ 259. Die Suffixe mit kurzem Vokal werden folgendermassen behandelt:

1. Mhd -*unge* (§ 65 Anm 3) > -*įŋ*, zB *dsáidįŋ* Zeitung, *wýsdįŋ* (mhd *wüestunge*) Wüstung, *éiɹįŋ* Ebene, *dýnįŋ* dünne Fläche, *mǫ́nįŋ* Meinung, *digįŋ* Dicke, *bɹǎdįŋ bɹɛ́dįŋ* breite Fläche, *hɔ́ŋcįŋ* (mhd *habunge*) Festigkeit, *sidsįŋ* Sitzung.

In diesen Hauptwörtern stammt das auslautende -*ŋ* von den obliquen Kasus her (§ 152); doch vgl Nachtrag zu § 117 Anm 1 und 2.

2. Mhd -*isch*, -*esch* > -*iš*, zB *bōliš* polnisch, *byšɛmɛɹiš* bischofsheimerisch, *fɹɑndsóysiš* französisch.

3. Mhd -*ig*, -*ec* > -*iχ*, im Auslaut > -*i* (§ 151), zB *hǭniχ* Honig, *dswɑndsiχ* zwanzig, *šyli* schuldig, *ledi* ledig (§ 151).

Anm 1. Bei den Substantiven erfolgte die Ausgleichung zu Gunsten der obliquen Kasus, bei den Adjektiven zu Gunsten des Nom Akk Sg.

4. Mhd -*ë*(*h*)*t* > -*it*, zB *šegit* (mhd *schëckëht*) scheckig, *nagit* (ahd *nacchut nahhut*, mhd *nacket nackent*) nackt, *dɹɛgit* dreckig, *egit* eckig, *álbàgit* altbacken, *šmelmit* lang gewachsen (zu *schmiele* bei KLUGE zu stellen), *šbegit* speckig, *milwit* (< mhd *milwëht*, LENZ II 16) verwittert, *budsit* klein gewachsen (vgl *butt* stumpf, kurz, dick, klein gewachsen, bei WEIGAND), *ólwɛɹit* albern, *dɹugit* trocken, *d*(*mpfit* dumpf.

Anm 2. Zu Doppelformen wie *ĭegiχ* neben *ĭegit*, *nagĭ nagiχ* neben *nagit*, *budsiχ* neben *budsit*, wie auch zu Fällen wie mhd *tŭsig* neben *tŭsent*, *teppich* neben *teppit* giebt LENZ II 1 unter *ailic* folgende Erklärung: »In dem Worte *schĕckeht* zB konnte im Satzzusammenhang vor Konsonanten das *t* schwinden, also > *schĕckech*, *schĕckich*; in den flektirten Formen schwand das *h*, also *schĕckete*. Es entstand so ein lebendiger Wechsel der Endungen *-eht* (*iht*), *-et*, *-ech*, (*ich*), in welchen jedes alte *et*, *ent*, *ech*, *ich* etc. eintreten konnte.« Unter ähnlichen Bedingungen können auch mhd *bsidericāt* 'Stoff aus zweierlei Tuch' zu *bādri* (s Wb 13) und der Name des Dorfes Vilchband, im 9. Jahrhundert *Filuhonbiunte*, zu *Fĭlχbòx* (s Wb 7) gewandelt sein.

5. Die gelehrte Endung *-us* > *-es*, zB *fogedĭfes* Vokativus = Schalk, *ɔuxes* (hebr) Zorn, *lṳmbes* m Lump. Geschlechtsnamen: *Nĭmes* = Hieronymus, *Meɳes* Magnus (vgl PFAFF 189).

3. Synkope und Apokope des mhd *e* (ε).

a) Präfixe.

§ 260. 1. Mhd *ver-* > *fɘr-*, zB *fɘrdǻɪwe* verderben, *fɘɪgệne* vergehen, *fɘɪıége* verrecken.

Anm 1. Das Präfix *fɘɪ-* tritt häufig an die Stelle von *er-*, zB *fɘɪdséĭle* erzählen, *fɘɪıdĭge* ersticken. — Für *ʋɪ-* < *er-* steht häufig *dɘɪ-*, das aus Verbindungen wie *hat erzühlt* usw angewachsen zu sein scheint, zB *dɘɪnérs* ernähren, *dɘɪlǻws* erlauben.

2. Mhd *ge-* vor *b*, *d*, *g* und *k* > *gε-*, zB *gεbóudε* geboten, *gεdí'ɳε* gedungen, *gεdsóuxε* gezogen, *gεgǻft* gegafft, *gεglǻbt* geglaubt, *gεkódst* gekotzt, *gεkệnt* gekonnt, *gεkúdsḷt* gekitzelt, *gεkǻuərt* gekauert, *gεkǻyχt* gekeucht.

Der Vokal ist geschwunden vor *s*, *š* und *f*, vor Liquida und Nasal, vor *j* und *w*, vor *h* und vor Vokal, zB *gsē̆* gesehen, *gšɪǐ* geschrieen, *gšbǐ* gespieen, *gfɪ̌ɔrε* gefroren; *glɔuxε* gelogen, *glymp* n (< mhd *gelümpe*) Lumpenzeug, *gıṳɳε* geronnen, *gmǭ* Gemeinde, *gnɔ̆t* Gnade; *gjɔ̆xt* gejagt, *gwěst* gewesen, *gweệnε* gewöhnen; *kaldε* gehalten, *keɳgt* gehängt, *kɔdε* gehabt, *kolfε* geholfen, *kǖwε* gehauen, *kěri* gehörig, *kauft* gehäuft voll, *kemɘɪ* n Gehämmer, *gɑɳḷt* geangelt.

Anm 2. Wohl auf die unpräfigierten mhd Formen gehen zurück: *gɑɳs* gegangen, *gess* gegessen, *gēws gǎ* gegeben; *käft* gekauft, *kṳms* gekommen, *gɪǐχt* gekriegt = bekommen.

§ 259—262. Synkope und Apokope des mhd *e*. 111

Anm 3. *gɛ-* ist neu angetreten in *gɛgwölbt* gewölbt, *gɛkə̂ərt* gehört (§ 102 Anm 2); ebenso in dem Partizip *gɛpáldɛ* (< *paldɛ*) behalten.

Anm 4. In der p-Ma von Buchen: *gɛlúŋɛ* gelungen, *gɛrúŋɛ* geronnen, *gɛmę̃nt* gemeint, *gɛnúmɛ* genommen, *gɛwúŋɛ* gewonnen.

3. Mhd *be-* > *bɛ-*, zB *bɛdáyt* bedeutet, *bɛdsǫ́lɛ* bezahlen, *bɛbáut* bebaut; *úfbɛgę̃ɪɛ* zornig aufbrausen; *bɛsófɛ* besoffen, *bɛsán(i)χɛ* besorgen, *bɛšísɛ* neben *bšísɛ* beschissen = betrogen, *bɛfóulɛ* befohlen; *nox bɛlíwɛ* nach Belieben, *bɛɪódɛ* beraten, *bɛmę́sɛ* (nicht gut mundartlich) bemessen, *bɛnáidɛ* beneiden; *bɛgwę̃m* bequem.

Der Vokal ist geschwunden in *blaiwɛ* (mhd *b[e]līben*) bleiben, *bšísɛ* neben *bɛšísɛ* und vor *h* zB in *paldɛ* Inf behalten. Für *be-* vor Vokal fehlen Beispiele.

4. Mhd *ze-* > *dsɛ-*, zB *gɔ́ɜɪdsɛšę́ɪ* gar zu sehr, *áldsɛbál* alsobald, *hýfdsɛɪýk* Fuhrmannsruf 'zurück', *dsɛwídɜɪ* zuwider.

Der Vokal ist geschwunden vor *s* und vor Vokal, zB *dsǫmɛ* zusammen, *dsɜːršt* zuerst, *dsagɛɪɛ* (mhd *zeackeren*) pflügen.

Anm 5. Mhd *zuo*, nicht *zɛ* liegt vor in *dɜǫríχ* zu arg.

5. *tǫ̃m* daheim, *tý* (in) die Höhe.

6. Mhd *en-* > *ɛ-*, zB *ɛwɛ́k ɛwɛ́χ* (mhd *enwëc*) weg, *ɛnə̂ːršt* (< mhd *enērst*) zuerst, *ɛsýndst* (< *ensúnst* oder *ansúnst*?) sonst.

Anm 6. Schwund des *ent-* in *dswū* (< *ydswá* < mhd *entzwei*) entzwei.

§ **261.** Synkope in den mit *hin-*, *her-*, *hie-*, *dar-* zusammengesetzten Präpositionaladverbien, zB *nɔ̄* hinab, *nuf* hinauf, *naus* hinaus, *nąi̯* hinein, *nynɜɪ* hinunter; *ɪɔ̄* herab, *ɪąi̯* herein, *ɪy* herüber, *ɪaus* heraus, *ɪym* herum; *hųnɛ* hier unten, *haus* haussen (hier draussen), *hywɛ* hüben (auf dieser Seite); *dɪų̃nɛ* drunten, *dɪį̃n* d(a)rin, *dɪųf* d(a)rauf, *dɪaus* draussen, *dɜɪnę́wɛ* daneben.

b) Mhd Synkope.

§ **262.** Synkope eines unbetonten ɛ (mhd *e* geschrieben) hat sich zu verschiedenen Zeiten wiederholt. Die lautliche

Entwicklung der Mundart ermöglicht die Scheidung einer älteren (mhd) und einer neueren (nhd) Periode.

§ 263. 1. Die Dehnung kurzer Vokale in offener Silbe ist in einer Reihe von Fällen nicht eingetreten, wo unser Normalmittelhochdeutsch offene Silbe aufweist (§ 157 Anm 2). Wir dürfen aus dem Ergebnis der Dehnung schliessen, dass, soweit lautliche Entwicklung vorliegt, die gedehnte Silbe in mhd Zeit eine offene, die nicht gedehnte dagegen eine geschlossene Silbe gewesen ist. Demnach ergiebt sich, dass Synkope eines ε vor Liquida, Nasal oder g usw (§ 157 Anm 2) nach kurzer Stammsilbe stets eingetreten ist, wenn die folgende Silbe gleichfalls ein ε aufwies. Dieses letztere ε blieb zunächst erhalten. In zweisilbigen Wörtern blieb ε der Endsilbe zunächst ebenfalls erhalten. Beispiele für dreisilbige Wörter von dem Schema -εxελε- > -εxλε s § 157 Anm 4. Für zweisilbige Nomina mit dreisilbigen obliquen Kasus § 157 Anm 4; das Schema ist hier, wenn e einen beliebigen kurzen Vokal, x einen Konsonanten, l ein l, r oder Nasal bezeichnet, -εxεl, oblique Kasus -εxελε- > -εxελ, -εxλε- > -εxεl, -εxλε. Beispiele: lεwəɿn Leber < *lεbr̥, *lëbren < *lëbεr, oblique Kasus lëberen (mhd lëber, lëbere). Ebenso sind zu beurteilen die Feminina kɑməɿn (mhd kamer, kamere) Kammer, glɑməɿn (mhd klamer, klamere, klammer) Schraubestock, kaldəɿn (mhd kalter) Kelter, fεdəɿn (mhd vëder, vëdere) Feder, budəɿn f (mhd buter) Butter, deren Plural auf -u̜n oder -ιε endigt, zB glɑməɿn oder glɑmειε die Klammern, Schraubstöcke (§ 118, 2).

2. Das gleiche Ergebnis liefert die Kürzung langer Vokale (§ 180 ff): ladəɿn (mhd leiter, leitere) Leiter, odəɿn (mhd āder) Ader, blodəɿn (mhd blātre < mhd blātere) Blatter, odm̥ (aus den obliquen Kasus < ātme < āteme) Atem.

Beispiele wie ṵ̆dèdεlε (mhd untǣtelīn) 'ein bischen' erweitern die Fassung des Synkopierungsgesetzes: ṵ̆dèdεlε, mit Kürze, beweist Doppelformen tǣtlīn (wegen der Kürze) und tǣtelīn (wegen des ε). Hiervon war die eine natürlich die Form des Nom Akk, die andere die der obliquen Kasus.

§ 262—264. Synkope des mhd ε.

Früheres *ŗ *ļ (sonans) wird öfters silbeeinleitend, zB in: bādɪi < *bādɟi < mhd *beiderich (oder *beiderwāt?) grobes Tuch aus zwei Stoffen (§ 259 Anm 2 und Wb 13), Dawərdlε < *Dauwərdļ (< mhd *Tūberetal, § 257, 1) + analogem ε Flurname Taubertal; ebenso in Wolflε Flurname Wolftal < *Wolf(t)ļ (< mhd *Wolftal) + ε. In der Endsilbe -el ist ε bewahrt bei Antritt von mhd -līn, zB ęmbεlε Dim zu Ampel, ærfεlε Dim zu aṛft armvoll, kidεlε Kittelchen, šysεlε Schüsselchen; hierher auch obiges Dawərdlε < mhd *Tūberetellīn? — Beim Ausgang -el, -er, -em, -en sind silbische l, ɪ, m, n bezw əl, ər, əm, ən entstanden, zB eisļ Esel, fɔdər Vater, odəm Atem, ōwənt Abend, Ōdļ Adam, ɪεχṇt rechnet, regnet usw; aber dsįmεt (< mhd zinmënt) Zimmet.

Wenn ein anderer Konsonant als Liquida oder Nasal dem ε voraufging, blieb εxεx erhalten; εxεxε war aber schon mhd zu εxxε synkopiert worden.

Den Nachweis hierfür vermag ich nur für voraufgehenden langen Vokal aus der Kürzung (§ 180 ff) zu erbringen; zB šǫndəṭ 'schönste' weist auf mhd schǭnste < mhd schǭneste. Giebt es vor dem Verdacht der Analogiebildung geschützte Beispiele für kurzen Vokal?

Weil in dem bisher besprochenen Falle sowie in dem § 264 besprochenen die Synkope keinen Unterschied zwischen langer und kurzer Stammsilbe macht, darf man schliessen, dass auch zur Zeit der Dehnung in dreisilbigen Wörtern die Synkope eines jeden ε in zweiter Silbe bereits vollzogen gewesen ist.

§ 264. Ebenso ist in zweisilbigen Wörtern inlautendes ε bereits in mhd Zeit synkopiert gewesen. Beispiele wie seiχ(s)t sag(s)t, šleiχ(s)t schläg(s)t, dɪeiχ(s)t träg(s)t, zeigen Vokaldehnung. Diese braucht freilich nicht auf offene Silbe hinzuweisen, da das Resultat auch bei einsilbigen Wörtern das gleiche ist (§ 167 ff). Aber in Beispielen wie bεd(s)t bete(s)t, bεdst bet badəst badət, gšat geschadet, līst (du) liest usw fehlt die Dehnung. Folglich sprach man zur Zeit beider Dehnungen gšytt geschüttet mit Geminata; die Synkope war damals schon vollzogen.

114 Vokalkürzung und Vokalschwund. Vereinfachung alter Geminata.

Das gleiche Ergebnis liefert für die langen Vokale ihre Verkürzung in Beispielen wie *hɐıt* hört, *kyt* gehütet, *gəblút* geblutet, *gɛglát* gekleidet, *glab(ə)t* glaub(s)t.

Weitere Beispiele für Synkope des *e*: *maɩ̯k* (mhd *market*) Markt, *dswɩ̯ŋgt* (mhd *zwinget*) zwingt, *bəɐɩ̯št* bürstet, *gšɩχt* geschichtet, geschieht, *mq(nd)st* (mhd *meinest*) meinst usw.

c) Nhd Apokope und Synkope.

§ 265. Jedes auslautende mhd *e* ist apokopiert worden, zB *dəɐɩ* (mhd *dürre*) dürr, *nyds* (mhd *nütze*) nütze, *bəɐɩχ* (mhd *bürge*) Bürge, *šɑn* (mhd *schande*) Schande, *šdun* Stunde, *šul* (mhd *schuole*) Schule, *hel* (mhd *helle*) Hölle, *gmü̜(n)* (mhd *gemeine*) Gemeinde, *kœɩ̯χ* (mhd *kirche*) Kirche, *mɒn(t)* (mhd *māne*) Mond, *ūx* (mhd *ouge*) Auge, *dęm* (mhd *dëme*) dem, *šę̄* (mhd *schœne*) schön, *gęnds* (mhd *gense*) Gänse; in Nachbarmaa *was wes* (mhd *weize*) Weizen usw. — Zur Kontraktion in *nō* nahe, *kȳ* Kühe usw, sowie zu der in *gsē* gesehen, *gšbi* gespieen usw vgl § 252.

Ebenso ist mhd *-e* < ahd *-ī* gefallen, zB in *nes* (ahd *nezzi*) Nässe, *glet* Glätte, *kelt* Kälte. Doch ist der lateinische Gen Sg auf -*i* erhalten, zB in *Jakóƀi* Jakobustag, *Maɩdíni* Martinstag, *Miχéli* Michaelstag, dagegen *Báɩdl̥mḕ* Bartholomäi.

Anm 1. a) *ε* im Wortauslaut beruht auf älterem -*in* (§ 258, 2) oder -*en*, zB *geːsɛ* gegessen, *dɛfɛ* dürfen, *dōɩɛ* (< md *dorən*) Dorn, *hōɩɛ* (< md *horən*) Horn, *būwɛ* oblique Kasus von Bube, *gēwɛ* (wir) geben, *sɔxɛ* sagen usw.

b) O-Nachbarmaa haben dieses -*ε* abgeworfen, bezw es zur Kehlkopfspirans reduziert, zB *būwˀ* oblique Kasus zu Bube, *gaiˀ* gegessen, *šesˀ* schiessen.

Anm 2. In einer Reihe von Fällen ist -*ε* (< -*en*) aus den obliquen Kasus herübergetreten, zB in *aɩɛ* f (mhd *eich*) Eiche, *bɩ̯gɛ* Brücke, *sayle* f (mhd *sūl*) Säule, *šdɩɔsɛ* Strasse. Als -*n* (< -*en*) liegt es vor in der Gruppe *kɑmɛɩn* Kammer (§ 118, 2).

Anm 3. Infolge einer Ausgleichung ist der Reflex der Dativ-Pluralendung -*en* in der Flexion derjenigen Maskulina, Feminina und Neutra verloren gegangen, die im Nom Pl flexionslos sind, bezw geworden sind, zB *šdil* (< mhd *stilen*) Stielen, *neiχḷ* (< mhd *nagelen*) Nägeln, *bɛχ* (< mhd *bechen*) Bächen, *frøš* (< mhd *vroschen*) Fröschen, *lęməɩ* (< mhd *lemberen*) Lämmern, *hynəɩ* (< *hüeneren*) Hühnern.

§ 264—268. Apokope und Synkope. Vereinfachung alter Geminata. 115

Anm 4. Mhd āne ohne > ǭni, wohl verallgemeinert in Stellung vor Vokal; ebenso nǫni (neben nǫmę) nicht mehr, zu mhd mē.

Anm 5. -(ε)nε ist unorganisch angetreten in welεnε welchen (Dat Pl), alεnε allen, selεnε jenen, ähnlich -'ε)ιε in welειε welcher, κελιε jener (Dat Sg fem).

§ 266. Diese Apokope ist erst in nhd Zeit eingetreten, nachdem die beiden Dehnungen und die Kürzung gewirkt hatten. Die Kürzung in Beispielen wie šǝf Schafe, brif Briefe, sys süss, daf Taufe usw ist nur durch die folgende Geminata zu erklären, und eine solche bestand nur im Inlaut — vgl im Auslaut šōf Schaf, brīf Brief. Damals sagte man also noch *sȳssε, *dāffε usw. Die Vokaldehnung war zur Zeit der Apokope gleichfalls schon vollzogen; sonst bliebe die Dehnung in Beispielen wie hɔs Hase, šleiχ Schläge usw unerklärt. Denn dass hier die Dehnung in der offenen Silbe und nicht etwa in der Einsilbigkeit ihren Grund hat, zeigen die Beispiele in § 168 ff wie šūs Schuss: Pl šys, bɔl Ball: Pl bεl usw. Die Dehnung einsilbiger Wörter betrifft eben nur die mhd einsilbigen Wörter.

§ 267. Nichtauslautendes ε ist insoweit geschwunden, als die Aussprache der dasselbe umgebenden Konsonanten unmittelbar nach einander, dh ohne vokalischen Übergangslaut physiologisch möglich ist; so zB tεl > dl̥, bεs > bs, tεn > dn̥ bezw dǝn, sεl > sl̥, kεt > gt (kt) usw, aber bǝr, dǝm usw. Vgl kidl̥ Kittel, ǝbs etwas, wisl̥ Wiesel usw gegenüber nɔχbǝr Nachbar, šɔdǝm Schatten usw.

Anm. Wegen mhd -esch, -ec s § 259, 2 und 3.

K. Vereinfachung alter Geminata.

§ 268. Nach Vollzug der Dehnung und Kürzung (§ 157 ff und § 180 ff) ist jede Geminata vereinfacht worden, zB ahd muozan, mhd müezen > *mȳssε > *myssε > mysε müssen; ahd suohhan, mhd suochen süechen > *sȳχχε > *syχχε > syχε suchen; ahd ackar (acchar), mhd acker > agǝr Acker.

Vereinfachung alter Geminata.

Weitere Beispiele für:

1. mhd *ll* > *l*: *abɪ́l* m (mhd *aprille*) April, *ali* alle. *ılǝɹhǫ̈nt* allerhand, *dalɛ* f (mhd *talle*) Dohle, *galɛ* f (mhd *galle*) Galle, Körperteil, *gsel* Geselle, *hel* (mhd *helle*) Hölle. *kelǝɹ* m Keller, *lalɛ* (mhd *lallen*) lallen, *ɹolɛ* f Papierrolle, *šelɛ* f Schelle, Glocke, *šolɛ* f Scholle, *walɛ* wallen, *wolɛ* f Wolle, *welɛ* (mhd *wellen*, *wollen*) wollen.

2. mhd *rr* > *ɹ*: *daɹɛ* f (mhd *darre*) Hürde, *dǝɹɹ* (mhd *dürre*) dürr, *æɹ* (mhd *irre*) irre, *gšæɹ* Geschirr, *hæɹɛ* (§ 203, 3) auf dem Eise schleifen, *gɔɹɛ* (zu mhd *gurren*) knurren, *kaɹɛ* m (mhd *karre*) Karren, *šbaɹɛ* m (mhd *sparre*) Sparren, *wæɹɛ* Wirren, *naɹ* (mhd *narre*) Narr, *pfaɹ* (mhd *pfarre*) Pfarrer.

3. mhd *mm* > *m*: *bɩɥmɛ* (mhd *brummen*) brummen, *flɥmɛ* f Flamme, *glɩmɛ* (mhd *glimmen*) glühen, *héiwǫ̈m* f (mhd *hebamme*) Hebamme, *ɹɑmlɛ* (mhd *rammeln*) sich begatten, *sɥmɛ* summen, *šwęmɛ* schwemmen, *šwįmɛ* schwimmen, *šdįm* f Stimme, *šdɥmǝɹ* stummer.

4. mhd *nn* > *n*: *bɩęnɛ* brennen, *dǫn* (mhd *danne*) denn, *dǫnɛ* f Tanne, *dɩęnɛ* trennen, *dɥnǝɹ* dünner, *kǫnɛ* f (mhd *kanne*) Kanne, *męnǝɹ* Männer, *ɹęnɛ* rennen, *ɹɩnɛ* rinnen, *pfǫnɛ* f (mhd *pfanne*) Pfanne, *sɥnɛ* f Sonne, *šbǫnɛ* spannen, *šbįnɛ* f Spinne, *šbįnɛ* spinnen, *wolfįn* (mhd *wülpinne*) Wölfin.

5. mhd *ff* > *f*: *bɹif* Briefe, *daf* Taufe, *hifḷdǝɹ* Hiefen, *kafɛ* kaufen, *kufɛ* Kufe, *lafɛɹ* (mhd *louffer*) junges Schwein, *ɹufɛ* rufen, *safɛ* Seife, *šdɹofɛ* strafen, *šęfǝɹ* Schäfer, *šef* Schafe, — *af* (mhd *affe*) Affe, *byfḷ* Büffel, *dɩęfɛ* (mhd *tréffen*) treffen, *gafɛ* (mhd *gaffen*) gaffen, *gɥifḷ* Griffel, *lefḷ* (mhd *leffel*) Löffel, *pfaf* Pfaffe, *pfęfǝɹ* Pfeffer, *šef* m (mhd *scheffe*) Schöffe.

6. mhd *zz* (*z*) > *s*: *baisɛ* (mhd *bīzen*) beissen, *básflǟš* (zu mhd *beizen*, *beitzen*) Beizfleisch, *fusɛ* (mhd *vuozen*) Fussende, *gas* Pl zu Geiss, *gisɛ* giessen, *gløs* Klösse, *gɹęsǝɹ* grösser, *hasɛ* heissen, *losɛ* lassen, *masḷ* Meissel, *mysɛ* müssen, *ɹysḷ* Rüssel, *sys* süss, *šdosɛ* stossen, *šdɹosɛ* Strasse, *šisɛ* schiessen, *šys* Schüsse, *ɹes* (in Nachbarmundarten) Weizen, — *esɛ* essen, *esıx* Essig, *fasɛ* (mhd *vazzen*) ergreifen, *fęsǝɹ* Fässer, (*gasɛ* mhd *gazze*) Gasse, *masḷdǝɹ* (mhd *mazalter*) Massholder,

§ 268. Vereinfachung alter Geminata. 117

šbɪusl̨ Leitersprosse, *wasəɪ* Wasser, *wesɛ* (mhd *wëzzen, wizzen*) wissen.

7. mhd *ss > s*: *gwisi* Pl gewisse, *kysɛ* n (mhd *küssen*) Kissen, *kysɛ* (mhd *küssen*) küssen, *gɪesɛ* (mhd *krësse*) Pflanze Kresse (in Dittwar *grēsɛ* < *krëse[?]), *mɛs* f (mhd *mësse*) Messe, *mésɪŋ* Messing, *mɛsməɪ* m (mhd *messenǣre, mesnǣre*) Messner, *bɪɛs* f (mhd *prësse*) Presse.

8. ahd *hh*, mhd *ch > x* oder *χ*: *axɛ* Eiche, *axl̨* Eichel, *bɪox* Brachfeld, *buxɛ* (ahd *buohha*, mhd *buoche*) Buche, *fluxɛ* fluchen, *kuxɛ* Kuchen; *dyχəɪ* (zu ahd *tuoch* [*-hh*], mhd *tuoch*) Tücher, *dsɪxɛ* Kopfzieche, *ɪxɛ* riechen, *syxɛ* (ahd *suohhan*, mhd *süechen*) suchen; — *waxɛ* wachen, *waxl̨dəɪ* (ahd *wëh-haltar*, mhd *wachalter*) Wachholder, *wuxɛ* (ahd *wohha*, mhd *woche*) Woche; *bɛχəɪ* (ahd *bëhhāri bëhhar*, mhd *bëcher*) Becher, *bɪɛxɛ* (ahd *brëhhan*, mhd *brëchen*) brechen, *kyxɛ* f (ahd *kul̨-hina*, mhd *küchen*) Küche, *šdɛxɛ* (ahd *stëhhan*, mhd *stëchen*) stechen.

9. mhd *pp, bb > b*: *dobɛ* (mhd **tāppe, tāpe*) Hand, *wobɛ* n Wappen, — *babl̨ɛ* (ndd *pappeln*) pappeln, *bobɛ* f Puppe, *dɪabɛ* (mhd *drappen neben *draben*) in gleichmässiger Bewegung gehen, *dɪabɛ* Treppe, *gɪap* (zu mhd *rabe, rappe*) Rabe, *gɪup* f (mhd **gruppe, groppe*) kleiner Fisch, *kabɛ* f Kappe, *labɛ* m (mhd *lappe*) Stück Zeug, *ɪɪbɛ* f Rippe, *subɛ* (mhd *suppe, soppe*) Suppe, *šlabɛ* m (ndd *slappe*) Pantoffel, *šnubɛ* f (ndd) Schnupfen (daneben *šnupfɛ*), in Heckfeld *grabɛ* (Th *gɪapfɛ*) kratzen mit den Fingernägeln.

10. mhd *dd, tt > d*: *bet* n (mhd *bette*) Bett, *bidɛ* bitten, *bidəɪ* (mhd *bitter*) bitter, *budɛ* f (mhd *bütte, büte*) Gefäss, *dɪit* dritte, *hydɛ* f (mhd *hütte*) Hütte, *gledɛ* Pl (mhd *klëtte*) Kletten, *kudɛ* f (mhd *kutte*) Kutte, *medɛ* Mette, *midɛ* mitten, *odəɪn* f (mhd *otter*) Fischotter, *ɪedɛ* retten, *wedɛ* wetten.

11. mhd *ck, k > g*: *hogɛ* m (ahd *hāko hūcko*, mhd *hāke hāken*) Haken, *šnogɛ* f (ahd *snāko* [< *snūggo, vgl KLUGE *schnake*], mhd *snāke*) Schnake, — *agəɪ* Acker, *baɣɛ* f Kinnlade, Backe, *bagɛ* (mhd *backen*) backen, *bek* (mhd *becke*) Bäcker, *blegɛ* (mhd *blecken*) Zähne zeigen, *bok* Böcke,

118 Vereinfachung der Geminaten. — Konsonantenassimilation.

brogɛ m (mhd *brocke*) Brocken, *digəɪ* dicker, *bɪygɛ* (mhd *brücke*) Brücke, *bugḷ* m Buckel, Rücken, *drɛgit* dreckig, *egɛ* f Ecke, *fagḷ* f Fackel, *flɪgɛ* flicken, *gluk* f (mhd *klucke*) Bruthenne, *hagɛ* hacken, *hegɛ* f Umzäunung, Hecke, *logɛ* locken, *mɛgɛɪɛ* (zu mhd *mücke*) schreien vom Bock, *mugɛ* Mücke, *nagit* nackt, *pflok* Pflöcke, *ɪok* Röcke, *šɛgit* scheckig, *šmagɛ* (mhd *smacken*) schmecken, *šnegɛ* f (mhd *snëcke*) Schnecke, *šdok* Stöcke, *šdɪɪk* Stricke, *dsigɛlɛ* n (mhd *zickelīn*) junge Geiss.

§ 269. Von besonderem Interesse ist die aus den Ergebnissen der Vokaldehnung und -kürzung zu folgernde Tatsache, dass jedes **inlautende** ahd *f*, *z*, *ch* wenigstens vor Vokal — auch vor langem! — noch zu einer Zeit **geminiert gewesen sein muss**, als die Vokaldehnung und -kürzung eingetreten war, dh dass unsere Mundart in ahd Zeit denselben Zustand hinsichtlich der hochdeutschen Lautverschiebung eingenommen hat, wie er heute noch in einem Teil der Schweiz besteht (WINTELER, Kerenzer Mundart S 43, 45 und 50).

Anm 1. Wichtig ist, dass die W-Ma vor ahd Geminata Kürzung nicht zu kennen scheint (§ 160 b). Für diese Mundart wäre also anzunehmen, dass nach langem Vokal diese Geminata schon in ahd Zeit vereinfacht worden ist. Vgl BRAUNE § 92.

Anm 2. Im Auslaut war die Geminata schon ahd vereinfacht (§ 180 Anm 2).

§ 270. Auch die in unserer Mundart erst in **neuerer** Zeit entstandene Geminata ist vereinfacht worden, so

ll < *ld*, zB *dolɛ* < *dollɛ < mhd *tolde* Dolde (§ 274, 1).

mm < *mb*, zB *kɛm* < *kɛmme < mhd *kembe* Kämme (§ 274, 2).

mm < *md*, zB *fɪɛm* < *fɪɛmme < mhd *vremde* fremd (§ 274, 3).

nn < *nd*, zB *gšdɑ̨nɛ* < **gšdɑ̨nnɛ* < mhd *gestanden* gestanden (§ 274, 4).

ŋŋ < *ŋg*, zB *sɪŋɛ* < *sɪŋŋɛ < mhd *singen* (§ 274, 5).

ss < *st*, zB *disḷ* Distel (§ 142 Anm 5 und § 274, 7).

Desgleichen nach Vollzug der Synkope entstandene

§ 268—273. Vereinfachung der Geminaten. Konsonantenassim. 119

Geminata, zB *brәt* bratet, *gŕyt* geschüttet, *gɛbɪát* gebreitet, *gɛbét* gebetet, *gɛglát* gekleidet.

§ 271. Bei heutigem Zusammentritt zweier gleicher Konsonanten im Satze ist ebenfalls die Geminata vereinfacht worden, zB *hodɛ́ɔɪ* hat der, *óbàl* ob bald, *isáuwɔɪ* (< *issáuwɔɪ*) ist sauber, *àxɔ̀ɪnlɛ* Eichhörnchen, *láfɩ̣n* laufe von, *filáyt* viel Leute, *i kų̣mít* ich komme mit, *i kǫ́nèt* ich kánn nicht, *lɛ̄ɔɪàus* leer (her)aus, *nétɑ̀m* nicht daheim usw.

L. Konsonantenassimilation.

§ 272. Wir sehen hier von den vereinzelten Assimilationserscheinungen ab, welche bereits oben besprochen worden sind, wie mhd *rs* > *ɪš* (§ 126, 2, vgl BREMER § 70 Anm) oder mhd *sch* > *š* (§ 127, vgl BREMER a a O) oder *ɵbɔɪ*, *ɵbs* < mhd *ëtewer, ëtewaz,* jemand, etwas u ähnl.

Es sollen hier nur solche Assimilationen zur Sprache kommen, welche nicht eine bestimmte Lautverbindung betreffen, sondern eine zusammenhängende Reihe gleichartiger Lautverbindungen.

Alle Assimilationen sind teils progressiver teils regressiver Natur, im Gegensatz zum Schwäbischen, das nur regressive Assimilationen kennt (KAUFFMANN § 192). Da wir in der Mundart im Taktinnern bei Kürze stets scharf geschnittenen Akzent haben (§ 10), konnten bezw mussten Lautfolgen (schematisch) -*alda*- > -*alla*- jetzt *ála* werden. Hierher gehörige regressive Assimilationen (vgl schwäbisch -*alda* > -*adda*) sind unmöglich.

1. Progressive Assimilation.

§ 273. Mhd *b, d, g* geht in vorhergehendem Nasal auf; also *mb* > *mm, nd* > *nn, ŋg* > *ŋŋ*. Die weitere Vereinfachung zu *m, n, ŋ* ist § 268 ff besprochen worden. Diese Assimilation ist nur im mhd Inlaut eingetreten; im mhd Auslaut ist *mp, nt, ŋk* lautorganisch. Die Ausnahmen sind

§ 139, § 141 und § 156 bereits besprochen worden. Zur Zeit, als kurzer Vokal in offener Silbe gedehnt wurde, war entweder diese Assimilation noch nicht eingetreten, oder es bestanden noch die Geminaten; daher Kürze in *kẹm* Kämme, *hẹn* Hände u dgl.

§ 274. 1. *-ld-* > *-ll-* > *l*, zB *dolɛ* f (mhd *tolde*) Dolde, *holɘɿ* (mhd *holder*) Hollunder, *gólhɑ̨nds* Vogel 'Goldhans', *šyli* schuldig, *Kabálɘɿšt* (< mhd (*Ge*)*Baldrādishūsen*) Flurname (Wb 10), *bolɛɿɛ* (mhd *bulderen*) bollern, *bal* (mhd *balde*) bald, *gylɛ* Pl zu Gulden.

Anm. In *feldɘɿ* Felder, *weldɘɿ* Wälder u ähnl ist *d* nach dem Sg angetreten; in Infinitiven wie *haldš* halten, *šeldš* schelten nach der 1. Sg, Präs Ind.

2. *-mb-* > *-mm-* > *m*, zB *Gɑ̨mɛɿi* Gamburg (Dorf) (§ 257), *dɿmɘɿ* (mhd *tumber*) dummer, *kɘm* (mhd *kɘmbe*) Kämme, *wɑm(ɛ)š* m (mhd *wambes*) Wams, *ɑ̨mɘɿ* (mhd *eimber*) Eimer, *imɛ* (mhd *imbe*) Pl Bienen, *bɿɘml̦dɘɿ* (zu mhd *brāmber*) Brombeere.

3. *-md-* > *-mm-* > *m*, zB *hɘmɘɿ* Pl Hemden, *hɘm* Sg (mhd *hemde*), *fɿɘm* (mhd *vremde*) fremd.

4. a) *-nd-* > *-nn-* > *n*, zB *ɑ̨n* (mhd *ande*) leid, *šɑ̨n* f (mhd *schande*) Schande, *gɘdɑ̨nɛ* gestanden, *mɪnɑ̨nɘɿ* miteinander, *ɘ̨wɑ̨nɛ* f (mhd *anwande*) Weinbergzeile, *dšɛbɑ̨nɘɿt* selbander, *hɪnɛ* (mhd *hinden*) hinten, *blɪni* blinde, *ɿɪnɛɿɛ* (mhd *rinderen*) geil sein, von der Kuh (vgl Schmeller), *bɪnɛ* binden, *wɪnɛ* (mhd *winden*) drehen, *šɪnɛ* schinden, *šɪnɘs* Schindaas, *šɪnɘɿšhydɛ* Schindershütte, *fɪnɛ* (mhd *vinden*) finden, *ɿɪnɛ* f Rinde, *kɪn* (mhd *kinde*) Kinder, *ɘn* n (mhd *ende*) Ende, *wɘn* Wände, *hɘn* Hände, *fɘɿšɘ̨nɛ* (mhd *verschenden*) verschänden, *wɘnɛli* (< mhd *wendelich) fleissig, *kalɘ̨nɘɿ* Kalender, *šdɘ̨nɘɿ* Ständer, Krautständer, *dɿɿnɛ*, *ɿnɛ* (mhd *unden*) drunten, unten, *gɿɿɿɿnɛ* gewunden, *gšɿɿnɛ* geschunden, *wɿnɘɿ* Wunder, *dšɿɿnɘɿ* Zunder, *ɿɿnɘɿ* (mhd *under*) unser, *hɿn* Hunde, *syn* Sünde, *fóɿɿmɿɿnɘɿ* Vormünder. Zu *ɿn* 'und' vgl Braune § 126 a 4.

b) Die *p*-Ma von Buchen und Walldürn entzieht sich dieser Assimilation, zB in *tɪnde* dahinten, *drɿnde* unten.

5. *-ng-* > *-ŋŋ-* > *ŋ*, zB *sɪŋɛ* (mhd *singen*) singen, *dɘŋlɛ* (mhd *tengeln*) die Sichel hämmern, *bɿɛŋɛ* (< mhd *brëngen*)

bringen, *gsęŋ* Gesänge, *juŋi* junge, *lɑŋəɪ* langer, *gęŋ* Gänge. -*iŋ* aus Vermischung von mhd -*in* und -*ung* (§ 65 Anm 3 und § 259, 1) zB in *dsáidiŋ* (mhd *zītunge*) Zeitung, *wÿsdiŋ* (mhd *wüestunge*) Wüste, *bɪéɪdiŋ* Breite, *wáidiŋ* Weite, *hắwiŋ* (mhd *habunge*) Kraft in den Gliedern.

6. *hs* > *ss* > *s* (bezw *š* in Nachbarmaa) s Nachtrag zu § 124 b.

7. *st* vor *l* > *ss > *s* (bezw *š* in Nachbarmaa), zB *disl̥* (*dišl̥*) f (mhd *distel*) Distel, *Basl̥* (*Bašl̥*) Bastian, *fisl̥šdɪm* f Fistelstimme. Vgl auch § 142 Anm 5.

2. Regressive Assimilation.

§ 275. Regressive Assimilation tritt im Ostfrk sporadisch auf, indem ein Nasal oft die Artikulationsstelle des folgenden Konsonanten annimmt:

1. *m* vor Alveolar > *n* in *kynt kyndst* komm(s)t, daneben *kymb(s)t* (!) (ahd *cumit cumist* [Braune § 340 Anm 3], mhd *küm[s]t*).

Anm 1. In O *m* > *n* in Fällen wie *hòsdɪŋǵå* hast du es ihm gegeben?.

2. *n* vor Lippenlaut > *m* in *mympfl̥* mundvoll, *hɑmpfl̥* handvoll, Dim *hempfɛlɛ*, *sǫmpft* sanft, *rǫmpft* Ranf, *sempft* Senf, *Šdámbèɪɪx* in offizieller Schreibung Steinberg (Name eines Berges), *Swǎmɛɪi* Schweinberg, *Bɑymɛɪt Bɑymɛɪi* (1407 *Bunber*) Dorf Paimar (Wb 14).

3. *n* vor *l* und *ɪ* (auch vor alveolarem *r* der Nachbarmaa) > *ŋ*, zB *hýŋgɛlɛ* (ahd *huoninchilīn*) Huhn (ohne Diminutivbegriff!), *świŋl̥* m (< **świŋl̥* < mhd *swindel*) Schwindel, *świŋl̥t* (< **świŋl̥t* < mhd *swindelt*) (es) schwindelt; *hyŋəɪ* (*hyŋɪ̯*) (< mhd *hüener*) Hühner (in Distelhausen-Königshofen *hę̄əɪ*, in O *hə́əɪ*).

Anm 2. Statt des zu erwartenden *ŋ* steht *n* — wohl erst modern nach dem Vorbild der Schriftsprache wieder eingeführt — in *mɪnɑ́nəɪ* mit einander, *šdɛnəɪ* Ständer, *fòɪɪmynəɪ* Vormund.

Anm 3. In Fällen wie *šdɪŋk* Strang, *bŋk* Bank < mhd *stranc*, *banc*, liegt nicht der Lautwandel *n* > *ŋ* vor; das mhd *n* ist vielmehr der orthographische Ausdruck für den Laut *ŋ*.

§ 276. Mhd *b, d, g* vor stimmlosem Konsonant > *b, d, g* bezw *p, t, k*, sowohl in ursprünglicher Folge als bei Zusammentritt durch Synkope, zB *bieŋg(s)t* (bezw *bieŋk[s]t*, § 47 Anm 2) bring(s)t, *feŋg(s)t* fäng(s)t, *wiŋgt* winkt, *glat* kleidet, *śat* (er) schadet, *sibt* siebente.

M. Dissimilation.

§ 277. 1. Totale (lautliche) Dissimilation liegt vor in *awl̥* (< *alwl̥* < mhd *alwile*) soeben, *Fip Fiblɛ* (< *Filblɛ*) Dim zu Philipp, vielleicht auch in *ilχɛ* (mhd *lilje*) Lilie, doch vgl § 146; vgl auch Beitr XXII 218.

2. *r* ist an Stelle eines *l* getreten in *balwiər* Barbier, *balwirɛ* barbieren.

3. *l* ist für *r* eingetreten in ahd *Irminhartesbiunt* (jetzt Ortsname Ilmspan, vgl Wb 9) > *Irmintesbiunt* > *Irminsbiunt* > *Ilminsbiunt* (1423 *Ilmspandt*), woraus weiterhin *Iml̥sbǭ* mit Metathesis und volkstümlicher Anlehnung an *sbǭ* (mhd *spān*) 'Holzspan' geworden ist.

Anm 1. Für die Gruppe *ærbldər æwldər* (zu mhd *ěrtber* > *ěrber*) Erdbeere, *bɪumldər* (mhd *brāmber*) Brombeeren, *hifldər* Hiefebeeren, *byχldər* Buchbeeren, *bɪosldər* (< mhd *broχber*, vgl Wb 15) Art Erdbeere, fragaria viridis, *ɪāfldər* (mhd *reinevane* > *rāfən*) Rainfarn, waren Fälle wie *masldər* Massholder, *waχldər* Wachholder, *waigsldər*) Weichsel (regelrecht < mhd *maχalter, wachalter, wīhselter*) analogiewirkend. Anderwärts begegnet übrigens *æwl̥* Erdbeere, *bɪuml̥* Brombeere.

4. *l* findet sich an Stelle eines *n* in *būləm* (hebr) neben *būnəm* Mund.

5. *n* steht an Stelle eines *m* in *nump̑fl̥* neben *mump̑fl̥* mundvoll.

Anm 2. Eine Anzahl von sogenannten Dissimilationen deckt sich überhaupt mit (auf analogem Wege erzeugten) Suffixvertauschungen, zB *Sebl̥* für *Sebər* Josef, Sepper, *Sofər* m (!) für *Sofl̥* Sophie Dim, *Basl̥* für *Basn̥* Sebastian, *aχl̥* für *aχn̥* (mhd *agene*) Acheln, Grannen, *waislɛ* < mhd *wīχenen* tünchen, *laglɛ* < mhd *loukenen* leugnen usw, vgl zu letzteren Fällen Pfaff 180.

N. Svarabhakti.

§ 278. Ein ganz kurzer Vokal hat sich nach *l* und *r* vor folgendem, der selben Silbe angehörigen Konsonanten entwickelt. Dieser Vokal liegt (namentlich bei älteren Leuten, bei jüngeren macht sich Verschwinden bemerkbar) als ə vor in den mhd Verbindungen *lp*, *lb*, *lm*, *rm*, *rf*, *rp*; als i in mhd *lk*, *lg*, *lch*, *rg*, *rch*; zB *kɔ̄ləp* (mhd *kalp*) Kalb, *hɔləp* halb, *hɔləm* Halm, ɔrəm arm, *śdū̆rəm* Sturm, *dō̆rəf* Dorf, *kōrəp* (mhd *korp[b]*) Korb, *mœrəp* mürbe; *wēlik* (mhd *wëlc*, *wëlch*) welk, *bɔ̄lix* (mhd *balc*, *balg*) Balg, *milix* Milch, ɔrix arg, *bērix bœrix* (mhd *bër[g]*) Berg, in Dittwar *śdōrix* Storch.

Hierher auch aus § 104 *lilixe* Lilie, *kasdą́nixe* Kastanie, *ṛiniχe* Rinne, aus § 106 Anm 3 *jąnewɔ̄rɩ* Januar, *fébrewɔ̄rɩ* Februar, *Édewàrt* Eduard. Vgl auch § 146 Anm 5 und Anm 3 am Ende (*dō̆ərśe*).

Anm. Neben *milix*, *bœrix bērix*, *śdōrix*, *lilixe* bestehen erweiterte *milix*, *bœrix bērix*, *śdōrix*, *lilixe*. Die letzteren Formen sind die häufiger vorkommenden.

O. Moderne Fremdwörter.

§ 279. Zu allen Zeiten sind Fremdwörter eingedrungen, die nach ihrem Eintritt sich den Lautregeln unterwarfen. Lat *puteus*, ahd (md) *pfuzzi*, mhd *pfütze* liegt vor als *pfidśe* Pfütze; lat *pālus*, ahd *pfāl*, mhd *pfāl* > *pfōl* Pfahl. Zu lat *pāter* (*noster*) wird *pədəle* geweihte Münze gebildet. Hierher sind auch die vielen Hebraïka wie *śoude* Narr, *brouzes* böse usw zu stellen (§ 80 Anm 2), die auf mhd hebr ō zurückgehen, die sich aber der Dehnung mhd o > ou (§ 178) anschliessen. Andere Beispiele finden sich unter den einzelnen Paragraphen.

Schriftsprachliches Lehnwort 'Saat' dringt als *sɔ̄t* ein, neben lautlich regelrechtem *sōt* < mhd *sāt*.

§ 280. Im folgenden sei eine Schicht offenbar jüngerer Fremdlinge angeführt, die, nicht verstanden, hinsichtlich des

Vokalismus oder Konsonantismus eine Einbusse erlitten: *ȧfɛgɔ́t* Advokat, *bɩȧfésəɩ* Professor, *bɩɛdɔ́l* brutal grob, *dišgɛɩ́ɩɛ* (franz *discourir*) Diskurs führen, *gɩmɛnãsiʋm gɩnãsiʋm gɩmɛnãsi* n Gymnasium, *hŭɩɛbogȧ́śi* n (franz *bagage*) Lumpengesindel, Hurengesindel, *malãdɩɩ* (zu franz *malade*) krank, *mȧ̀ndɛɩɩ́ɩɛ* (franz *maintenir*) lenken, *maɩę̃n* majorenn, *méɩsḗ* (franz *merci*) danke, *nadɩél* (franz *naturel*) natürlich, *òbśdɛɩɔ́t* (lat *obstinatus*) eigensinnig, *sȧ̀mbɩɩ́ɩndəɩ sȧ̀mpɩɩ́ɩndəɩ* Kartenspiel *sans prendre*, *śidjæ̃n* Satan, *Šlawák* Slowak, *śdùdéntɩʋm* Stipendium, *talégt* Dialekt, *tɛɩégdəɩ* Direktor. Hiervon haben zB *bɩɛdɔ́l*, *òbśdɛɩɔ́t* die Wandlung *ū* > ɔ̄ (§ 71 a) bereits mitgemacht.

III. Relative Zeitfolge der Lautveränderungen.

§ 281. Das gedehnte mhd *a* erscheint als ɔ̄ (§ 159), mhd *ā* aber als *ō* (§ 69). Hieraus folgt, dass zur Zeit der Dehnung mhd *ā* nicht mehr *ā* gewesen sein kann; denn sonst wäre die gleiche Entwicklung > ɔ̄ zu erwarten. Es muss sich zur Zeit der Dehnung also schon nach *ō* zu entwickelt haben, sei es, dass für jene Zeit *ā̊*, ɔ̄ oder auch schon das moderne *ō* anzusetzen ist. Der letztere Fall ist deshalb nicht ausgeschlossen, weil für gedehntes mhd *o*, bevor es zu ɔu diphthongiert worden ist (§ 178), zunächst *ō* anzusetzen ist (§ 163 und 158), und mhd *ā* nicht denselben Weg eingeschlagen hat; denn nach § 158 bestand zwischen den alten und neuen Längen ein quantitativer Unterschied. Wir erhalten also die Zeitfolge:

1) Mhd *ā* > **ā̊* bezw *ɔ̄ *ō*.

2) Beide Vokaldehnungen, also mhd *a* zunächst > *ā, mhd *o* > *ō.

3a) *ā (< mhd *a*) > **ā̊* bezw ɔ̄. 3b) *ō (< mhd *o*) > ɔu.

Da mhd *ei*, *ou* und *öu* zu *ā* geworden sind (§ 96 und 99), so muss sowohl mhd *ā* als gedehntes *ā* < mhd *a* bereits zuvor die *o*-Färbung angenommen haben. Wir erhalten also:

4a) Mhd *ei* > *ā*, mhd *ou* > *ā*, mhd *öu* > *ā*.

Hinzuzufügen ist als

5 a) die Kürzung langer Vokale vor Doppelkonsonanz (Geminata); denn als Kürzung von mhd *ei* und *ou* erscheint *a* (§ 190 f). Zur Zeit der Kürzung war bereits *ā* mit mhd *ō* zusammengefallen, weil die Kürze hier wie dort *o* ist (§ 182 und 185). Aus § 157 und 268 ist endlich zu folgern

6 a) Vereinfachung alter Geminata.

Die Brechung kurzer Vokale vor *r* (§ 201) betrifft nicht nur die mhd kurzen Vokale, sondern auch die verkürzten langen (§ 201 ff), ist folglich später als die Kürzung geschehen. Wir erhalten also als

7 a) Brechung der kurzen Vokale vor *r*.

Die Kürzung setzt wiederum eine Reihe anderer Lautveränderungen voraus. Die Kürzung von *ǣ* ist ϵ (§ 183), beruht also schon auf *ē* (§ 73), die von mhd *ie* ist *i* (§ 187), beruht also bereits auf *ī* (§ 90); ebenso beruht auf *ū* (§ 92) *u* als Kürzung von mhd *uo* (§ 188); auf *y* (§ 94) *y* als Kürzung von mhd *üe* (§ 189). Wir haben also vor 5 a) einzuschieben mhd *ǣ* > *ē*, *ie* > *ī*, *uo* > *ū*, *üe* > *y*. Eine bestimmte Zahl in der oben gegebenen Reihenfolge vermögen wir diesen Lautveränderungen deshalb nicht zu geben, weil wir sie zu den Erscheinungen 1)—4) in keine Beziehung setzen können. Gleichfalls früher als die Kürzung ist die Diphthongierung des mhd *ī*, *ū*, *iu* zu *ai*, *au*, *ay* anzusetzen, weil in diesem Falle die Kürzung unterblieben ist (§ 181).

Noch einige andere Lauterscheinungen lassen sich einordnen. Nasaliertes mhd *e*, *o*, *ö* erscheint als *ę̄*, *ǭ*, *ǫ̈* (§ 205 ff). Also ist die Nasalierung früher eingetreten als die Diphthongierung zu *ei*, *ou*, *oy*, ist mithin vor 3 b) zu setzen. Sie muss aber auch später stattgefunden haben, nicht nur als beiderlei Vokaldehnung, sondern auch als der als 3 a) bezeichnete Lautwandel; denn mhd *a* erscheint gedehnt vor Nasalen als *ǭ* (§ 207). Wir gewinnen so die Reihenfolge

4 b) Nasalierung,

5 b) Diphthongierung.

Obiges 3 b ist also nunmehr genauer bestimmt.

Die mhd Synkope ist, wie § 263 ff festgestellt, früher als die Vokaldehnung eingetreten, wäre also als 1) zu bezeichnen. Die Apokope des auslautenden ə hat nach § 266 später als die Vokalkürzung stattgefunden, wäre also als 6 a) zu bezeichnen.

Dieser Apokope muss die Assimilation von $\eta g > \eta\eta$ zeitlich voraufgegangen sein; denn mhd auslautendes ηg erscheint als ηk, während mhd -nge als η erscheint (§ 152 und 274, 5). Später als die Apokope des ə ist auslautendes p geschwunden (§ 139), weil dies sowohl im mhd Auslaut stattthat als in den durch die Apokope geschaffenen, und noch später ist auslautendes w zu p geworden (§ 107, 1), weil dieses noch heute erhalten ist.

Noch ein paar Einzelheiten mögen den Stammbaum vervollständigen.

Zur Zeit der Dehnung war mhd *sch* noch *sx* (§ 157), zur Zeit der Kürzung aber schon *š* (§ 180); wir setzen also an:

3) oder 4) Mhd *sch* > *š*.

Mhd *ë* ist vor *l* und *st* zu *e* geworden (§ 55); aber die gedehnte Silbe kennt nur die weite Artikulation; folglich hat jener Übergang später stattgefunden als die Dehnung.

Auslautendes *n* in nichtbetonter Silbe ist später als auslautendes ə (*e*) (§ 258 Anm) und früher als auslautendes *ch* abgefallen (§ 258, 3).

Nach den Lauterscheinungen der Nachbarmaa zu schliessen (vgl § 133 und Nachtr zu § 124 b) ist mhd -*hs*- früher zu -*ss*- > -*s*- geworden, als ebendort mhd *s* zu *š* (§ 124 b). Auch ist hier die Entlabialisierung des mhd *ö, ü, œ, iu* und *üe* (§ 63 b, § 67 b, § 52 c, § 87 b und § 94 b und c) vor Brechung der kurzen Vokale vor *r* (§ 201—204) zu setzen (§ 204, 3 b).

§ 282. Fassen wir die bisherigen Bestimmungen zusammen, so erhalten wir nebenstehenden chronologischen Stammbaum.

§ 282. Relative Zeitfolge der Lautveränderungen. 127

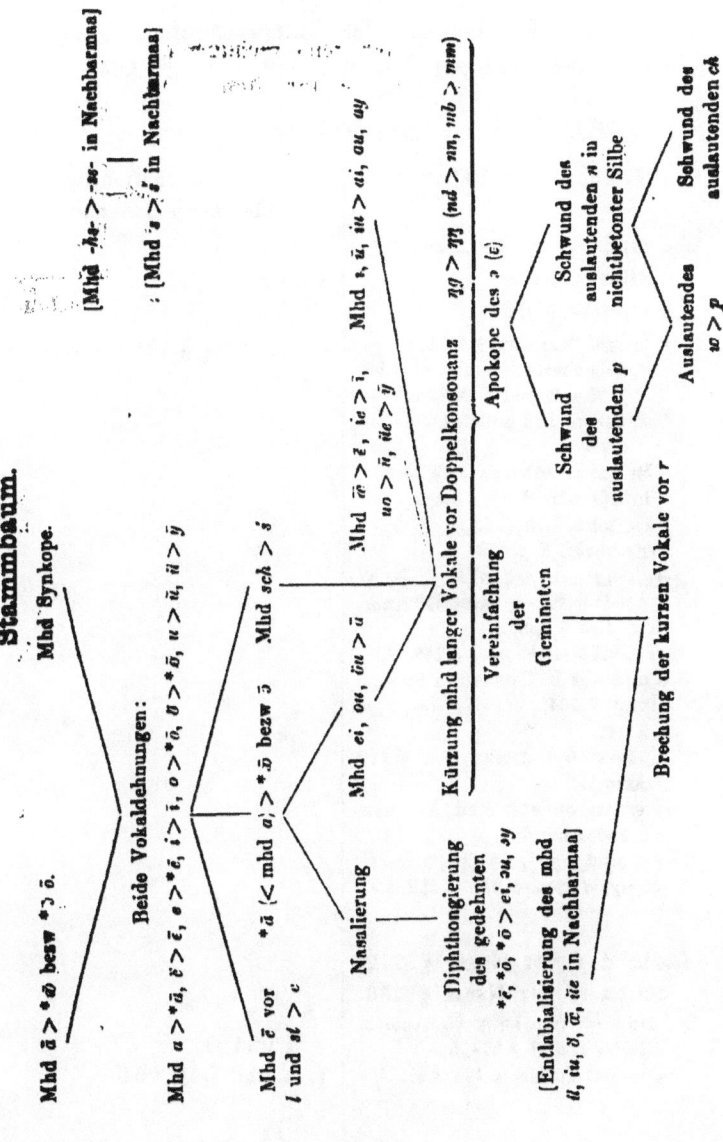

IV. Übersicht der Entsprechungen vom heutigen Bestande der Mundart aus.

§ 283. Die Vokale.

Gewöhnliche Reflexe:

i < mhd *i* in geschlossener Silbe § 58.
 < mhd *ie* § 187.
  i in *mäi* Mai usw § 96 a 2.
  < nebenbetontem mhd *iu* (§ 89, § 96 a 2 und § 258, 1.
  < neben- und unbetontem mhd *i* § 60.
  in *ywetbli* überall § 89 Anm.
  in *hilt* hält § 51 Anm 2.
  -*iχ* < mhd -*ach* § 50, 1.
  Svarabhakti *i* § 278.
  -*iχ*, -*liχ*-, -*niχ* < mhd *rj*, *lj*, *nj* § 104; dafür -*iχ* usw § 278 Anm.
  -*li* < -*lich* § 258, 3.
  -*iš* < mhd -*isch*, -*esch* § 259, 2.
  -*i* und -*iχe* in Ortsnamen § 257, 6 und § 104. -*i*, -*je*, -*iχe*, -*iχe* § 149.
  -*i* (bezw -*iχ*) < mhd -*inc* § 119 Anm 1.
  -*i* in *ọni* ohne < mhd *äne* usw § 265 Anm 4.
  -*i* < mhd -*ig*, -*ec* § 259, 3.
  -*it*, -*iχ*, -*i* < mhd *ëht* § 259, 4.

i < mhd *i* vor Nasal § 212.
 < mhd *ie* vor Nasal § 236.
  Suffix -*iŋ* für -*uŋ* § 65 Anm 3, § 259, 1 und § 274, 5.
  -*i* in *ims* Imbiss § 171 Anm.

Abweichende Reflexe in Nachbarmundarten:

S:
i < mhd *ü* § 67 b.

p-Ma:
i < mhd *üe* § 189 c.

S und O:
ie < mhd *ie* § 90 b.

S:
iᵃ < mhd *üe* § 94 b.

§ 283. Die Vokale.

ī < mhd î § 162,1 und § 171, 1.
   < mhd ie § 90 a.
i < mhd ie + n in *Diĕt* Dienstadt
   Nachtr zu § 115.

i̯ < mhd i vor Nasal § 213.
   < mhd ie vor Nasal § 235.
i̯ < mhd ie + n in *Di̯ĕt* Dienstadt
   Nachtr zu § 115.

iə < gedehntem mhd i vor r
   § 193 A 2.
   < mhd ie vor r § 193 A 1.

e < mhd e in geschlossener
   Silbe § 51.
   < mhd ē § 184.
e < mhd ĕ besw ě in der Gruppe
   mhd *ĕbene* § 55, 4 a.
   < mhd ĕ (mouilliert vor *l*, § 55,1.
   < mhd ĕ vor *sp, ss, z,ᵴ* § 55, 3.
   < mhd ĕ vor *st* § 55, 2.
   < mhd ĕ (?) § 55, 4 b und c.
   < mhd ie § 90 Anm 1 und § 102
   Anm 3.
   < unbetontem mhd i § 60, 2.

ę < mhd e vor Nasal + Konsonant § 208.
   < mhd ë vor Nasal + Konsonant § 210.
   < mhd ǣ vor Nasal § 225.
   < mhd ē vor Nasal § 227.
ę moderner Umlaut von *ą* § 242
   Anm 1 und 2.
   in *breng(s)t* bring(s)t § 212 Anm 1.
   < unbetontem mhd i vor Vokal
   § 60.

p-Ma:
ī < mhd üe § 94 c.
   < mhd ü § 166, 1 b.

Nachbarmaa:
i in *līye* lügen § 90 Anm 2.
it < m(h)d is(t) ist § 124 Anm 4.

O:
e < mhd ie § 187 b.

p-Ma:
e < mhd ö § 63 b.

S:
e < mhd ǣ § 183 b.

S:
ę < mhd ǣ vor Nasal § 183 b.

Übersicht der Entsprechungen.

ē < mhd e vor r § 194.
 < mhd ē § 76.
 < mhd ē, obd ǣ § 73 Anm 5 a
  und § 103 Anm 1.
ē < mhd ë (?) § 55, 4 d.
 vereinzelt < mhd ǣ § 73 Anm 1,
  2 und 3.
 in sëpt sât § 184.

ẹ̄ < mhd e vor Nasal § 209.
 < mhd ë vor Nasal § 211.
 < mhd ǣ vor Nasal § 224.
 < mhd ē vor Nasal § 226.
ẹ̃ neben ẽn in Hẹ̃it Hẹ̃nit Hainstadt Nachtr zu § 115.

ēə < gedehntem mhd e vor r
  § 193 A 2.

ε < mhd a in unbetonter Silbe
  § 50, 3.
 < unbetontem mhd i § 60, 2.
 < mhd o in unbetonter Stellung
  in Fremdwörtern § 61 Anm 2.
 < und in Unbetontheit § 254.
 in ssóu also § 255.
-εmɐ < -heimer § 257 Anm 3.
-εʦi < (b)urc in Ortsnamen § 257, 2.
-εs < lat -us § 259, 5.
-st < nhd -uoti § 258, 4.
 < mhd -(h)eit § 258, 5.
-ε < mhd -īn § 258, 2.
 in der Endsilbe -el vor mhd
  -īn bewahrt § 263, 2.
 im Wortauslaut § 265 Anm 1.
 aus den obliquen Kasus eingeführt § 265 Anm 2.
(s)nε, (s)ʦε unorganisch § 265 Anm 5.

S:
ėε < mhd ē § 76 c.

S und W:
ē < mhd ë § 161, 1 b und 170 b.

S und p-Ma:
ē < mhd ǣ § 73 b.

p-Ma:
ẹ̄ < mhd ei, öu vor Nasal § 246 c.

Nachbarmaa:
ẹ̃ in bẹ̃ndes Binse § 212 Anm 2.

p-Ma:
ēə < mhd ē und ǣ vor r
  § 197, 1.
 < mhd iu + r § 197, 2.

p-Ma:
ε in Präfixen § 260 Anm 4.

§ 283. Die Vokale.

Mhd *e* in mhd Zeit synkopiert § 264.
im Auslaut apokopiert § 265.
(nicht auslautend) geschwunden § 267.
< ahd ī gefallen § 265.
in den Präfixen *ge-, be-, ze-, en-* § 260, 2—6.
Mhd *-en* (Dat Pluralendung) § 265 Anm 3.

ə-Svarabhakti § 278.
-ə vor mhd -*r* § 193 A.

ε < umgelautetem ahd *a* vor *cht* und *ch* § 52 a 1.
in Wörtern wie ahd *gataling* § 52 a 3.
< jüngerem Umlauts-*e* § 52 a 4.
< analogem (ganz modernem) Umlauts-*e* § 52 a 5.
< mhd *ë* in geschlossener Silbe § 54.
< mhd *ǣ* § 183.
ε < mhd *e* (?) § 51 Anm 1.
vor *st* in Fremdwörtern § 55 Anm.
Mhd *ë* in *lëbekuochen* § 161, 1 a Anm.
Umlauts-*e* in der Kindersprache beseitigt § 52 Anm.

ē in Wörtern wie ahd *fravali* § 52 a 3.
< jüngerem Uml-*e* § 52 a 4.
< analogem(ganzmodernem) Umlauts-*e* § 52 a 5.
< mhd *ë* § 161, 1 a und § 170, 1 a.
< mhd *ǣ* § 73 a.

O:

ε < mhd *ei* § 190 b und 246 b.
< ē̜ < mhd *öu* § 192 b.

p-Ma:

(ε) *æ* < mhd *ö* vor *r* § 204, 1 b.

O und S:

έə < mhd *ē* § 74.
έε in der Gruppe 'mähen' § 73 Anm 5 b.

S:

ē in der Gruppe 'mähen' § 73 Anm 5 b.

O:

ē < mhd *ē* § 76 b.
< mhd *ei* vor Nasal § 246 b.

O und *p*-Ma:

ē < mhd *ei* § 96 b.
< mhd *öu* § 101 b und c.

9*

Übersicht der Entsprechungen.

ī < mhd e in mhd *welen* und *quelen* § 160 Anm 1.
 in *īus* Ernte < mhd *erne* § 194 Anm.
 in *fiəuis* < mhd *vërsen* bezw *vëresen* § 157 Anm 3 und Nachtr.

iə < gedehntem mhd *ë* vor *r* § 193 A 2.
 < mhd *ǣ* vor *r* § 193 A 1.

œ < mhd *e* vor *r* + Konsonant § 52 a 2 und § 202, 3.
 < mhd *ë* vor *r* + Konsonant § 202, 1.
 < mhd *i* vor *r* + Konsonant § 202, 5 a.
 < mhd *ǣ* vor *r* + Konsonant § 202, 2.
 < mhd *ē* vor *r* + Konsonant § 202, 4.
 < *i* < mhd *ie* vor *r* + Konsonant § 202, 6.

œ in *iœ* schier § 254 und § 202 Anm.
 in *nœ* nur § 106 Anm 5.
 in *œist* erst § 126, 2 und § 248, 5.

p-Ma:
ē < mhd *ë*, *ǣ* vor *r* § 198, 2.

p-Ma:
ēa < mhd *e*, *ë*, *ǣ* vor *r* § 198, 2.
 < mhd *iu* + *r* § 197, 2 a.

S (N) und *p*-Ma:
œ < mhd *u* vor *r* § 204, 3 b.

p-Ma:
œ < mhd *ö* vor *r* § 204, 1 b.

O:
œ < mhd *ë* vor Nasal § 246 b.

O:
ǣ < mhd *ǣ* vor Nasal § 246 b.

p-Ma:
a < *r* § 197 und § 198.

O:
ɑ < zweitem Umlauts-*e* § 52 b.
 < mhd *ë* § 54 b und § 161, 1 a Anm.
 < mhd *ǣ* § 183.
 < mhd *ei* § 190 b.

§ 283. Die Vokale.

O:
ā < zweitem Umlauts-*e* § 52 b.
· < mhd *ë* § 161, 1 c und
§ 170, 1 c.
< mhd *æ* § 73 c.

a < mhd *a* in geschlossener
  Silbe § 48.
< ā < mhd *ei* § 190.
< ā < mhd *ou* § 191.
< ā < mhd *öu* § 192 a.
a < mhd *a* für *s (*sbads* Spatz)
  § 168 Anm 3.
< mhd *ei + n* in *Sdafrt* Stein-
  furt Nachtr zu § 115.
< unbetontem *e* in Fremdwör-
  tern § 51 Anm 5.
< unbetontem mhd *ë* § 57.
< unbetontem *o* § 61 Anm 2.
in der Gruppe *fåsenåxt* Fast-
  nacht § 159 Anm 4.

O:
a neben a < mhd *a* vor *r* in ge-
  schlossener Silbe § 48 Anm.

ą < mhd *a* vor Nasal + Kon-
  sonant § 206.
< ą̄ < mhd *ei* vor Nasal
  § 242.
< ą̄ < mhd *ou* vor Nasal
  § 244.

ā < mhd *ei* § 96 a.
< mhd *ou* § 99 a.
< mhd *öu* § 101 a.
  ā < mhd *ei* < germ *agi* § 96 a 1.
  < wgerm *aij* im Auslaut § 96 a 2.
  < wgerm *auu̯* § 99, 2 und § 101
    a 2.
  in *idät* langsam < mhd *stäte*
    § 73 Anm 4.
  in *gläst* Wagenspur § 190 Anm 1.
  in *mädle* Mädchen u dergl § 190
    Anm 2.
  in *läft* läuft § 191 Anm 1 und 2.

p-Ma:
ā < mhd *ā* § 71 b.

S und *p*-Ma:
ā < mhd *a* § 159, 1 c und
  § 168, 1 c.

i < mhd *ei* vor Nasal § 241.
< mhd *ou* vor Nasal § 243.
< mhd *öu* vor Nasal § 101 A und § 245.
ą̊ < mhd *ei* + *n* Nachtr zu § 115.

œ < mhd *o* vor *r* + Konsonant § 203, 1.
< mhd *u* vor *r* + Konsonant § 203, 3.
< *o* < mhd *ō* vor *r* + Konsonant § 203, 2.
*œ < *u* < mhd *ū, uo* vor *r* + Konsonant § 203, 4.
œ in *nœr* nur § 106, Anm 5.
in *gœrt* Gurt § 174 Anm 1.

ɔ < mhd *a* in der Gruppe *vater vatʒ*, in den Reflexen von mhd *dahs* u ähnl § 159 Anm 1 und 2 und § 168 Anm 1 und 2.
ɔ < mhd *a, ā* in Nachbarschaft eines Velars oder Labials § 247.
in *kode* gehabt § 159 Anm 2.
in *fɔx* (Schreib)fach § 168 Anm 1.
in der Gruppe *fɔsenʒt* Fastnacht § 159 Anm 4.

ɔ̄ < mhd *a* § 159, 1 a und § 168, 1 a.

p-Ma:
ą̄ < mhd *a* vor Nasal § 246, c.

Ẇ:
ą̄ in *mę̄idr* Meister § 241 Anm.

O:
a < mhd *a* in geschlossener Silbe § 48 b.

p-, W- und N-Maa:
œ in *dœrn* Turm gegenüber sonstigem *dūrn* § 203 Anm.

O:
ɔ < ɔ̄ < mhd *ō* § 185 b.

S:
ɔɛ < mhd *ā* § 69 c.

O:
ɔɛ < ausltd mhd *ā* (auch vor *r*) § 69 b.

O:
ɔ̄ < mhd *ā* § 69 b und § 182 b.
< mhd *ō* § 80 b.

§ 283. Die Vokale.

ɔ̄ < mhd ā in schriftsprachlichen Wörtern § 71 a.
ɔ in *māxɛsɔ̣̈me* Mohn § 71 Anm 2.
in *bɔx* Bach u ähnl § 168 Anm 1.

ɔ̄ə < gedehntem mhd a vor r § 193 A 2.

o < mhd o in geschlossener Silbe § 61.
< mhd wechselndem u—o § 61 Anm 1.
< ō < mhd ā § 182 a.
< mhd ō § 185 a.
o für *ɔu < mhd o § 172 Anm 1 und 2.
in *-box* < *-bach* in Flurnamen § 50, 2.
in *bogāsi* Bagage § 50, 3 Anm.
statt ə in der Kindersprache § 63 Anm 2.

ǫ < mhd o vor Nasal § 214.
< ǭ < mhd ā vor Nasal § 223.
*ǫ < ǭ < mhd ō vor Nasal § 230.
ǫ in *kǫn* kann, *Hǫnigʒ* Honickel § 117 Anm 1 und § 206 Anm; ferner § 159 Anm 3.

ō < mhd o vor r § 195.
< mhd ā § 69 a.
< mhd ō § 80 a.
ō in *dȫnse* Salatstengel § 157 Anm 3 und Nachtr.
< mhd *ā (nicht a) § 71 Anm 3.

p-Ma:
ɔ̄ < mhd u, ā, ō vor r § 198, 1 und § 197, 3.

p-Ma:
ɔ̄ə < mhd o, ā, ō + r §.198, 1 § 197, 3.

O:
o < ō < mhd uo § 188.
< mhd uo vor Nasal § 246 b.

S:
iɛ < mhd ō § 80 d.

p-Ma:
ō < mhd ou § 99 b.

S und O:
ō < mhd a § 159, 1 b und § 168 b.

ō neben 3 in *sōt* Saat § 71 Anm 1.
   in *grō* grau § 107 Anm 2.
   in *gebrōxt* gebracht § 182 Anm.

ǭ < mhd *a* vor Nasal § 207.
  < mhd *o* vor Nasal § 215.
  < mhd *ā* vor Nasal § 222.
  < mhd *ō* vor Nasal § 229.

ō·ɔ < gedehntem mhd *a* vor *r*
   und *o* vor *r* § 193 A 2.
  < mhd *ā* vor *r* und *ō* vor *r*
   § 193 A 1.

u < mhd wechselndem *o—u*
  § 61 Anm 1.
  < mhd *u* in geschlossener
   Silbe § 65.
  < mhd wechselndem *u—ü*
  § 67 Anm.
  < mhd *uo* § 188.
u < mhd *ū* in Unbetontheit § 85
  und § 181 Anm 2.
  in *šdunos* Stube § 165 Anm 1.
  in *fugs* Fuchs § 174 Anm 2.
  in *dsulšt* Salat § 50 Anm.
  in *wu* wo § 247, 2.

ų < mhd *u* vor Nasal § 218.
  < mhd *uo* vor Nasal § 238.
  ų < mhd *ō + m* (*Dųmes* Thomas)
  § 230.
  in *kųme* kommen § 165 Anm 2.
  in *blųne* Blume § 188 Anm.
  in *brųmšdɐr* Brombeere § 223
  Anm.

ū < mhd *u* § 165, 1 und § 174, 1.
  < mhd *uo* § 90.
  ū < mhd *a, ā* nach *w* § 247, 2.
   in *rūst* Ofenruss § 158 Anm.

p-Ma:
ǭ < mhd *ou* vor Nasal § 246 c.

S und O:
ūɛ (*uᵉ*) < mhd *uo* § 92 b.

§ 283. Die Vokale.

ų̃ < mhd *u* vor Nasal § 219.
  < mhd *uo* vor Nasal § 237.
ų̃ in *kų̃ne* < mhd *kām* Schimmel
  auf dem Wein § 222 Anm.

ūə < gedehntem mhd *u* vor *r*
  § 193 A 2.
  < mhd *uo* vor *r* § 193 A 1.

œ < mhd *ö* vor *r* + Konsonant § 204, 1 a.
  < mhd *ü* vor *r* + Konsonant § 204, 3 a.
*œ < mhd *ǣ* vor *r* + Konsonant § 204, 2.
  < *y < mhd *üe* vor *r* + Konsonant § 204, 4.
  œ in *œšt* erst < mhd *ērst*
  § 126, 2 und § 248, 5.

p-Ma (lokal):
œ für sonstiges *æ* § 262, 5 b.

O:
ɵ < ə̇ mhd *ǣ* § 186 b.
  < mhd *iu* vor *ll* § 251 und
  § 181 Anm 1.

p-Ma (lokal):
ȯ für sonstiges *æ* § 262, 3 b.

O:
ȯɛ < mhd *üe* vor Nasal § 246 b.

O:
ə̄ < mhd *ǣ* § 82 b.
  < mhd *iu* vor *r* § 197, 2 c.

p-Ma:
ə̄ < mhd *iu* vor *r* § 197, 2 b.

O:
ę < mhd *üe* § 189 b.

ę < mhd *e* vor und nach
  Labial und Velar § 248,
  1 und 2.

ǫ < mhd ë § 248, 4.
  < mhd ö in geschlossener Silbe § 63 a.
  < umgelautetem mhd ā, § 183 a 4.
  < Umlaut zu gekürztem ō
  < mhd ā § 74.
  < mhd æ § 186 a.
analoger Umlaut § 63 Anm. 1 und 3.

ǫ < mhd ü, md ö vor Nasal § 216.
  < mhd æ vor Nasal § 232.

ō < mhd e § 248, 3.
  < mhd ö vor r § 196.
  < umgelautetem mhd ā § 74.
  < mhd æ § 82 a.

ǭ < mhd ü, md ö vor Nasal § 217 und § 221 Anm.
  < mhd œ vor Nasal § 224 Anm.
  < mhd æ vor Nasal § 231.
Moderner Umlaut zu ō < mhd ā vor Nasal § 209 Anm und § 160 Anm 2.

ōə < gedehntem mhd ö vor r § 193 A 2.
  < mhd æ vor r § 193 A 1.

y < mhd i § 249.
  < mhd wechselndem u—ü § 67 Anm.
  < mhd ü in geschlossener Silbe § 67.
  < mhd üe § 189.

W und N:
ō in der Gruppe 'mähen' § 73 Anm 5 b und § 74 Anm.

S:
ǭε < mhd üe vor Nasal § 246 b.

§ 283. Die Vokale.

y < mhd *ü* vor Nasal + Konsonant § 220.
 < mhd *üe* vor Nasal § 240.

ȳ < mhd *ü* § 166, 1 a und § 175, 1.
 < mhd *üe* § 94 a.

ẏ < mhd *ü* vor Nasal § 221.
 < mhd *üe* vor Nasal § 239.

ȳə < gedehntem mhd *ü* vor *r* § 193 A 2.
 < mhd *üe* vor *r* § 193 A 1.

ei < mhd *e* § 160, § 169 und § 177 a.

O und S:
ẏɛ < mhd *üe* § 94 b.

p-Ma:
ei (ei?) < mhd *ē* § 76 d.
ei < mhd *ǣ* § 82 c.

S und *p*-Ma:
ei < mhd *ö* § 179 b.

S und O:
ei < mhd *e* vor *r* § 176 b und § 199.

lokal:
ei < mhd *ī* vor *-er* § 200.

S:
ẹi < mhd *e, ë, ē, ǣ* vor Nasal § 176 b und § 246 a.

p-Ma:
ɛi < mhd *iu* § 87 b.
 < mhd *öu* § 101 c.

Rheinfrk:
ɛi < mhd *e* § 177 b.
 < mhd *ö* § 179 b.

O:
ai < mhd *ī* § 78 und § 181.
 < mhd *iu* § 87 Anm 3 und 4.

ai < mhd *ī* vor Nasal § 246 b.

ai < mhd *ei* in Fremdwörtern
§ 97.
< mhd *öu* § 101 a 3.

ąi < mhd *ī* vor Nasal § 228, 1.

aiə < mhd *ī* vor *r* § 193 A 1.

āi < westgerm *aii̯* § 96 a 2.

au < mhd *ū* § 84 und § 181.
   au < mhd inltd *āw* § 70.
   in der Gruppe *baue* bauen
   § 106 Anm 2.
   für *ay in der Kindersprache
   § 87 Anm 2.
   in *Gaudraut* Gertrud § 84
   Anm.
   in *grau* grau § 107 Anm 2.

ąu < mhd *ū* vor Nasal § 233.
   ąu < mhd *ū* + *n* in *gąudee* bellen
   Nachtr zu § 115.

auə < mhd *ū* vor *r* § 193 A 1.

ay < mhd *iu* < germ *iu* und
dem *i*-Umlaut von germ
ū § 87 a 1.
   < wgerm *iu̯i̯* § 87 a 2.
   ay < mhd *iu statt *ī* § 76 Anm.

ąy < mhd *ī* vor *m* § 228, 2 und
§ 250.
   < mhd *iu* vor Nasal § 234.

ayə < mhd *iu* vor *r* § 193 A 1.

ɔu < mhd *o* § 163, § 178 und
§ 172.
   ɔu in hebräischen Wörtern § 71
   Anm 4 und § 80 Anm 2.
   in *sɔu* so < mhd *sō* § 80 Anm 1.
   in *gnɔudə* Knoten § 163 Anm.

O:

au < mhd *ū* vor Nasal § 246 b.

W-Ma:

ay in Fällen wie *layxt* lügt § 181.

p-Ma:

ɔu < mhd *ō* § 80 c.

S und O:

ɔu < mhd *o* (auch vor *r*) § 176
   und § 199.

§ 283. Die Vokale. — § 284. Die Konsonanten.

S:
ǫų < mhd *a, o, ā, ō* vor Nasal
§ 246 a.

O und teilweise *p*-Ma:
ʒy < mhd *iu* § 87 c.

ʒy < mhd *ö* § 164, § 173 und
§ 179 a.

S und O:
ʒy < mhd *ö* vor *r* § 176 b und
§ 199.

S:
ęų < mhd *ö* vor Nasal § 176 b.
< mhd *ǣ* vor Nasal § 246 a.

§ 284.   Die Konsonanten.

p-Ma:
b < inltd mhd *b* in einigen
Fällen § 137 b.

b < anltd mhd *b* § 136.
< mhd *bb, pp* § 268, 9
und § 140, 2.
b (p) < mhd *w* vor stimmlosen
Konsonanten § 107, 2.
b-Schwund im Auslaut bezw
bei .in den Auslaut ge-
tretenem *b* nach Vokal
§ 139.

b < anltd mhd *w* § 105 Anm 2.
< *bb < *tb < *tw* § 107, 3.
b besw *p* < mhd *b* vor stimm-
losen Konsonanten § 276.
p < mhd *w* im Auslaut § 107, 1.
b als Produkt des grammatischen
Wechsels *b—f* § 120 Anm.
b—w Wechsel § 137 Anm 3.
b (p) aus den obl Kasus einge-
führt § 139 Anm 2.

Übersicht der Entsprechungen.

b geschwunden:
  stammauslautend vor *s* und *t* der Endung § 138.
  in *blaist* bleibst usw und *git* giebt § 138 Anm 1.
  in *lēkūxə* Lebkuchen § 138 Anm 2.
  in der Gruppe *ṭÿ* herüber § 139, vgl auch § 261.
  im Auslaut < *-we* unter Anlehnung ans Schriftdeutsche § 107 Anm 1.

p < mhd *b(e)* + *h* § 136, 3, § 252, 1 und § 260, 3.
  < mhd anltd *p* in Lehnwörtern § 136, 2.
p < mhd *w* im Auslaut § 107, 1.

pf < mhd *pf* § 140.
pfl < anltd mhd *fl* § 121.
  pf in *haipfs* Harfe § 140 Anm 3.
  pf—b Wechsel § 140 Anm 2.

d < mhd anltd und inltd *d* § 141.
  < mhd *t* § 142, 1.
  < mhd *dd, tt* § 268, 10.
ds < mhd *z* § 142, 2.
  d (t) < mhd *d* vor stimmlosen Konsonanten § 276.
  Übergangslaut in mhd *-ls-, -ns-* § 125 a.
  d in *dər* ihr § 141 Anm 2.
  dər- für *rer-* § 141 Anm 2.
  d in *feldər* Felder § 274, 1 Anm.
  d geschwunden § 141 Anm 1 und 4.
sqn < mhd *sīn* sind § 142 Anm 2.

Nachbarmaa:
b geschwunden in *hàlmǫnt* Halbmond § 139 Anm 3.

p-Ma und Rheinfrk:
p < mhd *pf* im Anlaut § 140 b.

p-Ma:
pf < mhd *pf* im Inlaut und vor *l* und *r* § 140 b.

§ 264. Die Konsonanten.

t < mhd *d* + *h* § 252, 1 und § 260, 5.
< mhd *d* in Lehnwörtern § 141.
< mhd ausltd *d* § 141, 1.
< mhd ausltd *t* § 142, 1.
angetreten nach *s, f, ch, g, r* § 144.
t < mhd *ht* in unbetonter Silbe § 134, 2.
Mhd *t* geschwunden:
 in *-st-* (Assimilation?) und *-rtb-* § 142 Anm 5.
 vor der Endung *-st* § 143.
 in *haists* heiraten § 142 Anm 6.
 vereinzelt § 142 Anm 3.

g < mhd anltd *g* § 145, 1.
g (*k*) < mhd *g* vor stimmlosem Konsonanten § 276.
< mhd anltd *k* vor Konsonanz § 154.
< mhd inltd *ck* (*k*) § 155 und § 268, 11.
gs (*ks*) < mhd *hs* § 133.
 g < mhd anltd *j* § 102 Anm 1.
 für mhd anltd *b* § 145, 1 Anm.
 in *lags* Lache, Pfütze § 128 a Anm 2.
 statt *k* in *gúgük* Kuckuk § 153 Anm.
yr- < ahd *hr-* oder < mhd *ge* + *r* § 131 Anm 1.
gw- < mhd *qu-* § 154.
ge- < Präfix *ge-* vor *b, d, g* und *k* § 260, 2.
Mhd *g* geschwunden:
 im unbetonten Wortauslaut § 151.
 vor *i, ī* > *j* § 146.
 in *sęndes* Sense, *līt* liegt, *māt* Magd § 148.

k < anltd mhd *k* § 153.
  < mhd *g* in Fremdwörtern
    § 145, 2.
  < mhd *ge-* + *h* § 252, 1 und
    § 145, 3.
  < mhd *ch*, ahd *h* im be-
    tonten Auslaut § 129.
  < ausltd *k* < germ *g* § 156.
  < mhd *g* (*k*) im Auslaut § 150.
k < mhd *ge* + *j* (?) § 102 Anm 2.
Mhd *ch* in mhd *louckenen* neben
  lougenen leugnen § 155 Anm 1.
k gefallen in mhd *wĕrktac* Werk-
  tag § 155 Anm 2.
Mhd *marketen, md *mar(h)en* >
  gnŏis Stück Vieh leihen § 155
  Anm 3.

f < germ *p* und germ *f* § 120,
  § 121 und § 140.
  < mhd *-ff-* § 268, 5.
f < mhd *w* § 106 Anm 4.
  in *widerkäſe* wiederkauen § 87
    Anm 1 und § 101 Anm.
  in *harpfe* Harfe, *helfe* helfen,
    wæife werfen § 140 Anm 3
    und 4.
f—*b* Wechsel § 120 Anm.
Präfix *fer-* für *er-* § 260 Anm 1.

s < mhd *s* § 124.
  < mhd *ss* § 124 a und § 268, 7.
  < *ss* < *hs* § 274, 6 und § 133.
  < *ss* < *st* vor *l* § 274, 7.
  < mhd *z zz* § 268, 6.
s als Produkt des alten Wechsels
  zwischen germ *t* und *tt* § 122
  Anm 2.
-(t)st neben *-t(st)*, Endung der
  2. Sg beim Verbum, § 126
  Anm 2.

Rheinírk:
k—*γ* Wechsel < mhd *g* § 150 b.

Nachbarmaa:
s in *ōs* Ass, *drōsſ* Drossel § 122
  Anm 1.
it für m(h)d *is(t)* ist § 124 Anm 4.

§ 284. Die Konsonanten.

ds < mhd *s* § 142, 2.
Analoges *s* § 124 Anm 1.
st, sp < mhd inltd *st, sp* § 126 Anm 1.
růsdŏk für *růśdŏk* Ruhestock § 126 Anm 3.
wildst, willst neben *wilt* § 124 Anm 2.

š < mhd *sch* § 127.
< mhd *s* im Anlaut vor *w, l, m, n, p* und *t* § 126, 1.
< mhd *s* nach *r* § 126, 2.
< mhd *z* nach *r* § 123.
š < mhd *sg* § 126 Anm 4.

W und S:
š < mhd in- und ausltd *s* § 122 und § 124 b.
šb, šd < an- und inltd *sp, st* § 126 Anm 1.
ldš, ndš < mhd *ls, ns* § 125 b.

S:
š (< *s* < *ss*) < mhd *hs* § 133, § 274, 6 und Nachtr zu § 124 b.

O:
x < mhd *ch* nach *a* § 128 c.

χ, *x* < mhd *ch* § 128 a und § 268, 8.
< inltd mhd *g* nach Vokalen oder Konsonanten § 147.
< mhd *g* (*k*) im Auslaut § 150.
nach *l* < mhd *lh* § 135.
χ*t, xt* < mhd *ht* § 134, 1.
χ, *x* < Wechsel *ch- h* § 128 Anm 1.
x aus den obl Kasus eingeführt § 129 Anm.
in *dox* doch § 130 Anm.
χ in *meixst* machst § 133 Anm.
in *borixst* borgst § 147 Anm 1.
in *kę̄nix* König § 119 Anm 1.
Mhd *ch* geschwunden § 130, § 135 und § 147 Anm 1.

w < mhd *w* § 105 und § 106.
    < mhd inltd *b* nach Vokal,
        l und *r* § 137, 1 a.
    w < *b*, *pp*-Wechsel § 137 Anm 2.
    < md *w* = obd *j* § 73 Anm 5
        und § 106.
    in *täwer* Reiher < mhd *reiger*
        § 96 Anm.
    als Übergangslaut aus mhd *u*
        vor Vokal § 106 Anm 3.
Analoges *w* § 106 Anm 1.
w—b Wechsel § 137 Anm 3.
Mhd *w* (ausltd) § 107 Aum 2.
œwoʃ(dəɹ) oder *œɹbʃ* < mhd *ërtber*
    Erdbeere § 137 Anm 1.
wiɱʃ Masse für mhd *wimmel*,
    *wimel § 111 Anm 2.
wist links < mhd *hiesit* § 131
    Anm 2.
-*ws* analogisch ausgefallen § 137
    Anm 4.

j < mhd anltd *j* § 102.
    j in *tjädər* Theater § 51 Anm 4.
    j-Schwund nach mhd *i*, *ī* § 103.
    Mhd *j* (*g*) kontrahiert § 253.

h < mhd anltd *h* § 131.
    Mhd *h* geschwunden § 130, § 132
        bis § 135 und § 252, 2.

m < mhd an- und inltd *m*
    § 111 a.
    < mhd *mm* § 112 und
        § 268, 3.
    < *mm < mhd *mb*, *mp*
        § 274, 2.
    < *mm < mhd *md* § 274, 3.
    < *mm < *wm < *wn* § 106.
Ausltd *m* eingeführt aus obliquen
    Kasus § 113, 1, § 113 Anm 1.
    — Ausltd *m* in einsilbigen flexionslosen Wörtern § 113, 1.

p-Ma:
j bezw ʒ < mhd *g* § 147, 1 b.
    < mhd *ch* § 128 b.

O:
Kehlkopfspirans < mhd ausltd
    -*en* § 265 Anm 1 b.

§ 284. Die Konsonanten.

m < n vor Lippenlaut § 275, 2.
für *w in mer wir § 105 Anm 3.
in ə̄m einen § 113, 1 Anm und
§ 114 Anm 4.
in *Bədəmls* Flurname usw
§ 113, 2.
in *pſſmpſ* Pāps § 111 Anm 3.
m'əm) < -em § 263, 2.
dm̥ < dſ̥ (Suffixvertauschung)
§ 113 Anm.
m in Proklise gefallen § 111
Anm 1.
Mhd m im Auslaut geschwunden
§ 113.

n < mhd anltd und inltd n
§ 114 a.
< mhd nn § 268, 4.
< *nn < mhd nd § 274, 4
und Nachtrag zu § 117.
n < *nn (ə̄n < mhd einen) als
stammhaft empfunden § 117
Anm 2.
in ųnər unser § 124 Anm 3.
< m vor Alveolar § 275, 1.
dissimilatorisch für m § 277, 5.
für ŋ § 275 Anm 2.
als hiatustilgender Konsonant
§ 114 Anm 7.
angewachsen § 114 Anm 1. —
Progressive Nasalierung
§ 141 Anm 3 und § 205
Anm.
in *fedərn* Feder u ähnl § 118, 2
und § 263, 1.
in *ſwærnər* schwerer § 114
Anm 2.
ŋ (ən) < -en § 263, 2.
< enklitischem mhd *danne,
denne* denn § 118 Anm 2.
Satzdoppelformen (ſųˉ gegenüber
fųn von) § 117 Anm 1.
Mhd n inlautend geschwunden
§ 115 b und Nachtrag.

p-Ma (lokal):
-nd- < mhd -nd- § 274, 4.

O:
n < m̥ assimiliert § 275 Anm 1.

Nachbarmaa:
Reflexe von mhd *hintber* Himbeere
§ 115 Anm.

p-Ma:
sə̄nt Sand gegenüber sonstigem sǭnt
usw § 114, b und § 246 c.

Übersicht der Entsprechungen.

Mhd *n* ausltd in betonter Silbe gefallen unter Nasalierung des vorausgehenden Vokals § 117.
Nasalierung des Vokals in Stellung mhd -*ne* (zB *dę̄* Zähne) Nachtrag zu § 117.
gmų̄ neben *gmų̄n* Gemeinde Nachtrag zu § 117.
Mhd *n* in unbetonter Silbe im Auslaut spurlos nach Vokal geschwunden § 118, 1 a.
Verlust der Nasalierung § 118 Anm 3 und § 205 Anm 1.

O:

Mhd *n* auslautend in betonter Silbe meist völlig geschwunden § 117 b.

n in unbetonter Silbe im Auslaut geschwunden mit Hinterlassung der Kehlkopfspirans § 118 b.

ŋ < mhd *ng* (bezw *ŋŋ*) § 274, 5.
< mhd *n* vor *r* und *l* § 275, 3.

ŋk < ausltd -*ng* § 152 und § 275 Anm 3.
ŋg bezw *ŋk* < mhd *nk* und *ng* § 119 a.
ŋ < *g* in Fremdwörtern wie *Mąŋnus* Magnus § 147 Anm 3.
ŋg bezw *ŋk* < mhd *ng* vor *s* und *t* der Endung § 147 Anm 2.
-*iŋ* eine Vermischung von mhd -*īn* und -*ung* § 65 Anm 3, § 259, 1 und § 274, 5.
Mhd *ng* inlautend geschwunden in *wąįərt* Weingarten, Weinberg § 119 Anm 2.

p-Ma:

gą̄k Gang usw gegenüber sonstigem *gīŋk* § 119 b.

l < mhd *l* § 108.
< mhd *ll* § 268, 1.
< *ll < mhd -*ld*- § 274, 1.
l < *l̥* § 263, 2.
für mhd *n* in *áldə̄vli* marrubium < *andorn* § 114 Anm 3.
dissimilatorisch für *r* und *n* § 109 Anm 1 und § 277, 2, 3 und 4.

§ 294. Die Konsonanten.

ļ (*əl*) < -*el* § 263, 2.
ļ Suffixvertauschung für *n § 114
  Anm 3.
l gefallen in unbetonter Stellung
  § 108 Anm 2.
  dissimilatorisch gefallen § 277,
  1 und § 108 Anm 3.

ɿ < mhd *r* § 109.
  < mhd *rr* § 268, 2.
  Mhd *r* < germ *wr* (anlautend)
    § 105 Anm 1.
  ɿ < *rh* § 155 Anm 3.
    < *ŗ* § 263, 2.
  dissimilatorisch für *l* § 277, 2.
  analogisch angetreten § 109
    Anm 2. — ɿ als Einschiebsel
    ebenda.
  in *gedrɿ̣ndsɐ* gedunsen § 109
    Anm 3.
  in *śʋȧɩdəmɔ̈xʋɩ* Schwartenma-
    gen § 114 Anm 2.
  -ɿɩ für -*əl* Suffixvertauschung
    § 108 Anm 4.
  Doppelformen aus auslautendem
    mhd *r* vor konsonantischem
    bezw vokalischem Anlaut (zB
    hī hier, *dɐɿfōɿ* dafür) § 110.
ʓ (*ɐɿ*) < *er* § 268, 2.

p-Ma:
r < mhd *d* und *t* § 141 b.

Teil III.

Übersicht der mundartlichen Unterschiede.*)

Vgl hierzu die beigegebene Karte.

I. Rheinfränkisch/Ostfränkisch.

Nord-südliche Grenzlinie.

31 Erscheinungen = 36 Fälle.

§ 285. Die *p*-Mundart auf Seiten des Ostfränkischen. 14 Erscheinungen = 14 Fälle.

Rheinfränkisch	mhd	*p*-Ma + W, N, Tb + S + O
Länge in Beispielen wie *sūxɛ* suchen, *fūdɛ* Futter, *bīχɛ* Bücher	Länge. § 180 ff	Kürze
Kürze in Beispielen wie: *sak* Sack, *holɛ* holen, *balɛ* Ball, *nawl* Nabel, *šnawl* Schnabel, *ewa* Eber, *biwl* Bibel, *gɛšriwɛ* geschrieben, *esl* Esel, *frefl* Frevel, *ofɛ* Ofen, *iyl* Igel, *fogl* Vogel, *šdrijl* Striegel, *rerɛ* reden	Kürze. § 157 ff	Länge

*) Rheinfränkisch nach LENZ. *p*-Mundart zumeist nach BREUNIG; Hettingen nach gütigen Mitteilungen des Herrn Prof. Dr. EMIL SCHMITT in Baden-Baden, eines geborenen Hettingers, an den Herausgeber. Die Übereinstimmungen von Grünsfeld und Krensheim (O) mit Tb sind in dieser Zusammenstellung nicht berücksichtigt, vgl § 308.

§ 285. Rheinfränkisch/Ostfränkisch.

Rheinfränkisch	mhd	p - Ma + W, N, Tb + S + O
ų in grųm Kram, mų̈nɛt Mond	ā vor Nasal. § 222	ǫ (wenn nicht diphthongiert) (+ Eichenbühl)
ɛ in genɛ́riχ gnädig, gɛwált Gewalt, gɛwél Quelle	ge-. § 260	e ausgefallen
-ḷn, -an in Wörtern wie fugḷn hin- und herfahren, falɛ́χan austrocknen	-len, -ren. § 265 Nachtr	-ɛlɛ, -ɛɪɛ (-ɛrɛ)
Schwund des r in gādɛ Garten, šwadš schwarz u ähnl	r vor d. § 193	r erhalten*)
Nasal in daįŋšḷ Deichsel u ähnl	-chs-. § 133	ohne Nasal
x in fuxdšɛ 15	-f-. § 115	-f-
blạnds Pflanze, brḕmɛ (mhd phrimme) Besenginster	pf- vor l und r. § 140	pf- (+ Eichenbühl)
abḷ Apfel	-pf-. § 140	-pf- (+ Eichenbühl)
lārɛ Lade, rūrɛ Rute. + Reisenbach — Mudau	-d-. § 141	-d-. + Hollerbach — Buchen — Walldürn
k : ʒ (j) in āk Auge : āʒɛ Augen : ɛarja ärger	k bezw c : g. § 150	x, χ
ligt liegt	liget, līt. § 148	lait
Diminutivform: hįŋgḷ Huhn, laiwḷ Leiblein, braisḷ Saum, fę̄ndḷ Fähnlein	-lin. § 258, 2 Nachtr	-(ɛ)lɛ

Die Sprachgrenze des Rheinfrk gegen die p-Ma wird ausserdem noch verstärkt — abgesehen von den § 286, § 289 und § 290 genannten — durch die § 296, § 298, 2 und § 301, 3 genannten 4 Erscheinungen = 6 Fälle.

---

*) In der p-Mundart von Hettingen wird r vor n (zB in šɛrn Scheuer) schwächer gesprochen und ist zuweilen vor Konsonanten (zB in dǭf Dorf) vollständig geschwunden.

§ 286. Die rheinfränkisch/ostfränkische Grenze geht durch die *p*-Mundart hindurch. 7 Erscheinungen = 9 Fälle.

Rheinfrk + *p*-Ma von Buchen	mhd	*p*-Ma von Hettingen + W, N, Tb + S + O
Länge zB in *hōgɛ* Haken, *ōrəm* (Buchen *ōdəm*) Atem, *dāf* Taufe (*dāf* auch in Hettingen)	Länge. § 180	Kürze
ɔ̄ (bezw ɔ̯a) in *dsɔ̯arn* Zorn, *kɔ̄rəp* Korb	gedehntes *o* vor *r*. § 195 und § 198	ō + Eichenbühl, O und S ɔ̯u neben ō.
a erhalten in *mą* Mann	gedehntes *a* vor Nasal. § 207 und § 246	o-haltiger Laut: ǫ, O o, ɔ̄, S ǫu
a-haltiger Diphthong in *śbąu* Span	*ā* vor Nasal. § 222 und § 246	ǫ + Eichenbühl, S ǫu, O ā
a-haltiger Diphthong in *ląu* Lohn	ō vor Nasal. § 229 und § 246	Eichenbühl, Hettingen und S ǫu, W N Tb ǫ, O ɔ̄
fadɐ Vater	-er. § 197	-ər (-ɽ) oder -ɐ + Eichenbühl
Rheinfrk? Buchen *obɛ* oben	-b-. § 137	-w- + Walldürn, Hainstadt
bɛja Becher, *būχɛ* Buche *eijɛ* eggen, *kuχļ* Kugel	-ch-. § 128 -g-. § 147	χ, x + Eichenbühl χ, x

Weitere Fälle für eine durch die *p*-Ma hindurch gehende Sprachgrenze § 289, § 290 und § 302—305.

§ 287. Die *p*-Mundart auf Seiten des Rheinfränkischen. 9 Erscheinungen = 12 Fälle.

Rheinfrk + *p* - Ma	mhd	W, N, Tb + S + O
Kürze in Beispielen wie *hewl̥* Hebel, *owɛ* (bezw *obɛ*) oben *ɛšɛ* Asche (+ Eichenbühl)	Kürze § 137 *a* vor *sch.* § 127 und Nachtrag	Länge. *a*
Gruppe *agšt* Axt	*a* vor *hs.* § 159	ɔ
hāš Hase	gedehntes *a*. § 159, 1 und § 168, 1	Eichenbühl + W N Tb ō, S und O ō
grāf Graf	*ā* (Fremdw). § 71	ɔ
sɛil (*sɛil*) Seele (+ Eichenbühl)	*ē*. § 76	W N Tb ē, S ėɛ, O ē̆
brɔut Brot (+ Eichenbühl), Hettingen *brout*	*ō*. § 80	W N Tb ō, S ȯɛ, O ɔ
bɛis böse, Hettingen *bɔys*, Eichenbühl *bəys*	*ǣ*. § 82	W N Tb ē̄, S ėɛ (?), O ɔ̄
kɔrds kurz, *fəʀχt* Furche	*u* vor *r.* § 203, 3	ʉ (ū) + Eichenbühl
dāu Tau, Hettingen *dau*	*ou.* § 99	ū
Gruppe *šdrɛiɛ* streuen, Hettingen *šdrəyɛ*	*öu.* § 101	ā (ē̆)
pāt Pfad (+ Eichenbühl)	*p-/pf-* vor Vokal. § 140	*pf-*

Die Sprachgrenze zwischen der *p*-Ma und W wird noch verstärkt — abgesehen von den § 292 genannten — durch die § 291, § 295, § 296, § 297, § 298, 2 und 3 und § 299, 2 genannten 19 Fälle, von denen 3 (mhd *ē*, *ō*, *ǣ*) schon in diesem § genannt sind. Also *p*-Ma/W insgesamt 28 Fälle.

Die Sprachgrenze zwischen der *p*-Ma und S wird noch verstärkt — abgesehen von § 289 und § 301, 8 — durch die § 288, § 295—298, 2, § 299 und § 300, 4 und 6 genannten 26 Fälle, von denen 3 (mhd ā̃, ō̃, ǣ) schon in diesem § genannt sind. Also p-Ma/S insgesamt 35 Fälle.

§ 288. **Die W- und p-Mundart auf Seiten des Rheinfränkischen.** 1 Fall.

Rheinfrk + p-Ma + W	mhd	Eichenbühl + N, Tb + S + O
Nasalierung in mą̊sdɐ, mę̊ɨ̊sdɐ, mę̊ɨ̊dr̥ Meister. Künzelsau?	ei. § 190 und § 241	ā, a, O ɐ

II. Rheinfränkisch + südliches oder ganzes Hohenlohisch/ N, Tb + O.

Nordwest-südöstliche Grenzlinien.

4 Erscheinungen = 22 bezw 28 Fälle.

A. Rheinfränkisch + südliches Hohenlohisch / W, N, Tb + O.

Entlabialisierung: 12 bezw 18 Fälle.

§ 289. Die Grenze geht durch die p-Mundart hindurch.

Rheinfrk + p-Ma von Hollerbach, Buchen, Bödigheim + S-Ma von Künzelsau	mhd	p-Ma von Eichenbühl, Walldürn, Hainstadt, Hettingen + Rinschheim, Altheim + W, N, Tb + nördl S + O
heldslɛ Hölzlein e?	ö. § 63 gekürztes ǣ. § 186	ɵ ɵ, O ɜ
filɛ füllen, drigɛ drücken misɛ müssen	ü. § 67 gekürztes üe. § 189	y y
hœrnlɛ, hɛrnlɛ Hörnlein	ö vor r. § 204	∞, Hettingen ɵ
færst, fɵrst Fürst. + Reicholzheim (N-Ma)	ü vor r. § 204, 3	∞, Hettingen ɵ

§ 287—288. Rheinfrk/Ostfrk. — § 289. Rheinfrk + S/W, N, Tb + O. 155

Rheinfrk + *p*-Ma von Hollerbach, Buchen, Bödigheim + S-Ma von Künzelsau	mhd	*p*-Ma von Eichenbühl, Walldürn, Hainstadt, Hettingen, Rinschheim, Altheim + W, N, Tb + nördl S + O
heiſɛ Höflein	gedehntes *ö.* § 164, § 173 und § 179	Eichenbühl + Tb *əy,* Hettingen *əy.* S? O?
neidi nötig	*ǣ.* § 82	*ə̄,* Eichenbühl *əy,* Hettingen *əy,* O *ə̄.* S?
ſẹi schön	*ǣ* vor Nasal. § 246 d Nachtrag	Eichenbühl + S *ęy,* Hettingen +W, N, Tb *ę̄,* O *ə̄*
kiwəl Kübel	gedehntes *ü.* § 166 und § 175	*ȳ*
bliɛ blühen	*üe.* § 94	*ȳ* (O *ẏε*)
hean hören	*ǣ* vor *r.* § 197	*ə̄,* O *ə̄*

Vgl ferner — labiale Vokale nur in der *p*-Ma (+ N) —:

heit heute, *heiǔlɛ* Häuslein	*iu.* § 87	Walldürn, Hainstadt, Hettingen und O *əy* : Eichenbühl + W N Tb + S *ay*
dεa teuer	*iu* vor *r.* § 197	Walldürn, Hainstadt, Hettingen *ə̄* : sonst *ay.* Eichenbühl?
Rheinfrk *faläiχln* verläugnen. Buchen?	*öu.* § 101	Hettingen *fərləyχɛlɛ* : Tb *laglɛ.* S? O?
Buchen *freiɛ* freuen, *ədreiɛ* streuen. Rhfrk?	*öu.* § 101	Hettingen *frəyɛ, ədrəyɛ*: Tb *fɹāwɛ, ldɹāwɛ.* S? O?
Buchen *bęm* Bäume. Rheinfrk?	*öu* vor *m.* § 246	Hettingen *bęm,* Eichenbühl *bǫmɹ̥* : Tb *bǫm.* S? O?
Rheinfrk und Buchen *mēɛ* mähen	*ē.* § 73 Anm 5 a und b. § 74 Anm	Eichenbühl, Hettingen + W + westl N *mēɛ*: sonst *mēwɛ*: S + O *mēwɛ*

Anm. Die Grenze für die entlabialisierten Vokale geht durch die *p*-Ma und S hindurch. Nach BREUNIG 5 »erkennt man den Hainstädter und Walldürner in Buchen wegen seiner Vorliebe für *ü* und *ö*«. 8f: Buchen: *i, i, å, ü, ei, ei, ī, ĩ, ẽi, eī* = Hainstadt-Walldürn: *ü, ü, ö, ö, öü, üü, ü, ü, üü*. Vgl auch 17 (unten), 20 (oben), 21 (Mitte), 22 (Mitte), 29, wonach in Hainstadt und Walldürn labialer Vokal für mhd *ū* vor *r, ʊ, ü, üe, iu, ǣ, ĩu*. — BREUNIGS (22) *öü* < mhd *iu* ist zweifelhaft für Walldürn; BREUNIG 29 verzeichnet dieses *öü* wie das in *pöüm* Bäume nur für Hainstadt.

Herr Professor EMIL SCHMITT, geborener Hettinger, teilt dem Herausgeber mit: *i* < mhd *ü* und *üe* in Bödigheim, Buchen und den Orten, die westlich von Buchen liegen, also im eigentlichen Odenwald; *y* in Hettingen und den Ortschaften östlich von Hettingen, also im eigentlichen Bauland. *e* < mhd *ʊ* und *ei* < mhd *ǣ* in Buchen und Odenwald, *ɵ* und *ɵy* in Hettingen bezw Bauland. *ei* < mhd *iu* in Buchen-Odenwald, *ɵy* in Hettingen-Bauland. Besonderheit: in Hettingen-Bauland *ɵpfl* Äpfel (so auch in Hainstadt-Walldürn nach BREUNIG 20 und in Eichenbühl), *bęm* Bäume, *bęmle* Bäumlein, aber *drēmę* träumen, *sēmę* säumen.

B. Rheinfränkisch + ganzes Hohenlohisch / N, Tb + O.

3 Erscheinungen = 10 Fälle.

§ 290. Rheinfränkisch + S/W, N, Tb + O. Die Grenze geht durch die *p*-Mundart hindurch. Eine Erscheinung = 3 Fälle.

Rheinfrk + *p*-Ma von Eichenbühl und Buchen + S	mhd	*p*-Ma von Hettingen + W, N, Tb	O
Diphthong in *śbąų* Span, Eichenbühl und S *śbąų*	*ā* vor Nasal. § 246	*ǭ*	*ā*
Diphthong in *gręįmɼ* Krämer. Eichenbühl?	*ǣ* vor Nasal. § 246	*c̄*	*ā*
Diphthong in *śęį* schön, Eichenbühl *śęy*	*ǣ* vor Nasal. § 246 und Nachtrag	*ǭ*	*ā*?

§ 291. Rheinfränkisch + *p*-Mundart + S/W, N, Tb + O. 2 Erscheinungen = 4 Fälle.

Rheinfrk + *p*-Ma (+ Eichenbühl) + S	mhd	W, N, Tb	O
šdēlɛ stehlen, *šdēk* Stiege	gedehntes *ë*. § 161 und § 170	*ē*. + Kützbrunn (S)	*ū*
Diphthong in Rheinfrk, Eichenbühl, Hettingen, S *gęi(n)* gehen, Odenwald, Buchen, Walldürn *gęi(n)*	*ē* vor Nasal. § 246	*ẹ̄*	*ē̜*?
Diphthong in *lǫu* Lohn. Eichenbühl und Hettingen + S *lǫu*	*ō* vor Nasal. § 246	*ǭ*	*ɔ*
Diphthong in *dsęi* Zähne	gedehntes *e* vor Nasal. § 246	*ę̄*	*ē̜*?

§ 292. Rheinfränkisch + *p*-Mundart + S/N, Tb + O. Die Grenze geht durch W hindurch. Eine Erscheinung = 2 Fälle.

Rheinfrk + *p*-Ma + W-Ma von Hardheim und Brehmen + S	mhd	W (ausser Hardheim und Brehmen), N, Tb	O
kēs, *kēš* Käse	*ā*. § 73	*ē*	*ū*
Hettingen + S *e*. So auch Rheinfrk und übrige *p*-Ma, Hardheim und Brehmen?	gekürztes *ā*. § 183	ε	*a*

§ 293. Rheinfränkisch + *p*-Mundart + W + S/N, Tb + O. Ein Fall.

Rheinfrk + *p*-Ma (+ Eichenbühl) + W + S	mhd	N, Tb + O
šd zB in *švešdr̥* bezw *švešda* Schwester, *hošt* hast	*st*. § 126 Anm 1	-*šd*, *št*

III. W, N, Tb und Hohenlohisch/O.
Nord-südliche Grenzlinie.
23 Erscheinungen = 43 Fälle.
A. W, N, Tb + Hohenlohisch / O.
14 Erscheinungen = 34 Fälle.

§ 294. Rheinfränkisch und die *p*-Mundart auf Seiten von W, N, Tb + S. 9 Erscheinungen = 22 Fälle.

Rheinfrk + *p*-Ma + W, N, Tb + S	mhd	O
ε (Hettingen meχdi)	*ü* vor Doppelkonsonant. § 52	*maχdi* mächtig
ε	*ë* vor Doppelkonsonant. § 54	*braχɛ* brechen
W, N, Tb ę (*brę̄mɛ*, S *breįmɛ*)	*ë* vor Nasal. § 246 und Nachtrag	*bramɛ* Breme
p-Ma von Hettingen + S e, W, N, Tb ε. Übrige *p*-Ma und Rheinfrk e?	gekürztes *ī*. § 183	*radi* Rettig
a (Hettingen mę̄śdγ, eiχɛ, Eichenbühl mūśdγ). Rheinfrk?	gekürztes *ei*. § 190	*maśdγ* Meister, *ɛχɛ* Eiche
ē	gedehntes *ü* vor Doppelkonsonant. § 52	*ārɛ* Ernte
Rheinfrk + *p*-Ma (+ Eichenbühl) + Sē, W, N, Tb + Kützbrunn (S) ē	gedehntes *ǟ*. § 161 und § 170	*śdālɛ* stehlen
Rheinfrk + *p*-Ma + W-Ma von Hardheim und Brehmen + S ē, sonst W, N, Tb ē	*ǣ*. § 73	*kās* Käse
Rheinfrk + Buchen + S ęi, Hettingen + W, N, Tb ę̄	*ǣ* vor Nasal. § 246	*grāmγ* Krämer

Rheinfrk + p-Ma + W, N, Tb + S	mhd	O
e (Hettingen geišt)	gekürztes ē. § 184	gɛst gehst
a (Hettingen käft)	gekürztes iu. § 192	kɛft gekauft
Rheinfrk + p-Ma (+ Eichenbühl) ei, W, N, Tb ē, S ėɛ	ē. § 76	sēl Seele
i (Hettingen šišt) Rheinfrk?	gekürztes ie. § 187	šɛst schiesst
a (+ Eichenbühl)	a vor Doppelkonsonant. § 48	bagɛ backen
o (+ Eichenbühl)	gekürztes ā. §182	hɔst hast
o. Rheinfrk?	gekürztes ō. §185	hɔxds Hochzeit
ɵ (bezw rheinfrk, p-Ma und S zum Teil entlabialisiert) (Hettingen rɵydḷ, westlicher reidḷ)	gekürztes ǣ. § 186	rɔdḷ rote Masse
ɵy (bezw Rheinfrk und p-Ma zum Teil entlabialisiert>ei), Eichenbühl ɵy, W, N, Tb ē. S?	ǣ. § 246	bōs böse
Rheinfrk geilɛ, gailɛ, Hettingen gɵylɛ, W, N, Tb + S ay	iu. § 181 und § 251	gɔlɛ Gäulchen
y (bezw rheinfrk, p-Ma und S zum Teil entlabialisiert)	gekürztes üe. § 189.	mɵsɛ müssen
Nasalvokal (+ Eichenbühl)	betonter Vokal + Nasal. § 246 b	Reduzierung bzw Aufgabe der Nasalierung
-ɛ (+ Eichenbühl)	-en. § 118	Kehlkopfspirans, zB in šesʻ schiessen

§ 295. Rheinfränkisch und *p*-Mundart verhalten sich indifferent. 2 Erscheinungen = 3 Fälle.

Rheinfrk + *p*-Ma + Eichenbühl	W, N, Tb + S	mhd	O
ᴐu, Hettingen *ou*	*ō*, S *óɛ*	*ō*. § 80	*brōt* Brot
ŭu, Eichenbühl + Hettingen + S *ǫu*, W, N, Tb *ǭ*		*ō* vor Nasal. § 246	*lē* Lohn
ɑŋ, Eichenbühl + S *ǫŋ*, Hettingen + W, N, Tb *ǭ*		*ā* vor Nasal. § 246	*špā* Span

§ 296. Rheinfränkisch auf Seiten von W, N, Tb + S, *p*-Mundart auf Seiten von O. Eine Erscheinung = 3 Fälle.

Rheinfrk	*p*-Ma	Eichenbühl + W, N, Tb + S	mhd	O
ā	*ē̜*	*ā*	*ei*. § 96	*flēš* Fleisch
ǟmɐ Eimer	Buchen *bē̜*, Hettingen *bē̜*	*bā*. Eichenbühl?	*ei* + *n*. § 246	*bē* Bein
gāi	Buchen *gē*, *hē*	Eichenbühl *hāi*. W, N, Tb *gai, hai*	*ōu*. § 101	*gē* Gau, *hē* Heu

§ 297. Rheinfränkisch und *p*-Mundart auf Seiten von O, also besondere Eigentümlichkeiten der Mundarten von W, N, Tb und S. 4 Erscheinungen = 6 Fälle.

Rheinfrk + *p*-Ma	W, N, Tb + S	mhd	O
ą̄ (ausser Hettingen)	enger *o*-Laut in *mę̄*, + Hettingen. S *mǫų*	gedehntes *a* vor Nasal. § 246	*mɔ̄*, *mɔɛ* (*mō*?) Mann
o	*u*. + Eichenbühl. S? *)	gekürztes *uo*. § 188	*modr̥* Mutter

*) Nach FISCHERS Schwäbischem Sprachatlas Karte 2 würde *o* auch S zukommen.

§ 295—297. W, N, Tb + S/O. — § 298. W, N/O + S.

Rheinfrk + *p*-Ma	W, N, Tb + S	mhd	O
ǝy bezw entlabialisiert > *ɛi*	*bayχ, layt.* + Eichenbühl	*iu.* § 87	*bǝyχ* Bäuche, *lǝyt* Leute
dɜ̄a (dɜ̄r) bezw entlabialisiert > *dē̆a*	*ay.* Eichenbühl?	*iu* vor *r.* § 197	*dɜ̄ǝr* teuer
glē̆wɛ (so auch Hettingen)	*glā̆wɛ.*+Eichenbühl	*öu.* § 101	*glē̆wɛ* glauben
bę̄m bezw entlabialisiert > *bę̄m* (Eichenbühl *bęmɣ*)	*bĭ̄m* Bäume. S?	*öu + m.* § 246	*ɛ?*

B. N/O + Hohenlohisch.

5 Erscheinungen = 6 Fälle.

§ 298. Ausser den unter A genannten 34 Fällen wird die Sprachgrenze von N gegen O noch durch folgende 5 Erscheinungen verstärkt, in denen S auf Seiten von O steht:

1. *p*-Mundart + W, N, Tb/O + S. 3 Erscheinungen = 4 Fälle.

Rheinfrk + *p*-Ma + W, N, Tb	mhd	O + S
mē̆ɛ, mö̆ɛ (+ Eichenbühl), *mē̆wɛ*	*ē.* § 73 Anm 5 und § 74 Anm	*mē̆wɛ* oder *mɛ́ɛwɛ (mɛ́ɛwɛ)* mähen
ō	*ā.* § 69	O *blɔsɛ* blasen, S *blɔ̈sɛ*
ō, Buchen *ɔ̈a*	*ā* vor *r.* § 69 und § 198	*jɔ̈ɛr* Jahr
ā, Eichenbühl und W, N, Tb *ɔ̈*	gedehntes *a.* § 159, 1 und § 168, 1	*sō̆k* Sack

2. W + N/Tb + O + S. Die *p*-Mundart auf Seiten der letzteren Gruppe, also besondere Eigentümlichkeit der Mundart von W und N. 1 Fall.

p - Ma	Eichenbühl + W + N (lokale Besonderheit)	mhd	Tb + O + S
wōrεm. Rheinfrk wɔar(ε)m	wɔrm	*u* vor *r*. § 203	wūrεm Wurm

3. *p*-Ma wēdsε Weizen/W wīs/N + Tb wǣds /O wεs (§ 122 Anm 2).

Vgl ferner § 300, 4 für *p*-Ma + W, N, Tb und zum Teil O/zum Teil O + S.

C. Hohenlohisch/O + W, N, Tb.

2 Erscheinungen = 8 Fälle.

§ 299. Ausser den unter A genannten 34 Fällen, den § 290—293 genannten 10 Fällen und den § 301, 3 genannten 3 Fällen wird die Sprachgrenze von S gegen O noch durch folgende Erscheinungen verstärkt, in denen W, N, Tb (+ Rheinfrk) auf Seiten von O steht, weil es sich um eine mundartliche Besonderheit von S handelt:

1. *p*-Mundart + W, N, Tb + O/S. 2 Erscheinungen = 4 Fälle.

p-Ma + W, N, Tb	O	mhd	S	
ǭ. Rheinfrk ų̄	ɔ̄ ?	gedehntes *o* vor Nasal. § 246	wǫune wohnen	Diphthongierung
ǭ bezw entlabialisiert	ɔ̄ ?	gedehntes *ö* vor Nasal. § 246	kǫniχ König	
ę̄. *p*-Ma?	ǟ ? (bramε)	gedehntes *ë* vor Nasal. § 246	brę̄me Breme	

Hierzu noch (§ 298, 1 bereits hinsichtlich der Vokalqualität angeführt):

ō. + Rheinfrk   ɔ̄ | ū. § 69 | ɔε

§ 298. N/O + S. — § 299. W, N, Tb/O + S. — § 300. .W, N, Tb/S. 163

2. **Rheinfränkisch und *p*-Mundart verhalten sich indifferent.** 2 Erscheinungen = 4 Fälle (bereits § 297, § 294 und § 295 in anderem Zusammenhang angeführt).

Rheinfrk + *p*-Ma	W, N, Tb	O	mhd	S	
ą	ǫ (+ Hettingen)	ɔ	gedehntes *a* vor Nasal. § 246	*mɒŋ* Mann	
(ei) *ei* (+ Eichenbühl)	ē	ē	ē. § 76	*sèɛl* Seele	Diphthonzierung
ei, Hettingen *ɘy*, Eichenbühl *ɘy*	ȫ	ȫ	ǣ. § 82	*bɘɛs*(?) böse	
ou (+ Eichenbühl), Hettingen *ou*	ō	ɔ	ō. § 80	*brɔɛt* Brot	

W, N, Tb/O insgesamt 39 bezw 40 Fälle, S/O 38 Fälle, von denen die unter A genannten 34 gemeinsam sind.

IV. W, N, Tb / Hohenlohisch.

West-östliche Grenzlinie.

9 bezw 11 Erscheinungen = 23 bezw 26 Fälle.

§ 300. 1. W, N, Tb + O/Rheinfrk + *p*-Ma + S vgl die § 290 und § 291 genannten 2 Erscheinungen = 7 Fälle; dazu N, Tb + O/Rheinfrk + *p*-Ma + S die § 292 und § 293 genannten 2 Erscheinungen = 3 Fälle.

2. (Rheinfrk + *p*-Ma +) W, N, Tb + O/S vgl die § 299 genannten 2 Erscheinungen = 8 Fälle.

3. Rheinfrk + *p*-Ma + W, N, Tb/S + O vgl die § 298, 1 genannten 3 Erscheinungen = 4 Fälle; dazu W/S den § 298, 2 genannten Fall.

4. Ausserdem:

p-Ma + W, N, Tb + zum Teil O	mhd	O zum Teil + S
ē	gedehntes e vor r. § 199	beiɛrɛ Beere
ō	gedehntes o vor r. § 199	kouɛrɛ Korn
ȫ	gedehntes ö vor r. § 199	dəyərlɛ Dörnchen

5. Über die Nordgrenze des Hohenlohischen hinaus reichen 1) die § 292 genannte Vertretung des mhd ǣ durch ē, an der noch die W-Maa von Hardheim und Brehmen (wie die p-Ma und das Rheinfrk) teilnehmen. 2) die § 298, 2 genannte Dehnung in Typus 'Wurm', an der noch Tb (wie das Rheinfrk, die p-Ma und O) teilnimmt.

6. Die Grenze von W (ohne Tb) gegen S wird noch verstärkt durch die § 288 genannte, die § 298, 2 genannte und durch folgende Erscheinung:

Rheinfrk + p-Ma (+ Eichenbühl) + W + N-Maa von Wertheim, Reicholzheim, Eiersheim	mhd	S + O + Tb + übriges N
-w- geschwunden in mēɛ, mēɛ	-w-. § 73 und § 74	-w- erhalten in mēwɛ, mɛɛwɛ, mēwɛ mähen

Anm. Die Linie für *nähen* und *blühen* in FISCHERS Schwäbischem Sprachatlas Karte 16 schliesst sich nicht an, weist vielmehr noch Mergentheim und Königshofen dem westlichen Gebiete mit Schwund des w zu, so dass sich als nördliche Fortsetzung die Grenze zwischen S und O ergäbe. Jedenfalls kommt die Erhaltung des w dem nördlichen Hohenlohischen nicht uneingeschränkt zu.

7. Die Grenze von Tb gegen S wird noch verstärkt durch die § 301, 6 genannte Behandlung des mhd s, wozu noch § 293 zu vergleichen.

Also W/S insgesamt 11 Erscheinungen = 20 Fälle, Tb/S 11 Erscheinungen = 22 Fälle, von denen 7 Erscheinungen = 17 Fälle W und Tb gemeinsam sind.

V. Mundartliche Besonderheiten.

§ 301.

1. Besonderheiten des Rheinfränkischen vgl § 285—288, § 296, § 298, 2 und § 299, 2.
2. Besonderheit des Rheinfränkischen und südlichen Hohenlohischen vgl § 289.
3. Besonderheiten des Rheinfränkischen und Hohenlohischen vgl § 290—293.
4. Besonderheiten der *p*-Mundart vgl § 296 und § 298, 2 und 3.
5. Besonderheiten des Ostfränkischen vgl § 285—288 und § 298, 2.
6. Besonderheit der *p*-Mundart + W + S.

p-Ma + W + S (lokale Besonderheit)	mhd	Rheinfrk + Eichenbühl + N + Tb + O
š in *kēš* Käse, *hauš* Haus. + N-Ma von Eiersheim *hōldš* Hals, *sęndšę* Sense	in- und ausltd *s*. § 122 und § 124 *ls*, *ns*. § 125	*s* (ausser Eiersheim) *ls*, *ns* (auch Eiersheim). Eichenbühl *lds*

7. Besonderheiten von W, N, Tb + Hohenlohisch vgl § 296 und § 297.
8. Besonderheit von W, N, Tb vgl § 291, § 292, § 295 und § 299.
9. Besonderheiten des Hohenlohischen vgl § 299.
10. Besonderheiten des Hohenlohischen + O vgl § 298, 1 und 2 und § 300, 6.
11. Besonderheit des Hohenlohischen + teilweise O vgl § 300, 4.

12. Besonderheit einiger S- und O-Mundarten.

Rheinfrk + p-Ma (+ Eichenbühl) + W, N, Tb + einige S- und O-Maa	mhd	einige S- und O-Maa
i	ie. § 90	briεf (bri^af) Brief
ū	uo. § 92	būex (hu^ach) Buch
ў (bezw i)	üe. § 94	gmÿεst (g'mi^asst) gemusst

Anm. Nach FISCHERs Sprachatlas Karte 12 bildet ungefähr die Badisch/Württembergische Landesgrenze die Grenze zwischen ī, ū, ū und ie, ue, üe — bei FISCHER versehentlich umgekehrt.

13. Besonderheiten von O vgl § 294—296, § 298, 3 und § 299, 2.

VI. Verschiedenheiten innerhalb der einzelnen Mundarten.

A. Verschiedenheiten innerhalb der p-Mundart.

§ 302. Die in diesem Buch als p-Mundart bezeichneten Mundarten von Bödigheim, (Hollerbach,) Buchen, Hettingen, Hainstadt, Walldürn und in weiterem Sinne auch Eichenbühl (bei Miltenberg) — vgl die beigegebene Karte — bilden in Wirklichkeit keine Mundart für sich. Zusammengehalten durch die Bewahrung des anlautenden p vor Vokal und die Verschiebung von pr-, pl- und -pp- (-pp) zu pf — ein solcher Streifen ist längs der rheinfränkischen Südgrenze sowohl an der elsässischen Grenze wie am Neckar nachgewiesen — stellen sich diese Mundarten teils auf die Seite des Rheinfränkischen, teils auf die des Ostfränkischen (vgl § 285—289), derart dass eine Linie westlich der p-Mundart zwischen Mudau und Hollerbach, eine Linie durch die p-Mundart hindurch zwischen Buchen und Hettingen und drittens eine Linie östlich der p-Mundart, also östlich von Hettingen, etwa den gleichen Anspruch darauf hätten als rheinfrk/ostfrk Sprachgrenze zu gelten. Zu den Unterschieden zwischen Rheinfrk, p-Ma und W, N, Tb kommt noch die lokale Vertretung des mhd ei durch ē in der p-Ma gegenüber sonstigem ā und die Vertretung des in- und aus-

§ 302—303. Verschiedenheiten innerhalb der *p*-Ma. 167

lautenden *s* durch *š* in der *p*-Ma sowie in W und S hinzu. Es seien hier folgende Unterschiede innerhalb der sogenannten *p*-Mundart genannt:

§ 303. 1. Eichenbühl weicht von der *p*-Mundart in folgenden 12 Punkten ab:

a) *p*-Ma (lokale Besonderheit)	mhd	Eichenbühl + Rheinfrk + N, Tb
ë. + O	*ei.* § 96	*glāt* Kleid. + W + S
š. + W + Eiersheim + S	in- und ausltd *s*. § 301, 6.	*haus* Haus, *halds* Hals. + O.

b) Rheinfrk + *p*-Ma	mhd	Eichenbühl + W, N, Tb	
ā	gedehntes *a*. § 159 und § 165	*šǫwɛ* schaben. S und O ō	
ei oder *ey*	gedehntes *ö*. § 179	*høyf* Höfe	
εi oder *sy*. + O	*iu.* § 87	*bayχ* Bäuche, *layt* Leute. + S	
ï. + O	*öu.* § 101	*glāwɛ* glauben. + S	
o. + O	gekürztes *uo*. § 188	*hušdɛ* Husten. + S	
ɔ (*p*-Ma *wōrəm*)	*u* vor *r*. § 203	*wɔrm* Wurm (Tb + S + O *wūrəm*)	
Nasalierung. + W	*ei.* § 288	*māšdʒ* Meister, ohne Nasalierung. + O	
		Eichenbühl	W, N, Tb
ei oder *sy*	*ǣ.* § 82	*bɔys* böse	ö. S?
ęi, Hettingen ǭ	*æ* vor Nasal. § 246 Nachtr	*šəy* schön. + S	ę. + Hettingen
au, Hettingen ǭ	*ā* vor Nasal. § 222 und § 246	*šbɔу* Span. + S	ǭ. + Hettingen. O ā
bę̄m oder *bǭm*		*bęmṛ* Bäume	Tb *bǫm*

Eichenbühl stellt, wie die gesamte *p*-Mundart, eine rheinfränkisch-ostfränkische Übergangsmundart dar.

2. Eichenbühl stellt sich mit der gesamten *p*-Mundart auf die Seite des Rheinfränkischen u a hinsichtlich des Umlauts des mhd *a* vor *sch* (§ 127 und Nachtrag), der Diphthongierung des mhd *ē ō œ* (§ 76, § 80 und § 82) und der Bewahrung des anlautenden germ *p* vor Vokal (§ 140). Eichenbühl stimmt zum Rheinfränkischen und Hohenlohischen u a in der Behandlung des gedehnten mhd *ë* > *ē*, der Diphthongierung des gedehnten mhd *e* vor Nasal, des mhd *œ* und des mhd *ē* und *ō* vor Nasal sowie in der Behandlung des mhd *st* > *šd* (§ 293). Mit einzelnen Orten der *p*-Mundart (Buchen) stellt sich Eichenbühl auf die Seite des Rheinfränkischen und Hohenlohischen hinsichtlich der Diphthongierung des mhd *ā* und *œ* vor Nasal (§ 290).

3. Hingegen stellt sich Eichenbühl mit der gesamten *p*-Mundart auf die Seite des Ostfränkischen u a hinsichtlich der *o*-Färbung des inlautenden mhd *ā* vor Nasal (§ 222) und der Verschiebung des geminierten *pp* (§ 140) und des anlautenden *p* vor *l* und *r* (§ 140). Mit Hettingen stellt sich Eichenbühl auf die Seite des Ostfränkischen u a hinsichtlich der Behandlung des gedehnten mhd *o* vor *r* (§ 198), der *o*-Färbung des auslautenden nasalierten mhd *ā* und *ō* (§ 246), der Bewahrung der Stimmlosigkeit des mhd *ch* zwischen Vokalen (§ 128) und der Bewahrung des auslautenden *r* in der Endsilbe *-er* (§ 197). Eichenbühl teilt die nicht entlabialisierten Vokale mit Hettingen, Walldürn, Hainstadt, Rinschheim, Altheim und dem Ostfränkischen mit Ausschluss des südlichen Hohenlohischen (§ 289). Abweichend von der *p*-Mundart, stellt sich Eichenbühl zum Ostfränkischen u a hinsichtlich des Lautwandels *u* > *œ* vor *r* (rheinfrk ɔ) (§ 203), der ɔ-Färbung des gedehnten mhd *a* (rheinfrk *ā*) (§ 159) und der Nichtnasalierung in dem Worte 'Meister' (§ 190 und § 241).

Eichenbühl stimmt im besondern mit W, N, Tb + S überein in dem *ay* < mhd *iu* (westlich *sy*, *ei*, O *sy*) (§ 87), dem *ā* < mhd *ei* (rheinfrk *ā*, *p*-Ma *ē*) (§ 96), O *ē*), dem aus mhd *uo* gekürzten *u* (westlich und O *o*) (§ 188) und dem *ā* in *glāwe* glauben (westlich und O *glēwɛ*) (§ 101); mit

303—304. Verschiedenheiten innerhalb der p-Ma.

W, N, Tb in der Diphthongierung des mhd æ und des gedehnten mhd ö zu əy (westlicher ey, ei) (§ 82 und § 179).

§ 304. Hauptlinie zwischen Buchen und Hettingen.

1. Rheinfrk + Buchen / Eichenbühl + Hettingen + W, N, Tb + S vgl § 295. Ausser den dort genannten 3 Fällen vgl noch:

Rheinfrk + Buchen	mhd,	Eichenbühl + Hettingen
entlabialisierte Vokale. + Bödigheim usw	§ 289	labiale Vokale. + Walldürn usw
dsɔarn Zorn	gedehntes o vor r. § 198	ō. + W, N, Tb + teilweise S und O
lqy Lohn	ō vor Nasal. § 246	oy + S. W, N, Tb ǫ̊. O ɔ̊

2. Rheinfrk + Eichenbühl + Buchen + S / Hettingen + W, N, Tb vgl § 290. Ausser den dort genannten 3 Fällen vgl noch:

Rheinfrk + Buchen + Eichenbühl	mhd	Hettingen (lokale Besonderheit)
brɔut Brot	ō. § 80	ou. W, N, Tb ō. S ȯt. O ɔ̊

3. Rheinfrk + Buchen/Hettingen + Ostfrk vgl § 286. Ausser den dort genannten 9 Fällen wird Buchen von Hettingen noch durch die folgenden lokalen Unterschiede getrennt:

Buchen	mhd	Hettingen
bę̄ Bein	ei + n. § 246	bę̄ + O bē. Rheinfrk + W, N, Tb + S bą̄
tįnds dahinten. + Walldürn	-nd-. § 274,4	-n-. + W, N, Tb + S + O

4. Fernere lokale Besonderheiten:

Odenwald + Walldürn + Buchen	mhd	Rheinfrk + Eichenbühl + Hettingen
gęi(n) gehen	ē vor Nasal. § 264	gęi + S. — W, N, Tb gę̄, gę̄nę

Walldürn, Hainstadt, Hettingen	mhd	Buchen + W, N, Tb + S + O
bǫ̆m Baum	ou vor Nasal. § 246	bą̄m

§ 305. Fernere lokale Besonderheiten innerhalb der *p*-Mundart:

Walldürn + Hainstadt	mhd	Eichenbühl, Buchen, Hettingen + W, N, Tb + S + O
dōf Taufe	ou. § 99	ā

Hettingen: εἰχε Eiche, *geišt* gehst, *kāft* gekauft, *šišt* schiesst: sonst überall gekürzt.

Zwischen Hainstadt und Buchen läuft die Grenze der Entlabialisierung, die von *dōf/dāf* Taufe, *bǫ̆m/bą̄m* Baum von ǫ̆/ą̄ < mhd *i* vor *r* (§ 202, 5) und *owε/obε* oben.

Zwischen Walldürn und Hettingen läuft die Grenze von *gęi(n)/gęi* gehen, *dōf/dāf* Taufe und *tįndε/tįnε* dahinten.

B. Verschiedenheiten innerhalb der W-, N-, Tb-Mundart.

§ 306. Die Mundarten von W, N und Tb, dem Hohenlohischen zunächst stehend, bilden eine einheitliche Mundart, innerhalb deren nur geringfügige lokale Verschiedenheiten vorkommen. Die Mundart greift zum Teil in die *p*-Mundart hinüber (§ 302—305).

Innerhalb der W-, N-, Tb-Mundart sind die folgenden Unterschiede zu nennen:

§ 304—307. Verschiedenheiten innerhalb der einzelnen Mundarten. 171

1. Hauptlinie zwischen W und N + Tb.

a) Rheinfrk + p-Ma + W: Nasalierung in dem Worte 'Meister' vgl § 285.

b) Rheinfrk + p-Ma + W + S: śd, śt/N + Tb + O: sd, st vgl § 293.

c) Lokale Besonderheit von p-Ma + W + S: ś < mhd in- und ausltd s/sonst s vgl § 301, 6. Jenes ś, ausser in mhd ls, ns auch noch in der N-Ma von Eiersheim.

d) W wās Weizen < ahd weiszi/N + Tb wāds < ahd weitzi (§ 122 Anm 2) — Buchen und Hettingen wēdsɛ, O wɛs.

e) W śdrǭfɛ strafen, śisɛ schiessen, māsl̥ Meissel, dāf Taufe usw/N + Tb śdrofɛ, śisɛ, masl̥, daf (§ 180 und § 269 Anm 1).

2. Innerhalb W.

Rheinfrk + p-Ma + W-Ma von Hardheim und Brehmen + S: ē < mhd ǣ/übrige W-Ma + N + Tb: ɛ (§ 292) — O: ǟ.

3. Innerhalb N ist ausser der Abweichung von Eiersheim in der Behandlung des mhd s (oben 1 c) zu bemerken:

Eichenbühl + Hettingen + W + N-Ma von Wertheim, Reicholzheim und Eiersheim: mēɛ mähen/N (ausser jenen 3 Orten) + Tb: mēwɛ (§ 73 Anm 5 a und b und § 74 Anm) — Rheinfrk und Buchen: mēɛ, S und O: mēwɛ oder mɛɛwɛ.

4. W + N wǫrm Wurm/Tb + S + O würəm, würəm (§ 203) — p-Ma wōrəm, rheinfrk wɔar(ɛ)m.

5. Lokale Besonderheiten.

a) W-Ma von Königheim + S-Ma von Heckfeld heiərt Heirat, mouər Mauer/übrige W-Ma + N + Tb + S + O ai, au (§ 200) — p-Ma auch ai.

b) N-Ma von Reicholzheim œ < mhd ü vor r/sonst W, N, Tb + nördl S + O ɔ (§ 204, 3 b) — Rheinfrk + p-Ma zum Teil + südl S ɛ bezw œ.

c) Wegen r/z vgl § 42.

C. Verschiedenheiten innerhalb der Hohenlohischen Mundart.

§ 307. 1. Nördlich (wie W, N, Tb + O) labiale/südlich (wie Rheinfrk) entlabialisierte Vokale (§ 289).

2. $ī, ū, y/iε, üε, yε$ ($i^ε$), (wie zum Teil auch O) < mhd *ie, uo, üe* (§ 90, § 92 und § 94).

3. *mēwε* (+ O)/*mèεwε* (+ O) /*mèεwε* (Kützbrunn, Beckstein) mähen (§ 73 Anm 5 b).

4. Heckfeld + W-Ma von Königheim *heiərt* Heirat, *mɔuər* Mauer/sonst *ai, au* (§ 200).

5. Kützbrunn (wie W, N, Tb) $ē$/S sonst (wie Rheinfrk *p*-Ma) $ē$ < mhd gedehntem $ë$ (§ 161 und § 170) — O *ä*.

D. Verschiedenheiten innerhalb der O-Mundart.

§ 308. 1. Reduzierung bezw Aufgabe der Nasalierung bei den Entsprechungen von mhd $ë, æ, ī, ū, uo, üe, ei$ und gedehntem a und $ë$ (§ 246 b).

2. $ī, ū, y/iε, üε, yε$ (wie zum Teil auch S) < mhd *ie, uo, üe* (§ 90, § 92 und § 94).

3. *mēwε* (+ S)/*mèεwε* (+ S) (mähen § 73 Anm 5 b).

4. $ē, ō, ō/ei, ɔu, ɔy$ (+ S) < gedehntem mhd *e, o, ö* vor *r* (§ 199).

5. a/a < mhd *a* vor *r* (§ 48 Anm).

6. Krensheim stimmt mit Tb überein, abweichend von O, in dem $ō/ɔ$ < mhd $ā$ (§ 69 b) und mhd $ō$ (§ 80 b), $ē/ə$ < mhd $æ$ (§ 82 b), $ɔ/ō$ < gedehntem mhd *a* (§ 159 b und § 168 b), $ē/ē$ ($εε$) < mhd $ē$ (§ 76 b), $y/yε$ < mhd *üe* (§ 94 b).

7. Grünsfeld stimmt mit Tb überein, abweichend von O, in dem $ē$ < mhd $æ$ (§ 73 c).

Anm. Auffällig ist, dass Krensheim so oft zu Tb stimmt. Entweder ist meine Quelle ungenügend oder, was mir wahrscheinlicher scheint, Krensheim stellt, als an der Grenze liegend, eine Mischmundart aus Tb und O dar. Wie ich aus meinen Papieren ersehe, beruhen die Angaben über Krensheim auf den Aussagen eines meiner früheren Tauberbischofsheimer Schüler und treffen also möglichenfalls für die ältere Generation nicht zu.

Teil IV.

Die in mhd Zeit anzusetzenden Lautwerte und Wortformen.

I. Die mhd Lautwerte.

§ 309. Die Vokale.

1. Der primäre Umlaut von *a* ist *e* mit geschlossener Qualität (§ 51). Dieses *e* ist von dem sekundären Umlaut, mhd *ä*, zu trennen (§ 52), das wie *ë* offene Qualität gehabt haben muss (§ 54).

   Anm 1. Der Umlaut als solcher wird durch keinerlei Konsonantenverbindung gehindert. Hervorzuheben ist, dass in der Gruppe *waschen, tasche, flasche* zwar im Rheinfränkischen einschliesslich der p-Mundart und Eichenbühl (§ 287), nicht aber in der ostfränkischen Mundart des Grossherzogtums Baden Umlaut eingetreten ist (§ 48). Was die Gruppe *gouwe göuwe, frouwen fröuwen* betrifft, so ist nach § 101 nicht zu erkennen, ob *ou* oder *öu* — doch vgl § 101a 3 — vorliegt; doch wird für gewisse Fälle *öu* durch die Verhältnisse in der p- und O-Mundart (§ 101 b und c) wahrscheinlich gemacht.

2. *ë* vor *ll, st, sp, zz, ss* hat als geschlossenes *e* zu gelten (§ 55, 1 ff).

3. *i* vor Nasal hat sich (vgl 6) häufig zu *ë* gesenkt (§ 210 und § 211).

   Anm 2. Die Brechung des *i* vor *r* + Konsonant (§ 202, 5 a) ist keine mhd Erscheinung (§ 201 a); vgl auch unten Anm 5.

4. Zwischen *o* (geschlossene Qualität, § 61) und *u*, ebenso zwischen *u* — *ü* herscht ein reger Wechsel (§ 61 Anm 1 und § 67 Anm).

   Anm 3. Die Gruppe *sonne, geschwommen* hat *u* (§ 218).

5. *ö* hat geschlossene Qualität (§ 63).

6. *ü* vor Nasal hat sich häufig zu *ö* gesenkt (§ 216, § 217 und § 221 Anm).

Anm 4. In der O-Ma schliesst sich *ue* vor Nasal an (§ 246, b).

Anm 5. Die Brechung des *u* vor *r* + Konsonant (§ 204, 3) ist keine mhd Erscheinung (§ 201 a).

7. $\bar{a}$ hat als $\bar{o}$ zu gelten, für S und O als $\bar{o}$ (§ 69, § 180 a, § 281 und § 182).

8. $\bar{e}$ (geschlossene Qualität) ist von $\ddot{æ}$ (offene Qualität) zu trennen (§ 73 und § 180 a). Im Hohenlohischen jedoch, in der W-Mundart von Brehmen und Hardheim, sowie im Rheinfrk einschliesslich der *p*-Ma ist mhd $\ddot{æ} = \bar{e}$ (§ 73 b und § 292).

Anm 6. Die oberdeutsche Gruppe *mæjen dræjen* ist durch *mëwen drëwen* (mit $\bar{e}$) vertreten (§ 73 Anm 5 a), im Hohenlohischen durch *mæwen, dræwen* (§ 73 Anm 5 b).

9. $\bar{i}$ hat als *ai* zu gelten (§ 181).

10. $\bar{o}$ hat geschlossene Qualität (§ 80), ebenso sein Umlaut $\bar{æ}$ (§ 82). Die O-Maa aber setzen mhd $\bar{o}$ und $\bar{ø}$ voraus (ebd).

11. $\bar{u}$ hat als *au* zu gelten (§ 181).

12. *iu* hat als *ay* zu gelten (§ 181).

Anm 7. Beide mhd *iu* sind zusammengefallen (§ 87 a), ein Beweis, dass ihre Lautwerte nicht weit auseinander gelegen haben können.

Anm 8. Nebenbetontes *iu* = *y* (§ 89 und § 258, 1).

13. *ei* hat als $\bar{a}$ zu gelten (§ 180 a), für O und die *p*-Ma aber als $\bar{e}$ (§ 96 b).

14. *ou* und *öu* haben als $\bar{a}$ zu gelten (§ 180 a), *öu* jedoch für O und das Rheinfrk einschliesslich der *p*-Ma als $\bar{e}$ (§ 101 b und c und § 296).

15. *ie* hat als $\bar{i}$ zu gelten (§ 180 a), für einige S- und O-Maa aber als diphthongisches *iɛ* (§ 90 b).

16. *uo* hat als $\bar{u}$ zu gelten (§ 180 a), für einige S- und O-Maa aber als diphthongisches *uɛ* (§ 92 b).

17. *üe* hat als $\bar{y}$ zu gelten (§ 180 a), für einige S- und O-Maa aber als diphthongisches *yɛ* (§ 94 b).

§ 310. Die Konsonanten.

1. *k* ist aspiriert im Anlaut (§ 153).

2. *t* hat im An- und Inlaut als stimmloses *d* zu gelten (§ 142).

3. Intervokalisches *p* ist Geminata (§ 268, 9).

Anm 1. Über *p* im An- und Auslaut vgl § 3 und § 140.

4. Intervokalisches *g* ist Reibelaut (§ 106 Anm 4). — Ob *g* im Auslaute als *ch* oder *k* zu gelten hat, ist nach § 150a fraglich.

5. *d* im An- und Inlaut ist stimmlose Lenis (§ 141). Die stimmhafte Aussprache zwischen Vokalen ist für das Rheinfrk charakteristisch (141, 1 b).

6. Intervokalisches *b* ist Halbvokal (§ 106 Anm 4).

7. *f* < germ *p*, *z* < germ *t*, *ch* < germ *k* sind Geminaten (§ 120, § 122, § 128 und § 269, 5, 6 und 8).

8. *h* ist im Inlaut Hauchlaut (§ 252, 2).

9. *s* ist durch eine *š*-artige Aussprache zu trennen von *z* (§ 122), das im Inlaut Geminata ist (§ 268, 6).

10. *sch* ist nach § 157 Doppelkonsonant, dagegen nach § 180 ein einheitlicher Laut.

11. *j* ist im Anlaut oft = *g* (§ 102 Anm 1), im Inlaut häufig geschwunden (§ 103).

Anm 2. In der Gruppe obd *mæjen* ist *j* durch *w* ersetzt (§ 73 Anm 5, § 103 Anm 1 und § 106 Anm 2).

Anm 3. Liegt Gruppe *blüen* oder *blüejen* vor? (§ 253 Anm 2).

12. Intervokalisches *w* ist Halbvokal (§ 106 Anm 4). Auslautendes *w* giebt es nicht (§ 107 Anm 2).

13. *r* ist alveolar (§ 109).

14. *l* ist velar (§ 248, 1 und § 251).

§ 311. Sonstiges.

1. Die Gruppe *zorn korn varn* hat als *koren zoren varen* zu gelten (§ 159, 1 a und § 166).

2. *e* ist synkopiert; *gebluotet* und ähnl sind als *gebluott* bezw *geblütt* anzusetzen (§ 264).

3. Die Quantität der ursprünglichen Länge ist eine andere als die der gedehnten Vokale (§ 158).

4. Die gedehnte Silbe ist in mhd Zeit eine offene, die nicht gedehnte eine geschlossene (§ 263).

5. Zur Zeit, als kurzer Vokal in offener Silbe gedehnt wurde, war die Assimilation -*ld*- > -*ll*-, -*mb*- > -*mm*-, -*md*- > -*mm*-, -*nd*- > -*nn*-, -*ŋg*- > -*ŋŋ*-, -*hs*- > -*ss*- (§ 274) noch nicht

eingetreten, oder es bestanden noch die Geminaten -*ll*- -*mm*- usw (§ 273).

6. Die Svarabhaktientwicklung ist jünger als die Vokaldehnung (Nachtrag zu § 157 Anm 5).

7. Die alten ē ō ǣ tragen steigend-fallenden Tonfall (§ 158).

8. Im Taktinnern herscht scharf geschnittener Akzent (§ 272).

II. Die mhd Wortformen.

§ 312. Zur Vervollständigung dieser Charakteristik lassen wir eine Tabelle folgen, welche einige von uns erschlossene mhd Wortformen bringt.

Mhd belegt	Taubergründer Mhd	Paragraph
āder Ader	*ādere	118, 2
adermonie odermenie Odermenning	*ādermonie?	71 Anm 3
	*alwīle soeben	277, 1
ameize Ameise vgl emeze		
	*ānamen Schimpfnamen geben	222
	*ansunst sonst	260, 6
ar(e)beit Arbeit vgl erbeit		
areweiz Erbse vgl erweiz erbīz		
ās Aas, Schimpfname	Dittwar *āz	122 Anm 1. Wb 13
	*bācken schreien	183 a 2
bæjen bǣn (obd); bēwen bǣwen (md) bühen	bēwen	73 Anm 5 a und b
	*bæcker Schaf	183 a 2
	*beiderich grobes Tuch	263, 2

§ 312. Die in mhd Zeit anzusetzenden Wortformen.

Mhd belegt	Taubergründer Mhd	Paragraph
	*beiderwāt grobes Tuch	259, 5. 263, 2
	*beinzelen übertrieben pflegen	241
beitzen beizen beizen	beizzen	265, 6
bezel alte Haube	*bëzel	51 Anm 1
bīgel bihel bijel bil Beil	bil	103
bin(e)z Binse	binez in Nachbarmaa *bënez)	157 Anm 3. 212 Anm 1
	*bit ist	124 Anm 3 u Nachtr
blaten Stämme anhauen	*blatten	159 Anm 4
blātere Blatter	*blātre	182 a 1. 263, 2
blǣjen blǣn (obd); blēwen blæwen (md)	blēwen	73 Anm 5 a und b
bluter nackter	*bloter	61 Anm 1
blüejen blüegen blüehen blüewen blüen blühen	?	94 a. 103. 253 Anm 2
	*bratzelen fallen vom Obst	48
bringen brengen bringen	brengen	210
	*brosbër fragaria viridis (Königheim *brozbër)	277 Anm 1. Wb 15
brücke brugge Brücke	brücke	67 a
brüejen brüen brüehen brüewen brühen	?	103
büen büwen bauen	?	106 Anm 2
bulderen bolleren poltern	bolleren	61 Anm 1
busch bosch Busch	busch	61 Anm 1
buter Butter	butere	118, 2
butz(e) Schreckgestalt	*botz(e)	61 Anm 1. 178, 2

178 Die in mhd Zeit anzusetzenden Wortformen.

Mhd belegt	Taubergründer Mhd	Paragraph
bütte butte bute Wasserbehälter	*butte	67 Anm. 268, 10
Gruppe dar — da	dar — da	261
dëste bezw deste desto	deste	55 a 3
	*Dietenbūr Dittwar	137 Anm 1
	*DietigenDiet(j)en < ahd Dietingun Dittigheim	104. 257, 6
draben gehen in gleicher Bewegung	*drappen	268, 9
dræjen drān (obd), drēwen drǣwen (md) drehen	drēwen	73 Anm 5 a und b
drostel dröschel drossel Drossel	dros(s)el (Dittwar *drozel)	61. 122Anm1
drūen drüwen trauen	?	106 Anm 2
eggen egen eggen	egen	147, 1 a
eich(e) Eiche	eih -h-	268, 8
emeze āmeize onmeiz eimesse Ameise	emeze	Wb 7
	*enērst erst	260, 6
	*ensunst? unsunst sonst	260, 6
erbeit arbeit Arbeit	erbeit	202, 3. 258, 5
erweiz erbiz areweiz Erbse	erbiz oder erweiz	Wb 7
fimmel Hanf ohne Samen	*fëmel	209
frücje früege frühe früewe vrüe früh	?	103
galopeiz Galopp	*galup-	61 Anm 1
ganze(r) ganze ganse Gänserich	ganzer	206
	*gāwëtelen stürmisch schneien und regnen	69a. 102Anm

§ 312. Die in mhd Zeit anzusetzenden Wortformen.

Mhd belegt	Taubergründer Mhd	Paragraph
	*geha(b)ten gehabt	138. 159 Anm 3
	*gehæbe fest	73 a
	*gelümpe Lumpenzeug	220. 260, 2
Gruppe gēn, gān gehen	gēn	226
	*genücken Kopf sinken lassen	155
gërn, md gëren lieb	gëren	161, 1 a
gerunnen geronnen	-u-	218
gëster bezw gester gestern	gester	55 a 2
gewist gewëst (letzteres ostfrk) gewusst	gewëst	55 a 2
Gruppe gewunnen gewonnen	-u-	218
gibt gīt giebt	gīt	138 Anm 1
	*giullin Gaul Dim	181 Anm 1. 251
	*göuchensetze Kuckukssitz	101 a 3
gou göu gouwe göuwe Gau	gou göu (?)	101 a 2 und 3
	*greinezen knirschen vom Leder	241
grindel grëndel Längsholz	grëndel	210
groppe kleiner Fisch	*gruppe	268, 9
	*gruppen lostrennen	65
	*gücken, *gückeln stossen vom Rindvieh	155
	*günezen bellen	233
	*güwezen ebd	233
habere haber Hafer	habere	137, 1 b
	*Hademuotshelde Hademutshelle	109 Anm 2

12*

Mhd belegt	Taubergründer Mhd	Paragraph
	ahd *hagibuohhu Hagebuche	253
häke(n) Haken	*häcke	268, 11
harfe harpfe herpfe Harfe	harpfe	140 a 2 Anm 3
	*hēbuoche, *hegebuoche Hagebuche	76 a. 253
hederich hederīch heiderich hadrich Pflanze Hederich	*hēderich	157 Anm 2, 1b u Anm 4. 161, 1 a. Nachtr
hecse Hexe	*hëcse	51 Anm 1
hëlfen hëlpfen helfen	hëlfen bezw helfen	55 a 1. 140 Anm 4
hëln, md hëlen behlen	hëlen	161, 1 a
heppe hepe happe Heppe	*hëppe	51 Anm 1 Nachtr
	*hërübe(n) herüber	139 Anm 1
hirn, md hiren Hirn	hiren	162, 1
	*hirentöbic hirnverbrannt	202, 5 a
hólunter holder holler Holunder	holder	61
hopfen hupfen hüpfen	hopfen	61 Anm 1
horn, md horen Horn	horen	195, 1
	*höumate Heuwiese	246 c
houwe höuwe höu hou Heu	höuwe(?)	101 a 3
hutzel hützel Birnschnitz	hutzel	131
im ëm (ahd ëmo ostfrk) ihm	ëm	210
in ën ihn	ën	210
	ahd *Irminhartesbiunt Ilmspan	277, 3
Jute Jüte Jude	Jüte	166, 1 a
Gruppe kalter kelter Kelter	*kaltere	118, 2
kamer kamere Kammer	kamere	118, 2. 263, 1

§ 312. Die in mhd Zeit anzusetzenden Wortformen.

Mhd belegt	Taubergründer Mhd	Paragraph
kupëlle bezw *kappelle* Kapelle	*kapelle*	55 a 1
këller bezw *keller* Keller	*keller*	55 a 1
kirse kërse Kirsche	?	202, 5 a
kitzeln kützeln kitzeln	**kutzeln*	67 Anm
	*kiuchen keuchen	78 Anm
klammer klamer klamere Klammer	*klamere*	118, 2
	*klappere Art Schelle	118, 2. 140, a 2
klëtte klette (?) Klette	*klette*	55 b
korn, md *koren* Korn	*koren*	176 b
kouwen kiuwen kauen	*kouwen*	87 Anm 1
krabeln krappeln krappeln	*krappelen*	137 Anm 2
krësse Bachkresse	*krësse* (Dittwar **krëse*?)	268, 7
	*küchen kauern	84. 181
kulpëht grob gearbeitet	**külpëht*	67 Anm
kumst kümst kommst	*kümst*	220
kutel kottel Gedärme	*kutel*	61 Anm 1
kutzeln siehe *kitzeln*		
küche(n) kuchin Küche	*küche kühhe*	67 a. 268, 8
künec kunic(g) konig könig König	*könec*	217. 221 Anm
künnen können	*können*	216
lāzen, obd *lān* lassen	*lāzzen*	268, 6
lëber lëbere Leber	*lëbere*	118, 2
lëdig bezw *ledig* ledig	**leddig* (?) *ledig*	157 Anm 3
Gruppe *lëhenen lënen* leihen	*lënen*	252, 2
leiter leitere Leiter	*leitere*	118, 2
lengwit lenkwit langwit Wagenholz	*lengwit*	218
	*lepperen verschütten	248, 1
lëtte Thonerde	*lette*	55 b

182   Die in mhd Zeit anzusetzenden Wortformen.

Mhd belegt	Taubergründer Mhd	Paragraph
liget līt liegt	*līt*	103. 148
liuhse Wagenstange	*liuhse* oder **lühse*	133
line lëne Polster	*lëne*	211
	*liuren Getränk herstellen	87 Anm 4
lougenen louckenen leugnen	*louckenen*(Königheim *lougenen*)	191, 1. 155 Anm1.Wb11
luc(g) lüge Lüge	*lüge*	Wb 12
lupfen lüpfen lüpfen	*lupfen*	67 Anm
maget Magd vgl *meit*		
maln, md *malen* mahlen	*malen*	159, 1 a
mazalter mazolter Massholder	*mazzalter*	268, 6
mǣjen mǣn (obd); *mēwen mǣwen* (md) mäen	*mēwen*	73, 5 a und b
meister meinster Meister	*meister* (W *meinster*)	241
meit maget Magd	*meit*	96 a. 148
mēren Teig rühren, (vgl Müller-Zarncke *mern* einrühren, Abendbrot essen)	**meren*(?)	55 d. 194, 1
mispel mëspel bezw *mespel* Mispel	*mespel*	55 a 3
	*milwëht verwittert	259, 4
	*miullīn Maul Dim	181 Anm 1. 251
	*miurǣre Mauer	87a1.1972c
molken mulken Molke	*molken*	61 Anm 1
mücke mucke Fliege	*mucke*	67 Anm
	*mückezen riechen vom Heu	67 a
mügen mugen mögen	*mögen*	179, 1
nǣjen nǣn (obd), *nēwen nǣwen* (md) nühen	*nēwen*	73 Anm 5 a und b

§ 312. Die in mhd Zeit ansusetzenden Wortformen.

Mhd belegt	Taubergründer Mhd	Paragraph
	*niur < *niur < ahd niwāri nur	106 Anm 5
	*niwr < niwere < ahd niwǣre nur	106 Anm 5
Gruppe paperen schwatzen	*püperen	52 a 4
	*pæterlin geweihte Münze	74. 183 a 4
pëlz bezw pelz Pelz	pelz	55 a 1
pfülwe pfulwe Pfühl	pfülwe	67 Anm
phetzen pfetzen	*phëtzen	51 Anm 1
quel(e)n, ahd quellen quälen	quelen	154
quëmen komen kumen kommen	kumen	218
rabe rape rappe Rabe	ge- + rappe	268, 9
	*rangerse Dickrübe	119 Anm 2
	*ratel Unkraut im Getreide	159 Anm 1
	*rē < rehe müde	73 Anm 3 76 a. 252, 2
	*rinnje Rinne	104
	*riuter Sieb	78 Anm
rūde riude Raude	rūde	84
	*ruowes-toc Ruhestock	126 Anm 3
rupfen rüpfen ropfen abreissen	ropfen	61 Anm 1
rütschen rutschen rutschen	rutschen	67 Anm
sabel Seitengewehr vgl sebel seibel		
	*sëlbt dort	138
sǣjen sǣn (obd), sēwen sæwen säen	sēwen	73 Anm 5 a und b
Gruppe sëgense sēnse Sense	sēnse	148
scharf scharpf scharf	scharpf	127. 140 Anm 3

Mhd belegt	Taubergründer Mhd	Paragraph
schëlle bezw schelle Schelle	schelle	55 a 1
scheln, md schelen schälen	schelen	177 a
schëlten bezw schelten schelten	schelten	55 a 1
	*schëp schief	54
schilen schilhen schielen	schielen	135
schürn, md schüren schüren	schüren	166, 1 a
schüten schütten schütten	schüten	166, 1 a
sebel sabel seibel Seitengewehr	seibel	Wb 16
sint (obd) sīn (md) sind	sīn	142 Anm 2. 254
slupfen slüpfen schlüpfen	slupfen	67 Anm
	*smeiz Treib-schnur	96 a 1
snāke Schnake	*snākke < ahd snāggo	268, 11
	*sneit(e)zen ent-ästen	190 a 1
sunne, md sonne Sonne	sunne	218
	*speitzen speien	190 a 1
spëlter bezw spelter Holzstück	spelter	55 b
spin(t) Baumrinde	spin(lokal *spën(t))	117 a. 213
sprüzzel Leitersprosse	*spruzzel	65
sprützen spretzen spritzen	spretzen	51
stëlze bezw stelze Stelze	stelze	55 a 1
	*stiuppere Halte-stange	118, 2. 140a 2
strobel- strūbel- *strubel- Strobel	*strubel-	61 Anm 1
strouwen strōuwen streuen	?	101 a 2
stupfel, ndd stoppel Stupfel	stupfel	140 a 1
sturm, md storm Sturm	sturm	61 Anm 1
stutze Gefäss	*stütze	67 Anm
stübich stubich Kübel	stübich	67 Anm
stücke stucke Stücke	stücke	67 Anm

§ 312. Die in mhd Zeit anzusetzenden Wortformen.

Mhd belegt	Taubergründer Mhd	Paragraph
stüpfel(e)n stupfel(e)n Ährenreste lesen	*stupfelen*	67 Anm
	**süline* Sau Pl	258 Anm
suochen süechen suchen	*süehhen*	268
suppe soppe Suppe	*suppe*	268, 9
swëster bezw *swester* Schwester	*swester*	55 a 2
Gruppe *tacke* Schilfrohr	**tücke*	52 a 4
obd *tühele*, md *tulle* Dohle	*tulle*	45
täpe Hand	**täppe*	268, 9
tavele Tafel	**tävele*	71 Anm 3
	**telleren* runden Gegenstand schieben	248, 2
Gruppe *teppich teppit* Teppich	*teppich*	259 Anm 2
tigel tëgel Tiegel	*tigel*	162, 1
torse Salatstengel	**torese*?	157 Anm 3 u Nachtr. 193 A 2 u Nachtr. 195, 1
töufen toufen taufen	? (O < *töufen*)	101 b
trappe treppe Treppe	*trappe*	48
	**traseme* Faden	113 Anm 1
Gruppe *troc trog trock* Trog	?	150 a
trucken trocken trocken	*trucken*	61 Anm 1
trutzen tretzen tratzen trotzen	*trutzen*	61 Anm 1
	**Tübere* Tauber	118, 2
	**Tüberetal* Taubertal	263, 2
	**tumelen* sich beeilen	218
turm turn, md *tur(e)m tor(e)n* Turm	*turen*	61 Anm 1
Gruppe *untǣtelin untǣtlin* ein bischen	*un'ǣtlin*	183 ff 89 Anm

Mhd belegt	Taubergründer Mhd	Paragraph
	*überálhin, *über- alíu (ahd) über- allhin	
ûfsetzic aufsässig	*ûfsëtzic	51 Anm 1
umbe ümbe ümme umme um	ümbe	220
unser under unser	under	124 Anm 3
varn, md varen fahren	varen	159, 1 a
vërsen Ferse	*vëresen?	157 Anm 3 u Nachtr. 193 A 2
	*verquämt ver- kommen	222
vëzzel(?) vezzel Teil des Pferde- hufes	vezzel	55 a 3
vëtel (?) liederliche Frau	vetel	55 c
Gruppe vijellîn vīel viol vial violin viole Veilchen	viel	103
	*vlennen weinen	208
vroude vröude vreude Freude	?	101 a 2
vrouwen vröuwen freuen	?	101 a 2
vurz vorz varz Bauchwind	vurz	61 Anm 1
weize weitze Weizen	weizze	268, 6
wëlcher bezw welcher welcher	welcher	55 a 1
wellen wollen wollen	wellen	268, 1
	*wendelich fleissig	274, 4
wēnec weinec wenig	wēnec	151
wimmel Masse	*wimel	111 Anm 2
wischen wüschen abwischen	wüschen	67 a. 249 a
	*Wisebach Wie- senbach	159 Anm 4
Gruppe wirtinne wirtīn Wirtin	wirtīn	258 Anm
woche wuche Woche	wuhhe	61 Anm 1. 268, 8
wulken wolken Gewitterwolke	wolken	61 Anm 1

§ 312. Die in mhd Zeit anzusetzenden Wortformen.

Mhd belegt	Taubergründer Mhd	Paragraph
zabelen zappelen zappeln	*zabelen*	137 Anm 2
	*z(e)ackeren	260, 4
	ackern	
zel(e)n zellen zählen	*zelen*	177 a
zocken zerren	**zucken*	61 Anm 1
	*zūte Mundstück	84
	eines Geschirrs	
	*zweiiu zwei	96 a 2
	Neutr	
zwischen zwüschen zwischen	*zwüschen*	67 a. 249 a

TEXTPROBEN.

I. Proben der Urkundensprache um 1400.

1. Ältestes Sprachdenkmal von Tauberbischofsheim. Pergamenturkunde vom 14. Juni 1396.

(Freiburger Diöcesan-Archiv. Freiburg 1893. Zur Geschichte der Beneficien in Bischofsheim a. T. von H Ehrensberger.)

Ich Elsebet Ruckeryn, Rucker Egens seligen Eliche husfrauwe, Bekenne offenlichen an disem brieffe und tun kunt allen den, die disen brieff ‖ ansehen, lesen oder horen lesen, daz ich mit gesundem libe vnd mit wol bedachtem willen vnd muete vnd mit Innykeit mins hertzen hon geben vnd ‖ gibe mit vrkunde vnd mit craft vnd maht diz briefes alles min gute, Erbe, Eygin, fremde habe, zinse, gulte, schult, besicht und vnbesicht, nihtes vssge[n]numen on alles geuerde den Erbern minen guten frunden den Burgermeistern, Schoffen und Rate der Stat tzu Byschoffhein vnd allen iren nochkomen, vnd sollen vnd mugen alz myne gut angriffen, ynferdern, yn gewinnen, nutsen, geben, keren und wenden vnd gebruchen glicher wise als ander gut, die der Stat sin vnd zugehoren, vnd doran sal sie nyman von minen wegen irren, noch angen vnd do wider niht zu sin, es sy mit geriht oder on geriht, geistliches oder werntliches, in keiner wise, wanne ich in alles min gut vnbezwungenlichen geben hon vnd hon in die vffgeben vnd hande vnd mit habene vnd setze sie doryn in liplich nutzlich gewere vnd gewalt on alles hindernisse vnd irsal, on aller slaht geuerde. Auch hon ich berette vnd gemacht, wanne ich die vorgenant Elsebet Ruckeryn abge von Todes wegen vnd das got ober mich gebutte, do got lange vor sy, So sollen die Burgermeister, Schoffen und Rate oder ir nachkumen geben von minen guten tzweyhundert guldyn an closter, an spitaly durch min vnd durch mins wirtes seligen selen vnd durch aller vnss altfordern selen tzu heile und an troste, wo sie danne dunket, daz das aller bast bestat sy. Auch sollen sie geben miner swester vnd iren kinden tzweyhundert phunt guten heller, die danne tzu den tziten genge vnd gebe sin iu der Stat tzu Byschoffhein. Auch sollen sie setzen vnd machen ein selegeret Jerlichen vnd sollen geben eynem pharrer drisset schillinge guter heller

der vorgenannten Stat werunge vnd den funff altarien die do sten in
der pharre in der kirchen vor dem fronaltar, islichem vicarier derselben
altar funftsehen schillinge, eyme schulmeister funff schillinge vnd eynem
kirchener funff schillinge heller der vorgenannten Stat werunge; doromb
sollen sie dieselben herren vnd vicar min und mins wirtes seligen selen
vnd aller vnss altfordern selen zu trost vnd zu heile begen uff den tag,
als got vber mich gebutte vnd stirbe, alle Jar jerlichen mit der vigilge
vnd mit messe zu halten; vnd welcher herre nit gegenwertig were, des
oder derselben funftzehen schillinge heller sollen die Burgermeister
Schoffen vnd Rate und nachkomen geben den armen siechen vnd armen
luten und sollen in darvmb kauffen schon brot oder ander spise, dovon
sie getrost werden, wo sie danne dunket, das das allerbast bestat sy.
Auch sollen sie geben alle Jar jerlichen den vier orden yedem orden
ein malter korns vnd sollen alle goltfasten vnd zu yeder goltfasten, be-
sunder armen luten ein malter korns durch gotes willen min u mins
wirtes seligen selen vnd aller vnss altfordern selen zu troste u zu heile.

Und waz des vberygen gutes sy oder losse noch minem tode, das
sollen die Burgermeister, Schoffen vnd Rate und Nachkomen geben durch
gotes willen min vnd mins wirtes seligen selen zu troste vnd zu heile
vnd allen vnsen altfordern selen an brucken, an stege vnd an wege,
wo sie danne dunket, daz der vorgenannten Stat Byschoffhein aller
nutslichest und notdurftigest sii. Und des tzu vrkunde vnd worer sicher-
heit, das dise vergepnisse also ernst vnd maht hot vnd haben sal, so
hon ich die vorgenant Elsebet Ruckeryn gebeten den tzengreue in der
vorgenanten Stat tzu Byschoffhein, daz er sin Insigel tzu einem gezug-
nisse ym selber on schaden hot gehangen an disen brieff usw.

2. Weisthum über Pülfringen (W).
1406.
(J Grimm, Weisthümer III, S 560.)

Kundt sey allen denen, die diesen brieff sehen, hören oder lesen,
dass uff den tag, als datum holt diss brieffs zu Bülfrigheim an einem
gantzen vollen Gericht in gegenwertigkeit des edlen, wolgebornen herrn,
herrn Johans grafen zu Wertheim des jungen, Herrn Götzen von der
Müln, Dieterich Hunds, herrn Dieterich von Kündtschig, alle drey con-
ventsherren zu Amorbach, herrn Conrads, herrn Hansen von Hartheim
ritter, Hansen Klinckhards des ältern, Eberhard Hunds, und Eberhard
von Rieperg, Eberhard Gundweins, und sonst viel erbarer leut, mit
vollem urtheil getheilt wurde, dass ein graf von Wertheim, seine erben,
unnd die herrschafft, oder die ihren daselbst zu Bülfrigheim das recht
von alter her hetten ein gericht da zusetsen, und da zu machen, wann
und als dick sie wollen: und möge ein abbt unnd die herrn zu Amor-
bach ein schultheissen oder ein knecht setzen zu dess obgenannten
grafen von Wertheim amptmann oder schultheissen, doch so hab der

abbt, unnd die herren obgenannt kein recht, kein gericht da zumachen, oder da zubestellen; auch wann da getheilt würde jemands bussfällig an dem obgenannten gericht, wann dann eines grafen von Wertheim amptman oder schultheiss die buss fahren will lassen, und ein mass weins davon gibt, so er den stab in der handt hat, so soll der obgenannten herren von Amorbach schultheiss auch die buss fahren lassen. Auch ward getheilet, dass ein graf von Wertheim das recht hat, uff der ebegenannten herren von Amorbach fronhof zu Bülfrigheim, wann er, sein erben, oder die seine kämen gen Bülfrigheim, so sollen sie ihre atzung uff demselben hof haben, und auch darauff stellen, und weren die obgenannten herren von Amorbach uff dem obgenannten hof oder darinn, so sollen sie aussziehen, und ein grafen von Wertheim oder die seinen einziehen lassen, ob sie dess begerten. Auch ward getheilet, dass ein graf von Wertheim und die herrschafft das recht hetten, dass die herren von Amorbach von dem obgenannten fronhof zu den vier ungebotten gerichten in dem jar, zu jeglichem gericht ein mass weins dargeben sollen, auch so ward getheilet, dass ein graf von Wertheim und die herrschafft das recht habe, uff dem ehegenannten fronhof, wann er reysen wolle über die vier wasser, oder über die vier wälde, oder in eines königs reiss, so sollen ihme die obgenannten herren von demselben hof zwey pferdt schicken, ein knecht unnd ein gantzen wagen, und sollen ihme von den andern fauthafftigen gütern daselbst auch zwey pferdt schicken. Zu urkund haben wir hernach beschriebene unser jeglicher sein eygen insigel zu geszeugnuss an diesen brieff thun gehangen, wann wir dabey waren, ich Conrad von Hartheim ritter, Hans von Hartheim ritter, Hans Klinckhard der alt, und Eberhard Gundelwein, datum anno domini M.C.C.C.C. sexto, tertia feria post Walpurgis.

3. Weisthum zu Königheim (W).
1422.
(J Grimm, Weisthümer VI S 16 ff.)

Kunt und zu wissen sei allermenniglich, die diesen Brief ansehen, lesen oder horen lesen, daz uf s. Elisabethen tag, als datum dies briefs uszwiset, hat gehabt juncher Conts von Vechinbach, ein amtmann zu Gamburg und zu Kelsheim, ein off in besetzt gericht mit den scheffen unsers gn. h. von Mentze, zu Kenigkheim in dem dorf gesessen, von haisunge wegen unsers gn. h. von Mentze obgeschr., sin recht und sins stifts und der gemeinde zu Kennigkheim ire recht und friheid zu offen und also haben die schepfen unsers gn. h. von Mentze zu Kenigkheim geoffnet und gewiset ein mutiglich mit vollem urteil die rechte und friheit, als sie dann unser gn. h. von Mentze und sin stift hat zu Kennigkheim.

§ 1. Zu dem ersten haben sie gewiesen und geteilt die scheffen unsers gn. h. zu Mentze mit vollem urteil, wer da kompt gein Kennigkheim und jar und tag da sitzet óne nachfolgenden herrn, der ist unsers gn. h. von Mentze. § 2. Item, were es sach, das gn. h. von Mentze oder die sein gejagd wuerden oder kemen vor den kirchhof zu Kennigkheim, so solt man ine oder die sein einlassen, als vil man der bedawen mocht. desselben gleichen soll auch sein unserme gn. h. grave Micheln von Wertheim. § 3. Item, were es sache das u. gn. h. von Mentze oder u. gn. h. grave Michel von Wertheim oder die sein miteinander kemen fuer den kirchhof zu Kennigkheim, so solt man sie uf bede partien in den kirchhof lassen, als wil man der bedawen mocht.

§ 4. Item, wer es aber sach, daz unser obgeschr. gnedigen heren nit eins weren, welcher her oder die sein zu dem ersten kemen fur den kirchhof zu K., die solt man einlassen, als vil man der bethauen mocht, und die andern solt man haussen lassen. § 5. Item so soll die gemeinde zu K. uf die zent geen gein Bischofsheim, und u. gn. h. von Mentze ist der oberst her (zu) Kennigkheim von der zent wegen. § 6. Item auch mag u. gn. h. von Mense oder die sein gericht haben zu K. mit sinen eigen leuten und mit sein landsiedeln, wann er will usw.

4. Hardheim (W).
1423.
(J GRIMM, Weisthümer VI S 26 f.)

Ich Fricz Stumpf von Sweinburg und ich Beczolt Stang bekennen offentlich an diesem offen Brief und thun kunt allen den, die in sehen oder horen lesen, das wir zu Hartheim waren an der von Hartheim geheigeten gericht, und das die von Hartheim iren schultessen zu Hartheim hiessen fragen ire schopfen, was sie rechts do haben solten und von alter her do gehabt hetten. also haben die schopfen der merteile zu dem rechten gesprochen, als her noch geschriben steht. § 1. Item zu dem ersten sprochen sie, das die von Hartheim uf iren guten verbiden und gebiten moegen und auch fremde usswertig luete mit irem schultessen oder gebutet uf iren guden uf halten und haben mögen. § 2. Item so sprochen sie, were es, das sich lute schlugen an der strossen inwendig der tore, der oder dieselben solten dass den obg. von Hartheim bussen mit 30 β; schlugen sie sich aber uswendig der tore, das solt manden von Hartheim buszen mit 10 β. § 3. Auch, were es sach, das sich luete einander hiessen ligen an den abgeschrieben enden, das solt man den von Hartheim bussen mit 40 hellern. § 4. Item so sprochen sie, were es sach, das sich lute schlugen, das an der vorg. von Hartheim gerichte gerueget wurde, der oder dieselben solten in das buszen mit 30 β; hiess aber einer den andern liegen an den obg. steten, als obgeschrieben stet, das an irem gericht gerueget wurde, der oder dieselben solten in das buszen mit 40 hellern. § 5. Item so sprochen sie, were es sache, das der von Hartheim schultess oder gebutel pfant forderten uf iren guten uf recht, were das pfant des ersten

tags nit wieder geben wolt, der oder dieselben solten das den von
Hartheim bussen mit 40 hellern; wolte er es des andern dages nit
wieder geben, der solt es in aber bussen mit 40 hellern; gebe er es
des dritten dags nit wieder, der oder dieselben solten das den von
Hartheim buszen mit 30 ſs. were das nit halden wolt, so mocht der
schulesz oder gebuetel wieder noch den dreien dagen von newehem
(d. i. neuem) an heben zu gebiten als vor. als dick des not geschiet,
und sale das auch bussen, als dick des not geschiet, in der mosz als
obgeschrieben stet. § 6. Item auch sprochen sie, were es sach, das ir
schultesz oder gebudel etwas in gebod leiden uf iren guden, were der's
nit hilt, der solt es den ersten dag bussen mit 40 hlr.; uf den andern
dag, were das nit hilt, der solt in aber bussen mit 40 hlr.; uf den
dritten dag, were das nit hilt, so es im geboten würde, der oder dieselben solten dan den von Hartheim dasz bussen mit 30 ſs, und were
das nit halten wolt, so moecht der obg. von Hartheim schultesz oder
gebutel wieder anheben zu gebieten noch den dreien dagen, so solt man
in in aller mosze wieder an von newem bussen, als obgeschrieben stet,
als dick des not geschicht.

Und das das also sei, das wir do bei und mit gewesen sint und
das also geschen und gehoert haben. das nemen wir, die obgeschrieben
Fricz Stumpf und Beczolt Stang, bede und unser iglicher besunder uf
unser eide, die wir unserm gn. h. von Meintz gethon haben. und diese
offenung des rechten, als obgeschrieben stede, ist geschehen von wegen
hern Conrads von Hartheim und Reinharcz und Eberharcz und Werners
von Hartheim. des zu eim waren urkuende haben wir die obg. Fricz
Stumpf und Beczolt Stang unser iglicher sein eigen ingesigel gehangen
unden an disen brief, der geben ist in dem jare, do man zalt nach
unsers hern Christus geburt 1400 und in dem druwe und zwenczigsten
jare uf den dornstag noch dem heiligen Cris dag.

II. Gegenüberstellung eines mhd und modernen Textes.

Aus einer Predigt Bruder Bertholds von Regensburg.
XIII. Jh.

(Nach W Wackernagel Deutsches Lesebuch I, Altdeutsches Lesebuch,
5. Aufl., Basel MDCCCLXXIII, S 897.)

Normalmittelhochd	Heutige Ma des Tbgrunds*
So hüete sich alliu diu wërlt vor den katzen. So gēt	Sou hydsiχ (besser: sǝl siχ hydɛ) ali welt fɔr dɛ kadsɛ.

* In unserer Übersetzung können gewisse syntaktische Eigenheiten
der Ma nicht berücksichtigt werden.

Textproben.

si hin und lëcket ein kroten[1], swä[2] si die vindet, under einem zûne, oder swä[2] si die vindet, unz daz diu krote bluotet: sō wirt diu katze von dem eiter indurstic, und swä[2] si danne zuo dem wazzer kumt[3], daz die liute ëʒʒen oder trinken süln[4], daz trinket si und unreinet die liute alsō, daz ettelichem menschen dâ von widervert, daz ëz ein halbez jâr[5] siechet oder ein ganzez oder unze an sînen tôt oder den tôt dâvon[6] gâhens nimt. Ettewanne trinket si sō vaste, daz ir ein zaher ûz den ougen vellet in daz wazzer, oder daz si drin niuset ... Oder sie niuset an ein schüʒʒeln oder an ein ander vaz, dâ[7] man ûz ëʒʒen oder trinken sol[8], daz ein mensche grôzen schaden und siechtuom dâvon gewinnet, oder zwei oder vier, oder swie vil menschen in einem hûse sint[9]. ...

Si ged ǫni (< anhin) ųn lɛgt ɛ gɾɔyt, wusi di fįnt, ųnɛtɛmɛ dsąų, odər wusi di [halt eben] fįnt, bis dasdi gɾɔyt blut: dąn wærdi kads fųnəm üdər dænśdi, ųn wū(?) si dąn dsųm wasər ǫni (< anhin) kųnt, desdi layt ɛsɛ owər dɾįŋgɛ sɛlɛ, des dɾįŋktsi ųn [si] fɾgift di layt sɔu, dusɛs (ɛs dazugesetzt) mąnxəm dɛfų̈ widərfɛ̈ɾt, dasən ɛ halbs jɔ̈ər gɾǫ̈ŋk is owər ɛ gąnds oder bis ųn sąin dōt (besser sąį sɛ̈liχs ęn sein seliges Ende) odər (dasən) de dōt dɛfų̈ śnel hɔylt (holt). Mąnixsmȫl dɾįŋkt si sɔu ɔ̈ɾiχ, dasɛɾɛ ɛ dų̈nɛ aus dɛ āxɛ įns wasər fɛlt, odər dasi dɾįn nist . . . Oder si nist ųn ɛ ŝysḷ owər ųnɛ-n-ųnɔɾŝ ąfɛ̈s, wū mər dɾaus ɛsɛ odər dɾįŋkɛ sɔl, sɔu das ɛn męnś (besser mər man) gɾosɛ ŝɔ̈dɛ ųn (gɾos) śíxdųm (besser gɾąŋgɛt Krankheit) dɛfų̈ dɾɛiχt, odər dswā odər fiər, odər wī fil męndśɛ halt (eben) įn ɛmɛ haus sąn.

Für das Taubergründer Mhd sind statt î û iu Diphthonge, für ie uo üe sowie für ei ou öu Monophthonge anzusetzen. Im übrigen sind die folgenden Formen einzusetzen: [1] *eine kröte* § 164. § 179 a 1. — [2] *swâ* § 281. § 308, 7. — [3] *künt* § 220. — [4] *sülen* § 126, 2. — [5] *jôr* § 281. § 308, 7. — [6] *dôvon* § 281. § 308, 7. — [7] *dô* § 281. § 308, 7. — [8] *sôl* § 126, 2; in der Urkundensprache *sal*. — [9] *sîn* § 142 Anm 2.

III. Moderne Textproben.

Zu den bereits § 13 ff gegebenen mundartlichen Proben fügen wir noch folgende hinzu:

1. Vom Läusemachen (Tb).

'S gaidɛ lɔst layt ɯu lays mɔxɛ kɛ̨nɛ. Dōfōə̯ gaids ɔdə̯ næ̯ə̯ą̄ midl̥. Mə̯ı mus ɛ bɔə̯ fym hę̄m ɯ̆ə̯pfɛ, įn ɛ gąnds nays diχɛlɛ*) leiχɛ yn dąn ufm̥ fayə̯ı brōdɛ. Dąn hɛɯɛ di hɛ̨gsɛ, ɯu di lays gmɔ̄xt hɛɯɛ, kǫ̆ ūu. Si mysɛ selɯə̯ıt di šmæ̨ə̯ıdsɛ fyn dɛ̨nɛ lays áushàldɛ. Wą̨mə̯ı si bɪ̯ət, mus mə̯ı ɔdə̯ı di háusdǘə̯ı gūt dsū̇mɔ̀xɛ; dɛ̨n dąn kymɛ di hɛ̨gsɛ, glopfɛ(n) ǭ yn wɛlɛ, das mə̯ı ši įn di kyχɛ nǫį lost yn siχ ə̄ı̇ə̯ı də̯ıbámt. Dut mə̯ıš net, mysɛsi šdæɯɛ.

2. Vom wilden Heer (Tb)
(nach Alemannia XXIV 1, 7 umgestaltet).

Wąnds wil hø̄n įm fry̆jò̯ə̯ kųnt, hə̯ıt mə̯ı nigs alds mūsiχ yn gšn̄ā. Wąmə̯ı ufə̯m fĕlt is, səl mə̯ı siχ uf dɛ bɔudɛ leiχɛ; sųndst kǫmə̯ı mīdgnųmɛ wǽə̯dɛ. Nɔxds hɛɯɛ ɛmōl layt gɛdrōšɛ, yn dō is wil hēə̯ı fə̯ıbáigflɔ̄uxɛ yn do hodɛ mādlɛ gšɔxt: »wąni gɪ̯adɪt yn gsadɪt ɯēə̯ı, dɛdi ā mīdgę̀nɛ.« Çn įm nɛ̨mliχɛ ā̇xɛbl̆ık hodsisiχ nųmi ɪ̯eiχɛ kɛ̨nɛ. Dō hɛɯɛsi dɛ pfə̯ı kɔult; dēə̯ı hod yɯɛɪ̯ə̯ı gɛbét yn dō isi widə̯ı gšųnt wǽə̯dɛ.

3. Altes Nachtwächterlied (Tb).

Īə̯ı láyt lósdàyχ dýdɛ:	Ihr Leute, lasst euch tuten:
Kä̀ufds flåš bài dɛ Jýdɛ;	Kauft's Fleisch bei den Juden;
Di bə́ır(į̆)χɛ bis dsɯı hǽə̯bsdɛs-dsàit,	Die borgen bis zur Herbsteszeit,
Bis di káldə̯n brý̆ gàit.	Bis die Kelter Brühe giebt.
Brý̆, brý̆, brý̆.	Brühe, Brühe, Brühe.

4. Weinlied, gehört von einer alten Frau (Tb).

Dɛs isən gúdə̯ ı̇̄šwɛsɔ̀ft;	Das ist ein guter Rebensaft,
Dēə̯ı gáit mà̯įm hǽə̯dsɛ gɪ̯ɔ́ft,	Der giebt meinem Herzen Kraft;

*) Deminutiv zu Tigel.

Dēɒɹ ɨdɑɹgt mɒɹ ál mòi̯ glídɒɹ	Der stärkt mir alle meine Glieder
Ʉn šmàɪst mi húnɒɹdáusɒntmȍl dɛwídɒɹ.	Und schmeisst mich hunderttausendmal wider.

5. Bauernregeln (Tb).

a) Wɑn di balmɛ ɑn dɒɹ sʉn gwī wɑɹdɛ, mʉs mɒɹ djósdɒɹàɒɹ hi̯nɛɹɒm ɔufɛ ɛsɛ.	a) Wenn die Palmen an der Sonne geweiht werden, muss man die Ostereier hinter dem Ofen essen.
b) Wī Bárdļmè di hi̯fļdɒɹ, wī Miχéli di dɹɑywļ.	b) Wie an Bartholomäi die Hiefen, so am Michaelstag die Trauben.
c) Wēɒɹ di hái̯ĕɹɛ ne(t) gáwļt,	c) Wer die (an der) Heuernte nicht gabelt,
Wēɒɹ di fɹúχtĕɹɛ ne(t) dsáwļt	Wer die Fruchternte nicht zabbelt
Ʉn dɛ hɑ́ɹbsɹ net fɹý ufi̯dèt,	Und den Herbst nicht früh aufsteht,
Kɒn sḗ wɪsɒm dɛ wi̯ndɒɹ gèt.	Kann sehen, wie es ihm den Winter (über) geht.

6. Taubergründer Dorfspruch (N).

Háusɛ is (īt) des šḗne dȯ̌l,	(Hoch) Hausen ist das schöne Tal,
Wɑɹbox is dɒɹ sáyšdȯ̌l,	Werbach ist der Saustall,
Ȳmpfi dɛsgláiχè,	Impfingen desgleichen,
Byšɛmè s ráiχè,	Bischofsheim das reiche,
Didiχè s ármè	Dittigheim, das arme,
Dásiχ Gódɹbármè.	Dass sich Gott erbarme.

7. Spottvers auf die Königheimer (W).

Kɑ́neš̆ȯdļ, dȍ dɑndš̆ḗɒr,	Johann Adam, da tanze her;
Dō bóḷɹdš rèχt;	Da bollert's recht;
Hóšdɛ flǘgɹ̥ni hóušɛ-n-ɒ̇̀,	(Du) hast eine Hose von Flachs an,
Gáidš̩ wɑ́ɹgɛnɛ dɒ̇nds.	Giebt's einen werkenen Tanz.

8. Poppenhäuser Dorfspruch (O).

Grǽsfaldide šáni šdát,	Grünsfeld ist eine schöne Stadt,
Háuse ide dúdlsák,	(Grünsfeld-)Hausen ist ein Dudelsack,
Bímɼ ide málkẏwl,	Paimar ist ein Melkkübel,
Grási idɼ dégl drẏwɼ,	Krensheim ist der Deckel drüber,
Imlšbú itimlláɼ,	Ilmspan ist himmellang,
Šáfaldidi nóye wált,	Schönfeld ist die neue Welt,
Dse Kist hogdɼ däyfl ufm diš ųn frist,	Zu Kist hockt der Teufel auf dem Tisch und frisst,
Dse Kiri héldɼ fíri	In Kirchheim hält er vier (Uhr),
In Bobehåuse méxdɼ búbe	In Poppenhausen macht er Puppen,
In Widihåuse driŋgderen šóbe	In Wittighausen trinkt er einen Schoppen,
In Bódɼt hógdɼ ufm diš ųn lǿbɼt.	In Bütthart hockt er auf dem Tisch und löppert (trinkt).

9. Heckfelder Kinderlied (S).

Kéffɼle, kéffɼle flix áus,	Käferchen, Käferchen, flieg' aus;
Flíx náįe bégɼháuš;	Flieg' in ein Bäckerhaus;
Miəren wék, diəren wék,	Mir einen Weck, dir einen Weck
Un áli láyden bádšewék.	Und allen Leuten einen Batzenweck.

10. Königshöfer Bastlösereim (S).

Húbe, húbe, wǽrde húbe,	Huppe, Huppe, werde eine Huppe,
Sóft gē ráus,	Saft gehe heraus,
Sųndšt grišdi šnúbe.	Sonst kriegst du den Schnupfen.

11. Sage vom wilden Heer (Hettingen, p-Ma)

aus E Schmitt, Sagen, Volksglaube, Sitten und Bräuche aus dem Baulande (Hettingen). Progr. Baden-Baden 1895. Orthographie unverändert, nur ist ə für kursives e eingesetzt.)

»*Wu ma vádr 's örscht*[1]) *jōr vərheiərt*[2]) *gwéən is, hot ər halt a no*ⁿ[3]) *ka börcherhoulz*[4]) *kriecht; un grád sell jōr is 'n árich*[5]) *kaltr wintr gwéə. Géld hotər ke*ⁿ*ə ghat un vərfriərn hotər doch anet könne. Was is dō ze mache! Do*

hotər noⁿ zwe-iⁿ anderi männer, die a nicht⁶) ghat hüwwe.
zammeconfoit⁷) un is mitəne nachtsch naus gange in də grousse
wåld; 's is nimmi weit vun weiⁿnachtə gwéə. Schi sen lang
rümgláfe⁸) un hüwwe nicht⁶) gfunne. Uff eⁿmol hüwwesch⁹)
ganz hinne am Küscherschakr¹⁰) ə schöⁿs börgle¹¹) gfunne;
's is klupperdörr gwéə. Schi hüwwes¹²) ümghaue un dnescht¹³)
ausgebutzt. Wi'sch¹⁴) gråd sou droⁿ sen, uff eⁿmol hörnsch
als hú, hú! — Ma våder hot glei gwüsst was des is. »Jetz
nor nicht⁶) wie niedər,« hotər zu sanc kumerådə gsåt, »'s
gsicht uff de bôde.« Schi sen noⁿ net re-icht¹⁵) gle-iche, dó is
louschgange¹⁶). Den refult!¹⁷) mər söhlts¹⁸) net for müchli¹⁹)
halte: ə geschrü-i, ə gegauz²⁰), ə gepöüf²¹), mər hot gmént
dər jüngscht dåg dêd khumme. Un ə wiⁿd is gange, dåß
d'böhm nor sou gekracht hüwwe; sogar d'wörzl hüwwe schi
ghówe. Blut geschwitzt hüwwe die drei bis verbei gwéən is.
Noch ərə weil sensch²²) widr uffgschdanne; də lürm hüwwesch
üwwər alsfort noⁿ ghört, ganz hinne im rinschemərórt²³),
'S börgle hüwwesch leiche²⁴) losse, 's het ə schöni tráchet²⁵)
for jeden güwwe; schi hüwwe ir beiler uffgepackt un nicht⁶)
wie dəvoⁿ. »Mulüddi«²⁶), hot als ma våder gsåt, »denk i den
schrecke, wu i do eiⁿgnumme hab; die krünk²⁷) soll des wild
heer krieche.«

12. aus Buchen (p-Ma).
(nach Breunig S 13 in der Orthographie des Originals).

kešt ôwət sen soltåte kʰumə, həwə šeini músik kəmåxt, si
sen ewp net tô kəpliwə, si sen uf Tiərn kətsôgə, tort senš
eĭkwatiərt worn.

¹) das erste, ²) ə bezeichnet hier und im folgenden den überkurzen
ɛ-Vokal, ³) das hochgestellte n bezeichnet den Nasallaut, ⁴) Bürgerholz,
⁵) arg, ⁶) nichts, für 'nichts' stets im Hettinger Dialekt 'nicht', für 'nicht'
'net', ⁷) zusammengebracht, von frz. convoiter, ⁸) herumgelaufen, ⁹) haben
sie, ¹⁰) Kaisersacker, ein Teil des 'grossen Waldes', ein verrufener Ort,
¹¹) deminutiv zu Birke, ¹²) haben es, ¹³) die Äste, ¹⁴) wie sie, ¹⁵) die Schrei-
bung e-i bezeichnet, dass man ei nicht als Diphthong, sondern getrennt
zu sprechen hat, ¹⁶) losgegangen, ¹⁷) von frz. révolte, ¹⁸) sollte es, conj.,
¹⁹) möglich, ²⁰) Gebell, ²¹) Gepfeif, ²²) sind sie, ²³) Rinschheimer Ort,
ein Teil des grossen Waldes, ²⁴) liegen, ²⁵) Traglast, ²⁶) Mein Lebtag.
²⁷) mhd krenke stf.

Die erste Strophe der 'Zueignung' im Munde der Gebildeten und Halbgebildeten.

Dsúdȧiχnuŋ.

der marχən kām; es śayχtən sqine ďrite
dən laisən śläf, dēsr miχ gelíndumpfīŋ,
dasiχ, erwáχt, aus maįnər śdilən hyte
dən bærχ hináuf mit fríśər sēls giŋ;
iχ frayte miχ bai ainəm jēdən śrits
der nayən blǘmə, di fol dropfən híŋ;
der juŋe tāx erhób siχ midəndsýkən,
unddles war ergwíkt, miχ dsu ergwíkən.

VERZEICHNIS
der in § 1—280 besprochenen Wörter.

(Die Zahlen beziehen sich auf die Paragraphen.)

Aas 69a. 122 Anm 1
ab 139
'aben' 142 Anm 6
Abend 69a. 115, 2a. 141, 1a. 263, 3
Abend werden 142 Anm 6
aber 159 Anm 1
Abfall der Gerste 166, 1a. Abfall von Hanf oder Flachs 126, 1
Abhang 78
ablocken mit List 65
ablösen 82a
'abluchsen' 65
abreissen 61 Anm 1
Abschied 248, 2
abstauben 99a 1
abwischen 67a. 249a
Acheln 114 Anm 3. 159 Anm 1. 277 Anm 2
Achse 49. 133. 159 Anm 2. 247, 1
Achsel 2. 133. 159 Anm 2. 168 Anm 2
acht 168 Anm 2
Acht 168 Anm 2
Achtung 168 Anm 2
Acker 48a. 52a 4. 155. 157 Anm 1, 1. 268. 268, 11, Pl 52a 4. Dim 52a 4
Acker ordnen 233.
Adam 113 Anm 2. 263, 3
Ader 118, 2. 263, 2
adieu 124 Anm 1
Advokat 15. 61 Anm 2. 141 Anm 4. 280

Affe 48a und b. 268, 5
After 48b
Agnes 147 Anm 3
aha 11
albern 106, 2. 159 Anm 1. 259, 4
all flektiert 268, 1, Dat Pl 265 Anm 5
allein 50, 3
alleinstehend(er) 61 Anm 1. 157 Anm 2. 3
'alleweil' 277, 1
allenthalben 115b
allerhand 206. 268, 1
Alois 106 Anm 3
'als' 48a
also 255
alsobald 260, 4
alt 48a. 168, 1c
altbacken 259, 4
Altenburg 257, 2
Altthal 257, 1
am vgl an
Amalia 128a
Ameise 121. 122. 144. 190, 1
Ampel 206. 263, 3. ebd Dim
Amsel 111a
an 16, 1. 117 Anm 1. 207. am 254
'and(e)' 206. 274, 4
'andern' 117 Anm 1. 206
anderes 123
anders 144

anderthalb 144
'Andorn' 114 Anm 3
aneignen, heimlich 245
Anfang 119 a. 207. 246 a
Angel 206
angeln, Ptz 260, 2
angenehm 246 b
Angst 80 Anm 2
anhauen, die Stämme vgl 'blatten'
'anhin' 89 Anm. 117 Anm 1. 118, 1 a.
   159 Anm 3. 254
Anke 206
anlehnen 226. 241
Anna 114 Anm 1
'annahmen' 222
anstreichen (weiss) 114 Anm 3
'Anwande' 206. 274, 4
Apfel 48 a. 140 b, Pl 140 a 1. 246, 2
Apotheke 61 Anm 2
April 268, 1
'arben' 142 Anm 6
Arbeit 53. 137 Anm 1. 202, 3 a. 258, 5
arbeiten 48 a. 142 Anm 6
arg 150 a und b. 260 Anm 5. 278,
   arger 147, 1 a. ärger 150 b
arm 278
Armvoll 48 Anm. 111 Anm 1. 257, 1.
   263, 3
Arsch 14, 5. 109. 168, 1 a. 193. 193
   A 2
Arschloch 15. 168, 1 a
Art 168, 1 a. 193 A 2, Pl 168 Anm 1
Asche 48 a und b. 127
'Aschwinge' vgl 'Äschwinge'
'Aspe' 126 Anm 1
Ast 49. 114 Anm 1. 126 Anm 1.
   168, 1 a und b
Atem 113 Anm 1. 180 Anm 3. 182 a 1.
   263, 2 und 3
atmen (keuchend) 133
atmig 74
auch 99 a 1. 130, 3
auf 85. 167 Anm 3. 181 Anm 2. 254
'aufbegähren' 146. 260, 3
aufblähen, Ptz 73 Anm 5 a. 107, 2.
   184 Anm 1

aufbrausen 102 Anm 1. 146. 260, 3
aufgedunsen 109 Anm 3. 218
auflüpfen 67 Anm
aufsässig 51 Anm 1
Auge 99 a 1. 150 b. 265, Pl 147, 1 a
Augenschleim 52 a 4
Ausfegung 161, 1 a
aushalten 14, 7
Ausschlag 52 a 1 und b
'ausschneitzen' 190 a 1
aussen 84
Auswuchs am Stamm, speziell am
   Rebzweig ('Fechser') 52 a 4
Axt 144

'äbestmehr' 73 Anm 2
'äb' 11
Ähre 193 A 2. 194, 1
Ährenreste sammeln 67 Anm
'Ären' 194, 1
Ärmel 202, 3 a
'Äschwinge' 126, 1

Babettchen 52 b
Backe 268, 11
backen 48 b. 51. 268, 11, 3 Sg
   Prs 51
Bach 128 a. 129. 168 Anm 1, Pl
   52 a 1, Dat Pl 265 Anm 3
baden 51. 105 Anm 2. 159, 1 a, 2 Sg
   Prs 264, 3 Sg Prs 51. 264
Bagage 50, 3 Anm. 260
bald 48 a und b. 136, 1. 271. 274, 1
Balderstatt 51 Anm 5. 145, 2. 257, 3.
   274, 1
Balg 278
Balken 108
Balkenwerk im Keller 209
Ball 266
Balthasar 178, 2
Band 92 a
Bank 119 b. 152. 207. 246 a und c.
   275, 3 Anm 3, Pl 208
Barbier 277, 2
barbieren 277, 2
Barch, Dim 52 a 4

Wörterverzeichnis.

Bart 168, 1 a. b. c. 193. 193 A 2.
  Dim 168, 1 a
Bartholomäi 265
Base 136, 1. 159, 1 c
Bast 168, 1 a und b
Bastian 114 Anm 3. 274, 7. 277, 5
  Anm 2
Bauch 84. 128 a. 129. Pl 87 a 1,
  b und c. 181
Bauchknurren 203, 3
Bauchwind 174, 1. 193 A 2
'Baucke' 84. 155
bauen 106 Anm 2, Ptz 260, 3
Bauer 16, 5. 64. 193 A 1. 200
Baum 99 b. 100. 113, 1. 243. 246 c,
  Pl 245. 246, c. Dim 245
Baumbusch (Familienname) 100. 191,
  3. 244
Baumrinde 213
Bausch 84
Bäcker 268, 11. 'Bäcker' (= Schaf)
  183 a 2
bähen 73 Anm 5 a und b. 74 Anm.
  106, 1
'Bähre' (Traggestell) 73 a
Bär 136, 1. 198, 2
Becher 128 b. 268, 8
Beckstadt 257, 3
Beckstadter 257 Anm 3
Beckstein 257, 3
Becksteiner 257 Anm 3
bedeuten, 3 Sg Prs 260, 3
beeilen, sich 218
Beere 53. 176 a und b. 194, 1. 198
  Anm 2. 199
Beet 177 a 2
befehlen 135, Ptz 260, 3
begatten 268, 3
begehren, von der Kuh 92 a
behalten 136, 3. 252, 1. 260 Anm 3.
  260, 3
bei 254
bejahen 155
'Beiderich' 250 Anm 2. 263, 2.
Beiderwand vgl 'Beiderich'
Beigeschmack 36 a

Beil 103. 133. 253 Anm 2
Bein 117 a. 246 c
beinahe 117 Anm 1. 206. 254
'beinzeln' 241
beischlafen 51
beissen 78. 122. 181. 250. 268, 6
Beizfleisch 268, 6
bekommen 260 Anm 2
Belieben, nach 260, 3
bellen, vom Hund 233
belzen 51
bemessen 260, 3
beneiden 260, 3
bequem 260, 3
beraten 260, 3
berauscht sein 203, 3
Berg 198, 2. 278. Bergspitze 140 b
Berolzheim 257, 5
Berolzheimer 257 Anm 3
bescheissen 171, 1, Ptz 260, 3
Beschiss 171, 1
Besen 113, 2. 124 a und b. 161, 1 c
besorgen 260, 3
bespannt (auf einer Seite) 126 Anm 4
beten 142, 1. 161, 1 a, 2 Sg Prs 264,
  3 Sg 157 Anm 1 und 2. 167 Anm 1.
  264, Ptz 270
Betrug 171, 1
betrügen 90 Anm 1, Ptz 171, 1.
  260, 3
Bett 51. 254. 268, 10
Bettüberzug 187, 2
'Betzer' 51 Anm 1
bewegen (sausend 203, 3
bezahlen 260, 3
'Bickel' 136, 1
biegen 90 a und b
Biene, Pl 274, 2
Bier 90 a und b. 193 A 1
'Biet' (Kelterlager) 90 a
bieten, Ptz 157 Anm 2 und 4. 178, 1.
  260, 2
Bild 59. 171, 1
binden 212. 274, 4. Ptz 190 a 1. 218.
  Reben binden vgl 'kuppeln'
Binse 122. 157 Anm 3. 212 Anm 2

Birne 136, 1
Birnschnitz 131
bischen, ein 183 a und b. 263, 2
Bischofsheim 15. 16, 4. 249 a. 257 Anm 3
Bischofsheimer 257 Anm 3
bischofsheimerisch 259, 2
bitten 268, 10
bitter 268, 10
Blase 182 a 1
blasen 69 a und b, 3 Sg Prs 183 a 4, Ptz 14, 4. auf dem Horn blasen vgl 'tüten'
blass 52 a 4
'Blasse' 'Bläss' 52 a 4
Blatt 168, 1 b, Pl 51. 141, 1 b. 157 Anm 2. 1 a. Dim (1. Gras, 2. Zeitung) 52 a 4
'blatten' 159 Anm 4
Blatter 182 a 1. 263, 2
'Blatz' 52 a 4. 168, 1 a, Pl 52 a 4
'blatzen' 48 a
blau 69 b. 70. 107 Anm 2
blähen 73 Anm 5 a. 184 Anm 1, Ptz 73 Anm 5 a. 107, 2
Blähung 106, 1
'Bläss' 52 a 4
'bläuen' 87 Anm 4
Blech 170, 1 a
blecken 51. 268, 11
Blei 87 Anm 4
bleiben 260, 3, 1 Sg Prs 139, 2 Sg 138 Anm 1, 3 Sg 137 Anm 3. 138. 142, 1
blind, flektiert 274, 4
'blott' vgl 'blutt'
Blume 93. 188 Anm. 238. 238 Anm. 246 b. Dim 111 a. 188 Anm. 189 a 3. 240
Blut 92 b
bluten 92 a, Ptz 188 a 1. 264
'blutt', 'blott', flektiert 61 Anm 1. 157 Anm 2 und 3
blühen 94 a, b und c. 103. 253 Anm 2
Blüte 92 a
Bobstadter 257 Anm 3

Bock, Pl 63 a und b. 268, 11. Dim 63 a und b
bockrackersteif 12 Anm. 15
'Bodem', 'Bödemlein' 63 a. 113, 2
Boden 113, 2. 141, 1 a und b
Bodensenkung 78. 144
Bofsheim 257, 5
Bogen 147, 1 a
Bohne 229. 246 a, Pl 84. Dim 231 kriechende Bohnen 84
bohren 195, 1
bollern 61 Anm 1. 264, 1
Bonifatius 71 a
borgen 147 Anm 1. 203, 1
'Botze' 61 Anm 1. 178, 2
'böcken', 'böckseln' 63 a
'Böckser' 63 a
'bödsen' 178, 2
bösartiger 150 a
böse 80 Anm 2. 82 a und b. 124 a und b. 279. böses Frauenzimmer vgl Luder
Brache 182 a 2
Brachfeld 268, 8
Brand 207
braten 69 b und c. 74, 3 Sg Prs 74. 183 a 4. 270
'bratzeln' 48 a
brauchen 181, 3 Sg Prs 14, 6. 115, 2 a
braun 117 b. 233. 246 b
brechen 54 a und b. 268, 8
Brehmen 224
breit, breiter, breitest 52 a 5
Breite 52 a 5. 259, 1. 274, 5
breite Fläche 259, 1
breiten 96 a 1 und b, Ptz 190 a 1. 270
'Breitung' 259, 1
Breme 170, 2. 211. 246 a. und b
Bremse 208
brennen 208. 268, 4
Brett (Sg brit), Pl 16, 3. 157 Anm 2. 1 a
Brief 90 a und b. 187 b. 266, Pl 91. 187 a 2. 266. 268, 5
bringen 3. 56. 119 a. 147, 2. 210. 274, 5, 2 Sg Prs 212 Anm 1, 276, 3 Sg Prs 147 Anm 2. 276,

brächte 182 Anm. 183 a 4, Ptz
 182 Anm
'broches' (böse) 80 Anm 2. 279
Brocken 61. 268, 11. Brocken, von
 Speck 90 a
Brod 80 c. 206. 254
Brombeeren 72. 109 Anm 1. 182 a 3.
 223 und Anm. 274, 2. 277 Anm 1
Brosam 113, 2
'Brossbeeren' 277 Anm 1
Brot vgl Brod
brummen 268, 3
Brunnen 218
Brunnenkresse 54 a
'brunnzen' 218
Brust 174, 1
brutal 280
Bruthenne 65. 268, 11
Brücke 67 a und b. 268, 11
Brühe 94 a und c. 253 Anm 2
brühen 103
'brünnzeln' 220
brüten 94 a, b und c. 142 Anm 6,
 Ptz 189 a 1 und b
Bube 66. 92 a. 139. 265 Anm 1 a.
 265 Anm 1 b, Pl 92 b
Buch 92 b, Pl 94 b. 128 a
Buchbeeren 277 Anm 1
Buche 128 b. 268, 8
Buchfink 130, 1
Buchstabe 130, 1
Buckel 65. 155. 268, 11
'Bunem' 277, 4
bunt 54 a
-burg 151
Bursche 66. 203, 3. Dim 204, 3 b
Busch 61 Anm 1
Butte 67 Anm. 268, 10
Butter 118, 2. 157 Anm 4. 263, 1
'Butze' vgl 'Botze'
'butzig' 259, 4
Büchse 67 a
bücken 67 b
Büffel 268, 5
Bündel (von Fäden) 113 Anm 1.
 Bündel (von Wellen) 78

Bürge 104. 265. 278 Anm
Bürger 68. 204, 3 a und b
Bürgermeister 15. 203, 3
Bürste 204, 3 a
bürsten, 3 Sg Prs 264
Bürzel 204, 3 a und b
Büschel 67 a
büssen 181
Bütte, Butte 67 Anm. 268, 10

Christbaum 171, 1
Christoffel 61
crataegus area 78. 193 A 1

da 14, 8. 141, 1 a
dabei 110
Dach 52 a 4. 167 Anm 3. 169, 1 a.
 254. Dim 52 a 4. 254
Dachs 133. 159 Anm 2. 168 Anm 2.
 172 Anm 2
dafür 110
daheim 141, 2. 241. 246 b. 252, 1.
 260, 5. 271
dahinten 274, 4
'Dalle' 48 a
Dampf 111 a
danach 110
daneben 261
Dank 119 a und b. 156
danken 206
darauf 261
darin 261
Darm, Pl 202, 3 a
darnach 110
Darre 268, 2
darüber 139 Anm 1. 157 Anm 2, 2.
 166, 1 a
dass 14, 1. 141 Anm 1; dass es 17 a
Daumen 85. 86. 111 a. 233
David 71 a und Anm 4
davon 117 Anm 1
dämmern, 3 Sg Prs 208
'Dechsel' 133
dehnen 53. 114 a. 209
'deichen' 181
Deichsel 78. 133

'Deihenker' 210
dein 141, 1 a. deinen 117 Anm 2
dem vgl der
denen vgl der
dengeln 119 a. 274, 5
denken, 3 Sg Prs 147 Anm 2, dächte
   182 Anm. 183 a 4, Ptz 182 Anm
denn 118 Anm 2. 206. 268, 4
dennoch 159, 1 a
der 14, 1. 141, 1 a. 254. 271. 's
   (= des) 115, 2 b. 126 Anm 4.
   dem 109 Anm 2. 254. 265. 's
   (= das) 254. denen 254
'dernähren' 141 Anm 2
'derzählen' 141 Anm 2
desto 55, 2. 126 Anm 1
deswegen 55, 3
'Deube' 210
Dialekt 141, 1 a. 280
dich vgl du
dick 259, 4. flektiert 59. 268, 11
dicksatt 12 Anm. 15
Dicke, 'Dicking', 'Dickung' 259, 1
Dickrübe 119 Anm 2
Dieb 90 a und b. 168. 1 a
dienen 90 b. 235
Dienstag 91. 187 a 3. 236. 257, 4
Dienstadt 257, 3
Dienstadter 257 Anm 3
dies 14, 8
Ding 14, 7
Dinkel 212
'Dinkelreuter' 78
Direktor 141, 1 a. 280
discourir 280
Diskurs führen 280
diesseits — jenseits 254
dingen 260, 2
Distel 58. 142 Anm 5. 270. 274, 7
Dittigheim 104. 257, 6
Dittigheimer 257 Anm 3
Dittwar 137 Anm 1. 142 Anm 4.
   144. 257, 2
Dittwarer 257 Anm 3
doch 130 Anm
'Dohl' (Durchgang) 178, 1

Dohle 3. 48 a und b. 108. 268, 1
Dominikus 62. 214
donnern 66. 218
Dorf 278, Pl 42 a. 204, 1 a
Dorn 3. 164. 176 a und b. 193 A 2.
   195, 1. 196, 1. 203, 1. 205 Anm 1 a,
   Pl 204, 1 b. Dim 64. 193 A 2.
   196, 1. 199.
Dornbusch 203, 1
'Dorse' 157 Anm 3
dort 14, 8. 138. 174 Anm 1
dorthin vgl 'anhin'
Dose 165, 1
Draht 69 a, b und c
'Drassen' 113 Anm 1
drauf 181 Anm 2
draussen 110. 122. 261. 254
Dreck 170, 1 a, b und c
dreckig 170, 1 a. 259, 4. 268, 11
drehen 73 Anm 5 a und b. 74 Anm.
   106, 1. 274, 4
drei 87 a 1
dreschen 54 a und b, Ptz 61
dritte 268, 10, dritter 109 Anm 2
drittel 257, 1
droben 110. 137, 1 b
drohen 106, 1 und Anm 2. 191
   Anm 1, 3 Sg Prs 101 a 2. 107,
   2. 191 Anm 1
drolliger Kerl vgl 'Zotel'
Drossel 61. 122 Anm 1
drucken, drücken 67 Anm. 67 b
drunten 261. 274, 4
du 254. dich 171, 1. 254
Duft 174, 1
Dukaten 71 a
dumm, flektiert 274, 2. Komparativ
   220. dummer Mensch 162. dum-
   mes Kind 248, 2
dumpf 259, 4
dunkel 119 a. 141, 1 a
'durchbläuen' 87 Anm 4
Durchgang 178, 1
durchschlagen (trans) 48 a. 87
   Anm 4
'Dur(ch)schlechte' 52 a 1

'durmeln' 203, 3
Durst 174, 1. 193 A 2
durstig 174, 1
'Dusel' 165, 1
Dutzend 115 b
dünn 68. 87 Anm 4. 220. 241, flektiert 268, 4
dünnharig 58
'Dünning', 'Dünnung', dünne Fläche 259, 1
dürfen 52 a 4. 265 Anm 1 a, 2 Sg Prs 52 a 4
dürr 204, 3 a. 265. 268, 2
dürsten 204, 3 a

'ebber', 'ebbes' 107, 3. 248, 4. 272
Ebene, 'Ebing, Ebung' 55, 4 a. 259, 1
ebenso leicht vgl 'abestmehr'
Ecke 268, 11
ecken vgl eggen
eckig 134, 2. 259, 4
edel 157 Anm 2, 3
Edelberg 157 Anm 2, 3
Eduard 106 Anm 3. 278
eggen (ecken) 147, 1 a und b. 177 a 1 und b
Ehe 76 d
Ebre 76 a. 193 A 1
Ei 96 a 2, Pl 122
Eiche 190 a 2 und b. 265 Anm 2. 268, 8
Eichel 150 Anm 3. 190 a 2 und b. 268, 8
Eichhörnchen 271
Eidechse 133
Eiersheim 257, 5
Eiersheimer 257 Anm 3
eigen 97
eigensinnig 280
eilen 78
Eimer 137, 2. 274, 2
ein 117 a, einen 113 Anm. 114 Anm 4. 117 Anm 2. eine 89
einander 142 Anm 3. 258 Anm. 274, 4. 275 Anm 2
einfältig 51. 151

Eingeweide 212
einkleiden, Ptz 190 a 1
einmal 14, 3 und 4, 118 Anm 3
'einmähren' 55, 4 d. 194, 1
einräuchern 99 a 1
einsalben 137, 1 a
'einschechtig' 126 Anm 4. 144
'einsäumen' 245
einzel 142, 2
einzig 241
Eis 78
Eisenhakenpfahl 206
Eisenspitze 140 b
elf 115, 1
Elisabeth 50, 3
Elle 177 a 1 und b
Emil 162
empor 115 b
emsig 53. 208
Ende 116. 208. 274, 4. Ende des Fusses vgl 'Fussen'
'ender' (früher) 114 a
Engerling 119 Anm 1
entästen 190 a 1
entbehren 69 a
Ente 142, 1
Entrich 114 a
entweder 55, 4 a
entzwei 96 a 2. 260 Anm 6
er 137 Anm 3. 170, 1 a. 193 A 2. es 254, 's 17 a. 115, 2 a. ihm 17 a. 114 Anm 5. 205 Anm 1. 211. 275 Anm 1. ihn 117 Anm 2. 211
erben 137, 1 a. 202, 3 a
Erbse 107, 2. 122. 202, 3 a. Pl 52 b
Erdbeere 137 Anm 1. 142 Anm 5. 277 Anm 1
Erde 109. 141, 1 a
Erfeld 257, 1
ergreifen 268, 6
erlauben 260 Anm 1
ernähren 141 Anm 2. 194, 2. 198 Anm 2. 260 Anm 1
Ernte 52 b. 101 a 3. 194 Anm. 198, 2
erst 126, 2. 184 Anm 2. 202, 4. 248, 5

ersticken 260 Anm 1
erzählen 260 Anm 1, Ptz 141 Anm 2
es vgl er
Esel 14, 6. 16, 5. 124 b. 157 Anm 2, 2. 263, 3
Espenholz 126 Anm 1
essen 268, 8, Ptz 263 Anm 2. 265 Anm 1 a und b
Essig 60, 1. 268, 6
etwas 107, 3. 122. 142 Anm 4. 248, 4. 267. 272
euer 87 a 2. 106 Anm 2. 197, 2 c
Eule 87 b
Euter 87 b
Eva 76 a und b
ewig 76 a und d

Fach 168 Anm 1
'Fachs' 52 a 4
Fackel 155. 268, 11
Faden 113, 2. 141, 1 a. 193 A 1, Pl 58
Fadenbündel 113 Anm 1
fahren 159, 1 a. 193 A 2, 2 Sg Prs 126 Anm 2
Fahrt 168, 1 a. 193 A 2
Fall 167 Anm 3. 168, 1 a. 254
Falle 48 a
fallen 10. 48 b. 51, 3 Sg Prs 51. fallen (vom Obst) vgl 'bratzeln'
falsch 168, 1 c
fangen, 2 Sg Prs 147 Anm 2. 276, 3 Sg 208
Faselochse 159 Anm 1
Faser 159 Anm 1
Fass 122, Pl 52 a 4. 268, 6
fassen 51. 268, 6
Fastnacht 124 a. 168 Anm 1. 157 Anm 2, 1 a und b. 159 Anm 4
'Fatzeemest' 121
faul 84
Faulbeit 258, 5
färben 106, 2. 202, 3 a
Fäule 87 a 1
Februar 106 Anm 3. 278
'Fechser', 'Fachs' 52 a 4

Feder 118, 2. 157 Anm 4. 263, 1
'Fege' 161, 1 a
fegen 161, 1 a und b
fehlen 73 a, 3 Sg Prs 73 b und c
Feier 193 Anm 1
Feierabend 14, 1
feil 96 a 1 und b
Feile 78
fein 241
Feld 55, 1. 142, 1. 170, 1 a und b. 274 Anm. braches Feld vgl Brache
Fels 55, 4 b. 125 a
'Femel' 209
Fenster 114 b. Dim 208
Fensterscheibe 79
Ferse 126, 2. 193 A 2, Pl 126, 2. 193
fertig 151
Fessel (Teil des Pferdefusses) 55, 3
fest 51. 73 a
Fest 55 Anm
Festigkeit 259, 1
(nach) Fett riechen 202, 5 a
Fetzen 54 a und b
feucht 87 b. 134, 1
Feuer 87 a 1. 193 A 1. 197, 2 a und c
Fichte 90 b. 91
Fieber 90 a
Fiedelbogen 157 Anm 2, 1 a
finden 59. 120. 141, 2. 212. 274, 4, Ptz 218
(mit den) Fingernägeln kratzen vgl 'krapfen'. lostrennen mit den Fingernägeln vgl 'gruppen'
Fisch 127. 171, 1. Dim 58. kleiner Fisch 268, 9
Fischotter 268, 10
Fischreiher 96 Anm
Fistelstimme 142 Anm 5. 274, 7
'fitzhaarig' 58
'Fläme' 224
Flachs 133. 159 Anm 2. 168 Anm 2. Flachs oder Hanf (Abfall) vgl Äschwinge
Flachs brechen 54 a

'Flachslanden' 133
Flamme 268, 3
Flasche 48 a. 127
Fläche, breite 259, 1, dünne 259, 1
Flech(t)gras 121
flechten 54 b. 121
Fleck 170, 1 a, b und c
Fledermaus 121
Flegel 177 a 1
Fleisch 15. 96 a 1 und b. 127. 180 a
Fleiss 78. 121
fleissig 274, 4
flennen 121, 208
flicken 58. 268, 11
Fliege 211. 246 a
fliegen 121
fliessen, 3 Sg Prs 181
Flinte 121
Floh 80 a, b und c. 121. 129, Pl 82 a. 132. 252, 2
Floss 80 c
Flöte 82 a
fluchen 188 a 2. 268, 8
Flugfeuer 121
Flughafer 121
Flur 92 a. 193 A 1. 194, 1. Dim 94 a
Flurnamen
— Draussen am Stutz 254
— (Ge) Balderstat 145, 2. 274, 1
— Flachslanden 133
— G(e)winnertlein 212
— Heimberg 242
— Kaiser 153
— Lehmgrube 241
— Nächst dem Teich 254
— Ochsenberg 133. 172 Anm 2
— Schäfers Löblein 126, 2
— Wellenberg 248, 1
— Wolftal 142 Anm 3
Flussinsel 53
Flügel 166, 1 b
foppen 61. 140 a 2
fort 14, 1. 36 Anm. 174 Anm 1
fragaria viridis 277 Anm 1
Frage 69 b
fragen 74. 147, 1 a, 2 Sg Prs 74

Franziska vgl 'Fränz'
französisch 259, 2
Frau 89. 99 a 2. 106 Anm 2. 107 Anm 1
Frau Holle vgl 'Hullenfrau'
Frauenzimmer, böses vgl Luder, liederliches vgl Vettel
'Fränz' 208
Fräulein, vornehmes 208
freilich 124 Anm 1. 130, 3. 144. 258, 3
fremd 270. 274, 3
'Frenz' vgl 'Fränz'
fressen 54 a und b. 122, Ptz 14, 5
Freude 101 a 2 und c. 141, 1 a
freudig 101 c
freuen 101 a 2 und c, 3 Sg Prs 101 b
freundlich 87 a 1
Frevel 52 a 3
frieren, 3 Sg Prs 181, Ptz 260, 2
froh 14, 4. 80 a
Frohnbrunnen 229
Frosch 178, 2, Pl 63 a, 265 Anm 3
Frucht 14, 1 und 2. 134, 1
frühe 14, 1. 73 Anm 4. 94 a. 103. 253 Anm 2, früher 114 a
Fuchs 133. 172 Anm 2. 174 Anm 2
Fuhre 92 a. 193 A 1
Fuhrmannsruf 'hesdegest' 102 Anm 1
— 'links' 131 Anm 2
— 'zurück' 260, 4
Fuhrwerk 48 a
Furche 144
'furchteln' 144
Furz 61 Anm 1. 121. 142, 2. 174, 1. 193 A 2
Furzlänge 14, 5
Fuss 92 a und b
'Fussen', Fussende 168 a 2. 268, 6
Futter 180 a Anm 3. 188 a 1
fügen 94 c
führen 94 a, 1 Sg Prs 193 A 1 und Anm
füllen 67 b
fünfte 115, 1
fünfzehn 115, 1

fünfzig 65. 115, 1
für 126, 2. 204, 3 a. 254
fürchten 204, 3 b
'fürhin' 118, 1 a. 254
Fürst 118, 1 a. 126, 2. 204, 3 b

Gabel 157 Anm 2, 1 a und b. 159 Anm 1. 159, 1 b
gaffen 118 b. 268, 5, Ptz 260, 2
Galgen 48 a und b. 147, 1 a
Galle 268, 1
Galléri 145, 2
Galopp 61 Anm 1
Gamburg 257, 2. 274, 2
Gang 119 b. 152. 207. 246 a, Pl 119. 208. 274, 5
Gans 114 b. 116. 125 a und b. 145, 1. 207. 246 a und c, Pl 208. 265
ganz und gar 254
gar 14, 1. 260, 4
Garbe 48 Anm
Garten 48 a. 193, Pl 87 Anm 4. 109. 202, 3 a. Dim 36 e
Gartenbeet 177 a 2
Gartthal 257, 1
Gasse 48 a und b. 52 a 4. 122. 265 Anm 2. 268, 6. Dim 52 a 4
Gast 168, 1 c
Gau 101 a 2 und 3. 101 b und c
'gaucken', 'gauckeln' 155
Gaul 145, 1. 251. Dim 87 Anm 2. 89. 161 Anm 1. 251. alter Gaul vgl Mähre
'gaunzen' 233
'gawettlen', 'gowettlen' 69 a und b. 102 Anm 1
gähren 102 Anm 1. 146
Gänserich 206
gätlich 52 a 3
(Ge-)Balderstatt 51 Anm 5. 145, 2. 274, 1
Gebäck 204, 1 a
Gebälk 51 Anm 5. 145, 2
geben 56. 118 b. 161, 1 a und c. 165 Anm 1 a, 1 Sg Prs 139, 3 Sg 78. 138 Anm 1. 253 Anm 3, 2 Pl 138, Ptz 137 Anm 4. 260 Anm 2. 275 Anm 1
gebildet 142 Anm 3
geboren 198, 1
'gebrecht' 126, 1
gebürtig 144
Gebüsch 127
Gedärme samt Wurst und Magen 61 Anm 1
'Gedräme' 209
Gedrücke 63 a
Geduld 174, 1
geduldig 65. 174, 1
gedunsen 109 Anm 3. 218
Gefahr 198 Anm 1
Gefäss 67 Anm. 268, 10
'gegmart' 155 Anm 3
'gehäbe' (fest) 73 a
Gehämmer 260, 2
gehäuft voll 260, 2
gehen 14, 6. 96 Anm. 106 Anm 1. 117 a. 145, 1. 226, 1 Sg Prs 14, 3. 76 a und b, 2 Sg 77. 184 a 1. 158. 184 b, 3 Sg 76 d, Ptz 260 Anm 2. gleichmässig gehen vgl traben
'Gehren' 76 a
gehörig 145, 3. 252, 1. 260, 2
Geier 193 A 1 und Anm
Geifer 96 a 1
Geige 78
Geiger (Familienname) 144
geil sein, von der Kuh vgl 'rindern'
'geirig' 78. 193 Anm
Geiss 96 a 1. 122. 190 a 2. 268, 6. Dim 190 a 2 und b. junge Geiss vgl Zicklein
Geizhals 74. 224 Anm
'Geknötsch' 63 a
Gelächter 52 a 1
Gelee 51 Anm 4
gelingen, Ptz 260 Anm 4
Geld 55, 1. 170, 1 b
Gelte 67 Anm
gelten 51 Anm 2. 55, 1, 3 Sg Prs 51 Anm 2

Wörterverzeichnis.

Geleise 96 a 1. 144. 190 Anm 1
'Gelümp' 220. 260, 2
gemächlich 73 Anm 4
Gemäuer 87 b
Gemeinde 96. 117 a und b. 241. 260, 2. 265
Gemüse 94 a und b
genau 99 a 1. 107, 1
genehm 224
• Genie 55, 1
Genick 58
Genstaler 208
genug 14, 5. 92 a
Georg 150 b
'Gepappel' 52 a 4
gerade 14, 1. 159, 1 a, flektiert 157 Anm 2, 3
geraten 183 a 4, 3 Sg Prs 183 a 4
'geraten' (= entbehren) 69 a
gerben, Ptz 107, 2
Gerchsheim 202, 4. 257, 5
Gerchsheimer 257 Anm 4
'gereitelt' 190 a 1
Gerich 202, 4
Gerichtsstetten 202, 4
Gerlachsgrund 133
Gerlachsheim 133. 202, 4
Gerlachsheimer 257 Anm 3
gern 16, 2. 145, 1. 161, 1 a und b. 198, 2
Gerstenabfall vgl 'Süt'. Gerstenacheln vgl Grannen
Gertrud 94 und Anm. 184 a 3. 202, 4. 257 Anm 2
Gesang 152. 207, Pl 208. 274, 5
geschehen 132. 252, 2
Geschirr 202, 5 a und b. 268, 2
Geschlecht 52 a 1
Geschmack 126, 1. 168, 1 a
Geschmeiss 122
Geschwätz 52 a 4
Geschwür 126, 1
Geselle 268, 1
Gesindel 280
Gestank 119 a. 156. 207. 246 c
Gestell 73 a. 178, 1

gestern 55, 2. gestern Nacht vgl nächtig
'Getämmer' 157 Anm 4. 208
Getreide 134, 1
Gewalt 168, 1 c
'Gewent' 208
Gewicht 134, 1
gewinnen 260 Anm 4, Ptz 218
'G(e)winnertlein' 212
Gewinst 171, 1
gewiss 126 Anm 1. 144. 171, 1, flektiert 268, 7
Gewitterwolke 61 Anm 1
gewöhnen 114 a. 160. 176 a und b. 209. 246 a. 248, 2. 260, 2
gewöhnlich 48 a
Gewürz 204, 3 b
Gicht 171, 1
'Gickel' (Hochmut) 58
Giebel 157 Anm 2, 2. 162
gierig essend 193 Anm
giessen 90 b. 268, 6, 2 Sg Prs 187 a 2
Giesser 157 b
Giesskannenspritzer 51
Gift 145, 1. 171, 1
giftig 171, 1
Giftscheisser 171, 1
'gilfern' 140 Anm 4
Gips 102 Anm 1. 146
gipsen 146
Gipser 146
Gissigheim 104. 149. 257, 6
Gissigheimer 257 Anm 3
Glas 124 a und b. 145, 1. 168, 1 a
glatt(er) 157 Anm 2, 3. 159 Anm 1
glauben 101 a 1. 108, 2 Sg Prs 191. 264, 3 Sg Prs 264, Ptz 260, 2
Glätte 265
gleich 14, 3. 130, 2
gleichmässig gehen 268, 9
Gleis vgl Geleise
'Glicker' 155
Glocke 55, 1. 61. 155. 268, 1. Dim 63 a und b
'glotzen' 61,
Glöckner 63 b

Heilig, Mundart des Taubergrundes.

Glucke 65. 268, 11
glühen 268, 3, 3 Sg Prs 94a. 253 Anm 2
Gnade 71a. 260, 2
'gnauken' 155
gnädig 73a und b
Gold 172 Anm 1. 178, 2
Goldhans (Vogel) 274, 1
goldig 172 Anm 1
'Gosche' 61
'gowettlen' 69 a und b. 102 Anm 1
Graben, Pl 52a 4
Graf 71a und b.
Gram 207
Grannen 114 Anm 1. 159 Anm 1.
   277 Anm 2
Gras 168, 1a
grau 69b. 70. 107 Anm 2
'Greblein' 161, 1a
greinen 79. 145, 1. 228, 1
'greinzen' 241
grell 55, 1
'Grendel' 210
Griebe 90a
Griffel 58. 268, 5
Grind 171, 1
Grindkopf 171, 1
Griess (Mehl) 90a
grob 139 Anm 2. 280
gross 80a. b. c. 185a 2, flektiert
   185 b. 258, 1. Komparativ 82 c.
   83. 186a 2. 268, 6. Superlativ
   186 a 1.
Grossmutter 14, 1
Grossvater 131
Grube 87, 2 Anm 4. 94a
(zu) Grunde gegangen 222
Grundbirne 16, 2
'Gruppe' 268, 9
'gruppen' 65
grün 95. 103 Anm 3. 117a und b.
   239. 246b, flektiert 114 a
Grünspan 246b
gucken 65
Gulden 174, 1
Gumpe 145, 1
'gurren' 203, 3. 268, 2

gut 92 b. Komparativ 51. Super-
   lativ 126 Anm 1
Gurt 174 Anm 1
gülden 67b
Gürtel 109. 174 Anm 1. 204, 3a
gürten 204, 3a
Gymnasium 280

Haar 24. 36e. 42 Anm. 69b und c.
   193 A 1. 198, 1, 2. Dim 198, 2.
   wirres Haar vgl 'Strubel'
haben 137, 1a. 159, 1a, 1Sg Prs
   14, 1. 139, 2Sg 118 Anm 2. 158.
   126 Anm 1. 182a 1 und b. 275
   Anm 1, 3Sg 16,1. 141 Anm 2.
   271, 1Pl 105 Anm 3, 141 Anm 2.
   271, 2Pl 138. 141 Anm 2, hatte
   hätte(st) 14, 7. 143, Ptz 14, 6.
   157 Anm 2, 1a und b. 159 Anm 3.
   254. 260, 2
Haber 137, 1b
'Habung' 159, 1a. 274, 5
Hacke 99a 1. 136, 1
hacken 48a und b. 268, 11
Hademutshelle 109 Anm 2
Hafen 52a 4. 159, 1a und b. 248, 2.
   Dim 52a 4. 248, 2
Hafer 120 Anm. 121. 137 Anm 4.
   157 Anm 2, 1a und b. 159
   1b und Anm 1
Hagebuche 76a. 253
hagebüchen 76a
hahnebüchen 76a
Hainstadt 257, 3
Hainstadter 257 Anm 3
Haken 74. 182a 2. 268, 11. Dim
   74. 183a 4
halb 278, halber 137, 1a
Halbmond 139 Anm 3. 144
Halm 278
Hals 125a und b. 168, 1a und b
halt 31
halten 10. 51 Anm 2. 108. 274 Anm.
   2 und 3Sg Prs 51 Anm 2, Ptz
   260, 2. für einen Narren halten
   vgl 'vernarren'

Haltestange 76. 118, 2. 140 a 2, Pl
  252, 2
Hammer 67 a. 159, 2. 207.
Hand 182 a 2. 207. 268, 9, Pl 182 a
  1. 208. 273. 274, 3. Handvoll
  116. 141, 2. 275, 2
Handel treiben 155 Anm 3
Handschuhsheim 257 Anm 3
Hanf 144. Abfall von Hanf vgl
  'Äschwinge'. Hanf ohne Samen
  vgl 'Femel'
'Hannes', 'Hannmichel', Hann
  Nickel vgl Johann
Hardheim 257, 5
Hardheimer 257 Anm 3
Harfe 140 Anm 3
harnen 190 a 1. 218. 220
Hase 159, 1 a, b und c. 266
Haselstaude 124 a
hastig essend 78
Haube 51 Anm 1
Haue (Hacke) 99 a 1. 107, 1
hauen, 106, 1 und Anm 2, 1 Sg Prs
  107, 1, 3 Sg Prs 107, 1, Ptz 260, 2
Haufe, Dim 87 b
Haupt (Kraut) 191 Anm 2. 192 b.
  Dim 99 a 1
Haus 124 a und b. 131. 254, Pl 87 b.
  Dim 87 Anm 2
Hausflur 92 a. 194, 1
'haussen' 84. 110. 261
Haut, Pl 87 a 1. dicke Haut (namentlich vom Schwein) vgl Schwarte.
  Haut zwischen Bauch und
  Hinterbeinen vgl 'Fläme'
Häfner 52 a 4 und b
hämmern 274, 5
hängen, Ptz 260, 2
Här (Vogel) 161, 1 a. 193 A 2
Häuflein 87 b
Hebamme 268, 3
heben, 1 Sg Prs 14, 3. 139 Anm 2,
  Ptz 178, 1
Hebel 177 a 1
'Hebuche' 253
Hecke 51. 131. 268, 11

Hederichpflanze 157 Anm 2, 1 a
  und b. 157 Anm 4. 161, 1 a
Hefe 16, 2. 177 a 1
hehlen 161, 1 a
'hehren' 194, 1
'Hehrlein' 131
Heidekraut 141, 1 b
Heidelberg 14, 1
Heidenkessel 96 a 1
heilen 96 a 1 und b
heilig 97
Heilkrautstrauss 204, 3 b
heim 113, 1, 2. 246 c
Heimat 258, 4
Heimberg (Flur) 242
Heimchen, 'Heimer' 52 a 5. 190 a 1
  und 3. 205 Anm 1. 242 und
  Anm 2
'-heimer' 142 Anm 6
heimlich 113, 1. 130, 3. 258, 3
heimlich aneignen 245
heimwärts 142 Anm 6
'heimwerden' 142 Anm 6
'heinlich' 241
Heirat 193 Anm. 200
heiraten 142 Anm 6. 193 Anm
heiser 96 b. 124 b
heiss 96 a 1
heissen 96 b. 190 a 2. 268, 6
'heisdegeist', 102 Anm 1. 254
helfen 55, 1. 140 Anm 4, Ptz 61.
  260, 2
Hemd 208, Pl 274, 3
Hemmschuh 208
Henkel 208
'Henker' 210
Henne 65. 268, 11
Heppe (Hippe) 51 Anm 1
her 14, 3. 115, 2 a. 131. 198, 2
herab 16, 1. 139 und Anm 1. 261
heran 246 c
heraus 14, 3. 261
Herbst 194, 2. 202, 3 b
Herd 170, 1 a. 201 a
herein 261
'heren' 194, 1.

Hering 198, 2
herum 220. 261
herüber 11. 261
'hesdegest' 102 Anm 1. 254
'hest' 254
Heu 101 a 3, b und c
Heuernte 101 a 3
Heuhüpfer 101 a 3
Heuschrecke 101 a 3. 248, 2
heute 14, 1. 87 b. 228, 1. heute abend 14, 1. 228
Heuwiese 246 c
Hexe 51 Anm 1
Hiefebeeren 277 Anm 1
Hiefen 187 a 2. 268, 5
hier 90 a und b. 110
hier aussen 84. 110. 261
hier hüben 261
hier innen 110
Hieronymus 259, 5
hier unten 261
hierüber 139 Anm 1
Himbeere 115 b Anm
Himmel 131. 157 Anm 2, 2. 162. 213
hin 16, 4. 117 Anm 1
hin- und herwanken 203, 1
hinab 261
hinauf 65. 181 Anm 2. 254. 261
hinaus 261
hinein 14, 5. 261
'hinnen' 110.
hinten 131. 274, 4
hinter sich } 126, 2
'hinterschich' }
hinunter 261
hinüber 14, 7. 139 Anm 1. 254
Hippe 51 Anm 1
Hirn 16, 2. 162. 202, 5 a
'hirntöbig' 202, 5 a
hirnverbrannt 202, 5 a
Hirsch 123. 202, 5 a
Hirt 202, 5 a
hm 206 Anm. hmhm 11
Hobel 120 Anm. 137 Anm 4. 157 Anm 2, 1 a

hoch 80 a, b und c. 128 a. 129 Anm. 131. höher 128 a und Anm 1. 132 Anm
Hochmut 58
Hochzeit 185 a 1 und b
hocken, 1 Sg Prs 16, 3. 61
Hof 120, Pl 179 a 1. Dim 179 a
Hoffart 130, 1
hoffen 61. 120
hohl, flektiert 179 a 1
Hohlweg 178, 1
Holder, Holunder 61
holen 10
Holle (Frau) 61 Anm 1. 131
Hollunder 141, 2. 274, 1
Hollunderstock 178, 2
Holz 142, 2. 178, 2. Dim 63 a und b. 178, 2
Holzstoff eines Eichbaumes 117 a
Holzstück, abgespaltenes 55, 4 b
Holzziegel 127
Honickel 117 Anm 1. 206
Honig 60, 1. 62. 151. 157 Anm 3. 215. 246. 259, 3
Horn 3. 163. 176 a. 195, 1. 199. 265 Anm 1 a, Pl 204, 1 b. Dim 204, 1 a
Hornis 199
Hose 131. 178, 1
'hossen' 61
Hottenloch 15
Höhe 82 a. 128 Anm 1, (in die) Höhe 14, 3. 254. 255. 260, 5
Hölle 248, 2. 265. 268, 1
Höpfingen 257, 6
Höpfinger 257 Anm 3
hören 82 c. 185 Anm. 197, 1, 2 Sg Prs 83. 126 Anm 2, 3 Sg Prs 186 a 1. 204 Anm. 264, Ptz 14, 1. 14, 8. 82 b. 185 Anm. 260 Anm 3
'Hudel' 165, 1
Huhn 116. 240. 275, 3. Dim 239
Hullenfrau 61 Anm 1. Dim 131
Hund 66. 131. 174, 1. 219. Dim 220, Pl 220. 274, 4

Hundename 'Rhein' 228, 1
Hundheim 257, 5
Hundheimer 257 Anm 3
Hunger 218
Hurengesindel 280
'hurren' 203, 3. 268, 2
'hurtiglich' 203, 3
'husa' 131
Huschenbach 50, 2
'Husta' 131
husten 78. 87 Anm 5. 133
Husten 131. 188 a 1 und b
Hutzel 131
'hüben' 110. 261
'hüfzurück' 260, 4
hüi 36 Anm
'hüist' 36 Anm. 131 Anm 2
hüo 36 Anm
hüpfen 61 Anm 1. 131
Hürde 268, 2
hüten 94c, Ptz 189 a 1. 264
Hütte 268, 10
Hüttenfest der Juden 191, 2

ich 11. 16, 4. 44, 1. 45 b. 73 Anm 3. 130, 2. 271. mir 16, 5. 109. 171, 1. 193 A 2. 201 a. mich 130, 2. 171, 1. 254. Vgl auch wir
-ich } 151
-ig }
Igel 147, 1 a. 157 Anm 2, 2. 162
ihm vgl er
ihn vgl er
ihr 141 Anm 2. 254
Ilmspan 277, 3
im vgl in
Imbiss 59. 171, 1. 213
'Imes' 213
'Immen' 274, 2
Impfingen 257, 6
Impfinger 257 Anm 3
in 16, 3. im 113, 1. 131 Anm 1. 167 Anm 3. ins 254
Insektenmade 84
irre 202, 5 a. 268, 2
'iteren' 157 Anm 4

ja 102
Jagd 102. 168, 1 Anm 2
jagen 52 a 4. 102. 147, 1 a und b, 1 Sg Prs 150 b, 2 Sg Prs 177, 1, Ptz 260, 2
'Jahn' (Weinbergszeile) 102. 222
Jahr 69 a. und b. 74. 102. 115 b. 193 A 1. 198, 1. Dim 74
Jakobustag 265
Januar 106, 1 Anm 3. 278
jammern 223
Jäger 52, a 4. 102. 147, 1 a
jähren 74
jährig 198, 2
'jähwettern' vgl 'gowettlen'
Jähzorn 73 a. 145, 1
jemand 56. 248, 4. 272
jener, jenen 265 Anm 5
jenesmal 14, 1
Jesus 102
jetzt 60, 2. 90 Anm 1. 102 Anm 3. 144. 254
Joch 126, 1 Anm 4. 144
Johann 117 Anm 1. 131. Hannes 131. Hannmichel 206. Hann Nickel 117 Anm 1
Johann Adam 102 Anm 2
Johann Michael 206
Johann Nikolaus 117 Anm 1
Johanniskäfer 102 Anm 2
Johannistraube 102 Anm 3
Josef 277, 5 Anm 2
Jörg 150 b
Jude 80 Anm 2. 102. 166, 1
Jugend 165, 1
Juli 165, 1
jung 102. 119 a. 152. 174, 1. 219, flektiert 152. 274, 5
Junge 14, 1
Juni 165, 2

Kaffeesatz 142, 2
Kaiser 97, Flur Kaiser 153
Kalb 51. 157 Anm 5. 278. Dim 51
Kalender 274, 4
Kalk 16, 5. 125 a

kalt 153. 168, 1 a und c
Kamm 139. 246 a. 207, Pl 208. 270. 273. 274, 2
Kammer 118, 2. 157 Anm 2, 1 a. 263, 1
Kanal 71 a
Kanne 268, 4
Kapelle 55, 1. 145, 2. Dim 16, 4. 248, 2
Kapellchen (Würzburger) 52 b
Kappe 140 a 2. 268, 9
Kapsel 49 b
Karl 109. 157 Anm 4
Karren 48 a und Anm. 268, 2
Karst 36 c. 168, 1 a. 193 A 2
Kartenspiel sans prendre 280
Kartoffel 16, 2
Kaspar 126 Anm 1
Kastanie 104. 278
Katharina, Katharinchen 52 a 4 und b
Katze 48 b. 168, 1 a
'Kauchbohne' 84
'kauchen' 84. 181
kauen 101 Anm. wiederkauen 87 Anm 1. hastig, ohne Zähne kauen vgl mampfeln
kauern 84. 181, Ptz 260, 2
kaufen 14, 8. 101 a 1. 120. 180 Anm 2. 191, 2. 268, 5, 3 Sg Prs 101 b. 192 b, Ptz 260 Anm 2
Kaufladen 141, 1 a
Käfer 102 Anm 2. 157 Anm 2, 1 a
Kälte 51. 265
kämpfen, 3 Sg Prs 208
Käse 73 a, b und c. 254
Kätchen 128 a
keck, flektiert 55, 4 a
Keim 79. 228, 2. 250
kein 115, 2 a
keine Milch gebend vgl 'versiehen'
keinen 117 Anm 2
keiner 241
'Keitflecken' 87 Anm 4
Keller 55, 1. 268, 1
Kelter 118, 2. 263, 1
Kelterlager 90 a

Kerbe 202, 1
Kerl 14, 7. 202, 1. drolliger Kerl vgl 'Zotel', 'Zötel'. elender Kerl vgl Tropf
Kern 153. 161, 1 c. 199, 2
Kerze 202, 3 a
Kessel 51. 96 a 1
keuchen 78, 87 Anm 5, Ptz 260, 2. keuchend atmen vgl 'rechseln'
Kien 235
Kiesel 157 Anm 2
Kietze 186 a 1
Kind 114 b. 153. 171, 1. 213, Pl 274, 4. Dim 258, 1
Kindskopf 171, 1
Kinnlade 268, 11
Kipfe 140 a 1
Kirche 153. 202, 5 a. 265
Kirsche 16, 3. 109. 202, 5 a und b
Kissen 124 a. 268, 7
Kittel 41 b. 267. Dim 263, 3
kitzeln 67 Anm. Ptz 260, 2
Klafter 154. 182 a 1
klagen 154
Klammer 118, 2. 263, 1
'Klapper' 118, 2. 140 a 2
klar 69 a. 71 b. 193 A 1. 198 Anm 1
Klaue 182 a 1
Klee 76 a und b
kleiben 96 a 1
Kleid 96 a 1, Pl 141, 1 b
kleiden 141, 1 a, 3 Sg Prs 190 a 1. 276, Ptz 264. 270
Kleiderleib 96 a 1
klein, kleiner 52 a 5. 117 a. Komparativ und Superl 242 Anm 1
kleingewachsen 259, 4
Kleister 154
Klette 55, 4 b. 268, 10
klettern 54 b. 157 Anm 4
klingen, Ptz 218
Klinke 212
Kloben, Dim 179 b
klopfen 61. 140 a 1
Kloss 80 a und b, Pl 186 a 2 und b. 268, 6

Kloster 81. 154. 185 a 1 und b
'Klotschen' 182 a 1
Klotz 178, 2
'Klucke' 65
Klumpen 218
'Klüpfel' 67 a
Knall und Fall 254
'knauken' 155
Knecht 14, 1 und 2. 16, 1. 170, 1 b
kneten 161, 1 a
knieen 106, 1 und Anm 2. 118, 1 a
knirschen 241
Knoblauch 154
Knochen 61. 128 a und b. Dim 63 a
Knopf, Knöpfe 178, 2. Dim 63 Anm 2
Knorre 204, 1 a
Knoten 163 Anm
'Knötscher' 63 a
Knurren im Bauch 203, 3. 268, 2
Knüttel 84. 140 a 1. 154
Kohl 80 a
Kohlrabe 61 Anm 2
kommen 165 Anm 2. 218, 1 Sg Prs
   14, 3. 16, 3. 271, 2 und 3 Sg Prs
   14, 5. 112. 220. 271. 275, 1, käme
   224, Imperat. 17 a, Ptz 14, 1.
   260 Anm 2, kommend 115 b
Kopf 16, 2. 140 a 1 und b. 171, 1.
   178, 2, Pl 178, 2
Kopfzieche 268, 8
Korb 16, 5. 186 a 1. 195, 2. 198, 1.
   278, Pl 204, 1 a. Dim 161, 1 a
Korn 153. 176 b. 195, 1, Pl 204, 1 a
'koscher' 71 Anm 4
kotzen, Ptz 260, 2
Köchin 63 b
König 3. 64. 119 Anm 1. 151. 157
   Anm 3. 164. 176 a und b. 217.
   221 Anm. 246 a
Königheim 102 Anm 2. 257 Anm 3.
   257, 6
Königshofen 217. 220. 221 Anm.
   256
können 3. 64. 216, 1 Sg Prs 117
   Anm 1. 159 Anm 3. 246 a. 254.
   271, 2 Sg Prs 114 b, Ptz 260, 2

'Kötze' 186 a 1
krabbeln 137 Anm 2
Kraft in den Gliedern 159, 1 a. 274, 5
Kragen 159, 1 c
'Krampe' 206
Krampf 111 a und b. 207, Pl 208
krank 16, 1. 119 b. 152. 207. 246 a,
   b und c. 260, flektiert 206
Krankheit 14, 1. 208
'Kratz' 168, 1 a
kratzen 140 Anm 2. 268, 9
Kraut 87. 99 a 1
Krautgarten, Pl 87 Anm 4
Krauthaupt 191 Anm 2. 192 b
Krautständer 274, 4
Krautstengel 195, 1. 199
kräftig 51. 151. 248, 2
Krätze 168, 1 a
Krämer 75. 224. 246 a und b
'Kräutig' 87 a 1
Krebs 54 b
'Krenke' 152. 208
Krensheim 257, 6
Krensheimer 257 Anm 3
Kresse 54 a. 268, 7
Kreuz 87 b. 154
Kreuzer 154
kriechen, 3 Sg Prs 87 b
Krieg 90 a und b
kriegen (bekommen), 2 Sg Prs 90 b,
   Ptz 260 Anm 2
Kropf 140 a 1. 178, 2, Pl 63 a
Krone 229
Krott } 14, 5. 64. 164. 179 a 1
Kröte }
Krug 92 a, Pl 91 a. 147 a
krumm 219. Komparativ 220
Krüppel 67 b
Kuchen 52 a 4. 168, 1 a. 188 a 2 und
   b. 268, 8. dünner Kuchen vgl
   'Blatz'
Kuckuck 153 Anm
Kuckuckssitz 101 a 3
Kufe 188 a 1. 268, 5
Kugel 147, 1 b. 157 Anm 2. Dim
   155

Kuh, Pl 94 a. 103. 253 Anm 2. 265
Kuhfliege 246 a
Kuhname 'Bläss' 52 a 4
'kumbäk' (Spielruf) 150 a
'Kuhne' 222 Anm
Kunst 174, 1
Kupfer 65
Kuppe 140 b
'kuppeln' 65
kurz 142, 2. 174, 1. 201 a. 259, 4, flektiert 203, 3
kurzatmig 74
kurzes Stroh 202, 5 a
Kutte 268, 10
Kuttel 157 Anm 2, 1 a, Pl 61 Anm 1
'kuttern' 65
'kutzeln' 67 Anm
Kübel 67 Anm. 157 Anm 2. 165 Anm 1. 166, 1 a und b
Küche 67 a. 268, 8
Küfer 94 a und b
Küferbeil 133
'külpich' 67 Anm
Külsheim 257, 5
Külsheimer 257 Anm 3
Kümmel 68. 157 Anm 2. 166, 2. 221
Kürbis 153. 204, 3 a
Kürze 204, 3 b
küssen 268, 7

Lache 128 Anm 2. 171, 1
lachen 48 b. 65. 128 a
Lade 141, 1 b
Laden 141, 1 a
lahm 207
'laiern' 87 Anm 4
lallen 268, 1
Lamm, Pl 265 Anm 3. Dim 208
Lampe 55, 1
Land 141, 1 a
lang 207. 246 a, flektiert 206. Komparativ 274, 5
lang gewachsen 259, 4
lange schon her 115, 2 a
langsam 73 Anm 4. 73 b

Langsamkeit 63 a
Lappen 48 a. 54 a und b. 140 a 2
'Lappen' 268, 9
lassen 182 a 2 und b. 268, 6, 2 und 3 Sg Prs 126 Anm 1
Last 14, 1. 168, 1 a
Laterne 52 b
Latte 48 b. 52 a 4. 141, 2. Dim 52 a 4 und b
Latwerge 104
Laub 139 Anm 2
Laube 99 a 2
Lauberhütte } 191, 2
Laubhütten }
Lauch 99 a 1
Laudaer 257, 5 Anm 3
laufen 16, 4. 108. 120. 191 Anm 1 und 2, 1 Sg Prs 271, 3, 3 Sg Prs 101 a 1. 191 Anm 1. 192 b, Ptz 14, 5
'Laufer' 191. 2. 268, 5
Laus 84
lauschen 84. 181
Lauseier 122
Länge 208
Längsholz (beim Wagen) 171, 1. 208. Längsholz des Pfluges 210
Lärm 157 Anm 4. 208
'Läuchse' 133
läufig sein, von der Kuh vgl 'rindern'
läuten 87 a 1, b und c
leben 161, 1 a und b
lebendig 15. 57
Leber 118, 2. 137, 1 b. 157 Anm 4. 263, 1
Lebkuchen 54 b. 138 Anm 2. 161 Anm
Lebtag 50, 1
lecken 54 a, Imperativ 14, 5
Leder 157 Anm 2
ledig 55, 4 a. 151. 157 Anm 3. 259, 3
leer 73 c. 193 A 1. 198, 2. 271
Lefze 54 a
legen 160
Lehm 246 b
Lehmgrube 241

Wörterverzeichnis. 217

Lehne (Polster) 56. 161, 2. 211
lehnen 132. 228. 252. 2
Lehre 197, 1
lehren 197, 1
Leib 96 a 1 und b
Leiche, Leichenbegängnis 144
leicht, Superlativ 143
leid 96 a 1. 206. 274
leiden, Ptz 157 Anm 2, 4. 162
leiern 87 Anm 4
Leier 193 A 1
leihen, vom Vieh zur Arbeit 155 Anm 3
Leilach(en) 50, 1
Leim 228, 2
leimen 228, 2
Leintuch 50, 1
'Leite' 78
Leiter, Leiterchen 52 a 5. 96 b. 98. 118, 2. 180 Anm 3. 190 a 1. 263, 2
Leitersprosse 65. 268, 6
Leitseil 96 b. 257, 1
'Lengwied' 171, 1. 208
lenken 280
'Lenkwiet' vgl Lengwied
Lerche 77. 202, 4
lernen 202, 1
lesen 161, 1 a und c, 3 Sg Prs 264
Letten (Thonerde) 55, 4 b
'Leuchse' 133
leuchten 87 a 1. 181, 2 Sg Prs 143
'leuern' 87 Anm 4
leugnen 114 Anm 3. 155 Anm 1. 191, 1. 192 b. 277 Anm 2
Leute 14, 1. 87 a 1, b und c. 271
'leutlich' 87 a 1
Licht 90 a und b. 134, 1. 187 a 1 Anm
lieb 90 a und b. 145, 1. 161, 1 a und b
Lied 141, 1 a. 142, 1
liegen, 3 Sg Prs 59. 78. 103. 138 Anm 1. 149. 253, Ptz 161, 1 a
Lilie 102 Anm 1. 104. 128 a. 146. 277, 1. 278 und Anm
Likör 197, 1
links vgl 'hüist'
'Lisse' 133

Loch 128 a. 129. 167 Anm 1, Pl 63 b. Dim 63 a. 128 a
locken 268, 11
Lohn 81. 117 a und b. 229. 246, Pl 231
Lorbeeren 81. 185 a 3. 203, 2
Los, Lose 82 c
lostrennen, mit den Fingernägeln 65
Lottel 157 Anm 2, 1 a
lotter 157 Anm 2, 1 a
Löffel 248, 1. 268, 5
Löhlein 126, 2
lösen 82 a
löschen 248, 1
löten 82 a
Löwe 53. 107, 1. 118, 1 a. 248, 3
Luder 92 a. 180 Anm 3
luftig 65
Lump 165, 1. 259, 5
Lumpen (Kollektiv) 220
Lumpengesindel 280
Lumpenpack 50 Anm
Lumpenzeug 260, 2
Lunge 218
'lupfen' 67 Anm
Lüge 166, 1 a
lügen 90 Anm 2, 3 Sg Prs 181, Ptz 260, 2

machen 49. 111 a. 118, 1 a. 128 a. 168 Anm 2, 2 Sg Prs 128 a. 133 Anm. 247, 1, Imperativ 17 a
Made 84
Magd 96 a 1. 148. 190 Anm 2. 253
Magen 71 Anm 2. 147, 1 a. 159, 1 a und b. Magen des Schweines 114 Anm 2
'Mag(en)samen' 71 Anm 2
Magnus 147 Anm 3. 259, 5
mahlen 159, 1 a und c, 3 Sg Prs 53. 177 a 1
Mai 96 a 2. 103 Anm 2
Maibaum 96 a 2
maintenir 280
majorenn 280
mal 118 Anm 3
malade 280

malen 69 a
Maler 69 a
Malz 168, 1 a
malzen 168, 1 a
'mampfen' 111 a. 113, 1
man 109 Anm 2
manch, mancher 157 Anm 3
manchmal 48 a
Manggasse 206
Mann 117 a und b. 168, 2. 207. 246 a, b und c, Pl 208. 268, 4
Marder 168, 1 a
Marie 162
Maria Himmelfahrtstrauss 204, 3 b
Markt 48 Anm. 142 Anm 3. 264
markten, Ptz 155 Anm 3
marrubium (Pflanze) 114 Anm 3
Martin, Martinchen 52 a 4. 202, 3 a
Martina 213
Martinstag 265
Mass 69 a. 74. Dim 74. 183 a 4. Mass Ohm 222
Massholder 268, 6. 277 Anm 1
Masse, rote 186 a 1 und b, von Leuten oder Tieren 111 Anm 2
'Massik' 150 a
'Matze' (Augenschleim) 52 a 4
Mauer 193 A 1. 200
Maul 61. 251. 258, 2, Pl 87 b. Dim 181 Anm 1. 251. 258, 2
Maulwurf 52 a 4. 94 a und b
Maurer 87 a 1. 197, 2 c
Maus 84, Pl 87 a und c
mächtig 52 a 1 und b. 128 c
Mädchen 96 a 1. 148. 190 Anm 2. 253
mähen 3. 73 Anm 5 a und b. 74 Anm. 76 Anm. 96 Anm. 103 Anm 1. 106, 1 und Anm 2. 111 a
Mähre 202, 3 a
mässig 73 c
'meckern' 268, 11
Meer 73 Anm 2
Mehl, gemahlenes 90 a
Mehltau 58. 99 a 2
mehr 73 Anm 2. 141 Anm 3. 194, 2. 197, 1. 205 Anm 2. 227. 265 Anm 4.
mehren 76 a
mein 14. 117 a. 228, 1, flektiert 14, 1. 114 a. 117 Anm 2
meinen 241. 246 b und c, 2 und 3 Sg Prs 114 b. 115, 1. 242. 264, Ptz 260 Anm 4
mein Lebtag (Ausruf) 50, 1
Meinung 259, 1
Meissel 122. 180 b. 190 a 2. 268, 6
Meister 98. 111 a. 126 Anm 1. 190 a 1 und b. 241 Anm
melken 55, 1
Mensch, dummer vgl Vieh, langsamer vgl 'Knötscher', zorniger vgl Giftscheisser
merci 260
'Merre' 202, 3 a
Messe 268, 7
messen 54 a und b
Messer 111 a
Messing 268, 7
Messner 268, 7
Mette 269, 10
mich vgl ich
Michael 58. 111 a
Michaelstag 265
Mieder 90 b
Milbe 106, 2
'milbig' 259, 4
Milch 128 a. 278 und Anm. keine Milch mehr gebend vgl 'versichen'
minder 141 Anm 3
mir vgl ich
mischen, Sauerteig, Mehl und Wasser 55, 4 d
Mispel 55, 3
Mist 111 a. 171, 1
Mistlache 171, 1
Mistsuttel 157 Anm 2, 1 a und b
mit 171, 1. 271. miteinander 142 Anm 3. 274, 4. 275 Anm 2
mitten 268, 10
Model 157 Anm 2, 2. 178, 1

Mohn 71 Anm 2
Molke 61 Anm 1
Mond 223. 265
Montag 75. 151. 183 a 3 und b. 223.
 225. 257, 4
Moos 124 b
'Morcs' (Angst) 80 Anm 2
morgen 203, 1, morgens 126 Anm 4
morsch 178, 2. 193 Anm 2. 195, 2.
 201 a
Morschlanden (Flur) 61 Anm 2
'Mosche' Moses 80 Anm 2
Most 62. 178, 2
Most-Balthasar 178, 2
mögen 179 a 1, 18 g Prs 14, 5. 147,
 1 a. möchte 134, 1. 173. 179 a 2
Mörser 64. 204, 1 a
Mörtel 204, 1 a
'mucksen' 155
Mund 277, 4
mundvoll 141, 2. 275, 2. 277, 5
Mundstück eines Geschirrs 84
Muschel 65
Muschelbach 50, 2
Musik 165, 1
'muten' (von der Kuh) 92 a
Mutter 92 b. 93. 142, 1. 180 Anm 3.
 188 a 1 und b
Mücke 67 Anm. 268, 11
'mücksen' 67 a
müde 73 Anm 3. 94 a und b
(der) Mühe wert 110
Mühle 166, 1 a und b
Mühlgestell 48 a
Münch 220
Münze, geweihte 74. 183 a 4
mürbe 107, 1. 204, 3 a. 278
müssen 189 a 2, b und c. 268.
 268, 6, 28 g Prs 188 b, Ptz 94 b

Nabel 157 Anm 2, 2. 159, 1 a. b. c
nach 69 a und b. 114 a. 260, 3
Nachbar 72. 182 a 1. 257, 2. 267
Nachen 128 a. 167 Anm 2
Nachgeburt 161, 1 a
'Nacht(ge)letze' 248, 2

nachher 144
nachsinnen 94 a
Nacht 168, 1 a, b, c und Anm 1,
 Pl 52 a 1. 134, 1. gestern Nacht
 vgl nächtig
nackig } 259, 4 und Anm 2. 268, 11
nackt
Nagel 157 Anm 2, 2. 159, 1 c, Pl
 177 a 1. 265 Anm 3
nageln 159 Anm 1
nahe 74. 132. 252, 2. nächst 254
Name 10. 207, Pl 160 Anm 2. 209
 Anm
Napf 114 a. 140 a 1
Narbe 106, 2
Narr 80 Anm 2. 115, 2 a. 268, 2. 279.
 Vgl auch 'Zwetschennarren'
naschen 54 a
Nase 159, 1 a und c
naturel 280
natürlich 280
Naumburg 257, 3
nächtig 168, 1 a
'näh' 11
Nähe 74. 114 a
nähen 54 a. 73 Anm 5 a
Nässe 265
neben 109 Anm 2
nehmen 161, 2. 210, Imperativ 246 b,
 Ptz 16, 3. 145, 1. 218. 260 Anm 4
'neidscheerig' 126 Anm 4. 146
nein 11. 241
Nest, Nester 55, 2. 114 a. 126 Anm 1.
 158. 170, 1 a und b, Pl 55, 2.
 170, 1 a. Dim 170, 1 a
neu 87 a 2 und b. 106 Anm 2
neugierig 126 Anm 4. 146
neun 88. 117 a. 234
'neuschierig' 126 Anm 4. 146
Netz 51
'nibeln' 157 Anm 4
nicht 14, 1, 8. 60, 2. 254. 271. nicht
 mehr 265 Anm 4. nicht wahr
 257, 2
nichts 73 Anm 2. 133. 142 Anm 3
nieder 157 Anm 2, 2 und 3. 162

niemand 91. 115, 2 a. 124 Anm 1. 235
'niggsgierig' 126 Anm 4
nirgend 202, 6
Nisse 122
noch 130, 3. 205 Anm 2. 214
nochmals 257, 1
Not 80a und c
nötig 62a und c
nun 205 Anm 2
nur 106 Anm 5. 254
Nuss 66. 174, 1
nüchtern 189a 1. 189b
'nüh' 11
nütze 67a. 265

ob 137 Anm 3. 139 Anm 2. 271
oben 137, 1b
ober 109 Anm 2. 137, 1a
obstinatus 280
Ochse 133. 159 Anm 1. 172 Anm 2. 174 Anm 2. 257, 2. Dim 257, 2
Ochsenberg 133. 172 Anm 2
Ochsenthalerweg 133
oder 157 Anm 4
Odermennig 71a Anm 3
Ofen 163. 178, 1, Pl 179a 1
Ofenruss 144. 189 Anm
oh 11
Ohm 222
Ohmet 222
ohne 265 Anm 4
Ohnmacht 222
Ohr 80a. 193A 1. 197. 3
Oktober 137, 1a
'onnamen' 222
ordnen, den Acker 233
Ort 198, 1
Ostern 185a 1
Otter 61. 268, 10

Öhr 82a
Öhre 193 A 1
Öl 15. 64. 179a 2 und b

Pabst 10. 136, 1. 144. 157 Anm 3
pachten, 2 Sg Prs 143

Paimar 234. 275, 2
Paimarer 257 Anm 3
Palmen 136, 1
Pantoffel 268, 9
Papagei 136, 1
Papier 136, 1
Papierrolle 268, 1
Pappe 136, 1
pappeln 52a 4. 137, 2. 268, 9
passend 52a 3
Patenkind 179a 1
'Pater', 'Päterlein' 74
Pater noster, Dim 74. 183 a 4
Patin 179a 1
'Paucke' 64
Paul 136, 2
Pech 136, 1. 170, 1a, b und c
Pechpfetzer 170, 1a
Pelz 55, 1. 169. 177a 2. Dim 169
Pest 55, 4b. 136, 2
Peter 76a. 136, 2. 180 Anm 3
Petersilie 184a 2
Pfad 140a 1 und b
Pfaffe 268, 5
Pfahl 69a. 140a 1. 279. Pfahl zum Aufwinden 190a 1. Pfahl zum Ausheben von Hopfenstangen 206
Pfalz 140b
Pfanne 140a 1 und b. 206. 268, 4
Pfarrer 140a 1 und b. 268, 2
Pfeffer 54a und b. 140a 1. 268, 5
Pfeife 140a 1 und b
pfeifen 250
Pfennig 119 Anm 1. 140a 1 und b
Pferch 202, 3a
Pferd 145, 1. 212
Pferdefuss 55, 3
pfetzen 51 Anm 1. 58
'Pfetzeemest' 121
Pfetzer des Pechs 170, 1a
Pfiff 171, 1
Pfips 111 Anm 3
Pfirsich 202, 1
Pflanze 140b. Andorn (marrubium) 114a Anm 3. Flugfeuer 121.

Hederich 157 Anm 2, 1 a, b und
  Anm 4. 161, 1 a. Kresse 268, 7.
  Winde 105 Anm 2
Pflaster 48 a. 140 b
Pflaume 140 b. 233. 246 b
'Pflech(t)gras' 121
Pflege 161, 1 b
pflegen 121. 140 b. 161, 1 a. 241
Pfingsten 140 b
Pflock 140 a 1. 178, 2, Pl 178, 2.
  268, 11
Pflug 92 a. 121. 140 b. 147, 1 a
Pflugstangen 76 a. 252, 2
pflügen 260, 4
Pfriem 140 b
pfropfen 51
Pfründe 140 a 1 und b
Pfuhl 140 b
Pfund 140 b. 219
pfui 36 Anm
Pfühl 67 Anm. 106, Anm 4 und 6.
  140 b
Pfütze 128 Anm 1. 140. 279
Philipp 277, 1
Pille 136, 1
Pinsel 136, 1
Pips 111 Anm 1
Platz 168 Anm 3
polnisch 259, 2
Polster 56. 161, 2. 211
Posaune 233
Post 136, 2
'Pötterlein' 183 a 4
predigen 157 Anm 3
Predigt 141, 1 b
Presse 54 a. 268, 7
Professor 280
Prügel 147, 1 b. 157 Anm 2, 1 a.
  166, 1 a und b
Pumpe 145, 1
Punkt 136, 2
Puppe 140 a 2. 268, 9
putzen 136, 1, Inf Gen 115, 2 a
'putzig' 259, 4 und Anm 2
Pülfringen 249 a. 257, 6
Pülfringer 257 Anm 3

Qual 71 a. 160 Anm 1
Qualm 154
quälen 154
Quelle 154
Quitte 157 Anm 4

Rabe 131 Anm 1. 268, 9
Rahmen 160 Anm 2. 207. 209 Anm.
  Dim 209 Anm
Rain 117 a. 241
Rainfarn 241. 277 Anm 1
'rammeln' 268, 3
Rand 207
Ranf 275, 2
Rang 207. 246 a
'Rangerse' 119 Anm 2
'Ranke' 206
Rasen 113 Anm 1. 124 a. 159, 1 b
Ratte 48 a
'Rattel', Pl 159 Anm 1
Ratz 52 a 4. 168, 1 a
Ratzkatze 168, 1 a
Rauch 109
rauchen 99 a 1. 128 a
'Raude' 84
raub 128 Anm 1. 129 Anm
'raumen' 233
Raupe 84
'Raupe' (Insektenmade) 84. (junges
  Vieh) 84. Dim 84
Rausch 165, 1
'räh' 73 Anm 3
Räuber 101 c
räuchern 99 a 1. 101 c
Räude 84
räudig 87 a 1
'Räupling' 84
Rebe 161, 1 a, Pl 161, 1 c
Rechen 54 a
rechnen, 3Sg Prs 263, 3
'rechseln' 133
recht 14, 6. 56. 109. 128 c. 134, 1.
  170, 1 b
Rede 141, 1 a. 142, 1
reden 53. 118, 1 a. 177 a 1
Regel 147, 1 a. 161, 1 a

regen 14, 6. 155
Regen 147, 1a. 161, 1c
regnen, 3Sg Prs 16, 5. 263, 3, Ptz
    14, 1. fein regnen 157 Anm 4.
    stürmisch regnen 102 Anm 1.
    stürmisch regnen und schneien
    69a und b
Reh 76d
'Rche' (Haltestangen) 76a. 252, 2
reiben 78. 105 Anm 1. 250, Ptz 162
reich 128a. 129. 181
Reif (Seil) 96 a 1 und b
Reihe im Weinberg 80 a und d
Reiher 96 Anm
Reim 228, 2
Rein (Hundename) 228, 1
'rein' 241
Reinigung der Kuh 161, 1a
reissen 61 Anm 1
Reissig 78. 151
reiten, Ptz 157 Anm 2 und 4. 162
'Reitel' 190 a 1
'Remmscheid' 208
rennen 268, 4
'resseln' 133
retten 268, 10
Rettich 183a 2 und c
reuen 106 Anm 2
Reuss 258 Anm
'Rhein' 228, 1
Richter 58
riechen (intrans und trans) 48 a und b.
    128 b. 180 b und Anm 2. 187 a 2.
    268, 8. nach Fett riechen 202, 5 a.
    riechen, vom Heu 67 a
Riegel 157 Anm 2, 2
Riemen 235
Riese 162
rieseln 157 Anm 4
Riester 187a 1
Rinde 274, 4. Vgl 'Spenn'
'rindern' 171, 1. 274, 4
Rinderbach 50, 2
Ringel 131 Anm 1
ringen 105 Anm 1
ringsherum 131 Anm 1

Rinne 104. 212. 278
rinnen 212. 268, 4, Ptz 218. 260, 2
    und Anm 4
Rippe 58. 268, 9
Riss 109. 171, 1
Ritt 171, 1
'Roches' (Zorn) 80 Anm 2. 259, 5
Rock 178, 2, Pl 268, 11. Dim 63 a,
    b und Anm 2
Rockschoss 76a
Rohr 16, 5. 80 a. 193 A 1. 197, 3
Rolle 268, 1
Rosa, Rosachen 80a
Rose 80a, b, c und d. Dim 82 a,
    b und c. 180 Anm 3. 185 Anm
rot 80 c. 103 Anm 3. 117a
rote Masse 186a 1 und b
Rotlauf beim Vieh 121
Rotz 109. 142, 2
Röhre 82a, b und c. 197, 1
rösten 186a 1
'Rötel' 186a 1 und b
Ruf der Sautreiber 131
rufen 188a 2. 268, 5
Rufina 114a
Ruhe 92 b. 106 Anm 2. 107 Anm 1
Ruhestock 126 Anm 3
rund, flektiert 142, 1
runden Gegenstand schieben 248, 2
rupfen 61 Anm 1
Russ vom Ofen 144. 188 Anm
rusticus 193 A 1
Rute 141, 1 b
rutschen 67 Anm
Rübe 94 c. 119 Anm 2
Rücken 65. 155. 268, 11
rückwärts 126, 2
rühren 94 c. rühren, vom Teig
    194, 1
Rüssel 95. 180 Anm 3. 189 a 2 und b.
    268, 6

's vgl der und er
Saat 69 c. 71 Anm 1. 279. Dim 71
    Anm 1
Saatfeld 92 a

Wörterverzeichnis. 223

Sachsen 133. 159 Anm 2. 168 Anm 2
Sack 167 Anm 1. 168, 1a und c,
　Pl 168, 1a. Dim 52 a 4
Saft 168, 1c
sagen 159, 1a. 265 Anm 1a, 2 Sg
　Prs 253 Anm 1, 2 und 3 Sg
　Prs 264. 177a 1, Ptz 14, 8
Salat 50 Anm. 71a. 124a
Salatstengel 157 Anm 3. 193. 193
　A 2
Salbe 137, 1a
salben 137, 1a
Salz 168, 1a, b und c
Same 72. 222. 224 Anm. Dim 224
sammeln, Ährenreste vgl 'stupfeln'
Sand 49. 114 b. 207. 246 c
sanft 207. 275, 8
sans prendre 280
Satan 280
satt 12 Anm. 15. 157 Anm 2 und 3.
　168, 1a
Sattel 159 Anm 1
Satz 142, 2. 168, 1b
Sau 124a. 258, 2, Pl 87 b. Dim
　257 Anm. 258
sauber 271
sauer 193 A 1. 200
Sauerteig, Mehl und Wasser mischen
　55, 4 d
saufen 84. 181, 3 Sg Prs 87 a 1.
　181, Ptz 260, 3
sausend bewegen 203, 3
Sautreiberruf 131
säen 3. 73 Anm 5a und b. 84 Anm.
　106, 1, 3 Sg Prs 184 Anm 1, Ptz
　107, 2
Säge 161, 1c
Schaden 127. 141, 1a
schaden 276, 3 Sg Prs 276, Ptz 264
Schaf 69 a. 180 Anm 2. 183 a 2. 266.
　Pl 183 a 4. 266. 268, 5. Dim
　183 a 4. Vgl auch 'Bäcker'
schaffen 48 a
Schalk 50, 3. 259, 5
Schande 127. 265. 274, 4
scharf 127. 140 Anm 3

Scharfrichter 140 Anm 3
scharren 109
Schatten 16, 5. 113 Anm 1. 127. 157
　Anm 2, 1a und b. 267
Schatz 168 Anm 3
schauen 61. 65
schaukeln 61
Schädel 127
Schäfer 75. 180 Anm 2. 183a 2, 4
　und c. 268, 5
'Schäfers Löhlein' 126, 2
schälen 177 a 1
schämen 209
schänden 274, 4
schäumen 234
scheckig 54 a. 127. 134, 2. 259 4,
　und Anm 2. 268, 11
scheel 127. 135
Scheere 73 a und c. 127. 198, 2
Scheibe 79. 127. 250
Schein 117 a
scheinen, 3 Sg Prs 114 b
scheissen, 1 Sg Prs 14, 5
Scheisser 171, 1
'Schelch' 128 a. 167 Anm 2
Schelle (Glocke) 55, 1. 61. 268, 1.
　Vgl auch 'Klapper'
schelten 55, 1. 274 Anm
Schenkel 127. 155
'schepp' (schief) 54 a. 124 Anm 1
Scherbe 54 b. 137, 1a. 202, 1
Scheuer 193 A 1. 197, 2 a
schichten, Ptz 264
schieben 61. einen runden Gegen-
　stand schieben 248, 2
schief 54 a. 124 Anm 1
Schiefer 157 Anm 2, 1a
schielen 128 a. 135
schier 202, 6 und Anm. 254
schiessen 118 b. 127. 180 b. 187 a 2.
　265 Anm 1b. 268, 6, 3 Sg Prs
　187 b
Schilfrohr 52 a 4
schimpfen 111 a. 212
Schimpfname Aas 69 a. 122 Anm 1.
　Schimpfname Grindkopf 171, 1.

Schimpfname Luder 180 Anm 3.
 Vgl auch Schindaas
Schimmel 212. Schimmel auf dem
 Weine 222 Anm
Schindaas 212. 274, 4
'Schindel' 127
schinden 127. 212. 274, 4, Ptz
 274, 4
Schinder 212
Schindershütte 274, 4
Schiss 171, 1
Schlaf 126, 1. 180 Anm 2. 182 a 2
schlafen 180 Anm 2. 182 a 2
Schlag 126, 1, Pl 177 a 1. 266
schlagen 52 a 4. 87 Anm 4. 126, 1.
 159, 1 c, 2 Sg Prs 177 a 1. 253
 Anm 1, 3 Sg Prs 258, 1. 264
Schlange 206
Schlappe 268, 9
schlecht, flektiert 54 a
schlecken 54 a und b
Schlegel 177 a 1
Schlehe 76 b
Schleife 250
schleifen 96 b. 190 a 2. 203, 3. auf
 dem Eise schleifen 268, 2
Schleim 228, 2
schliessen 187 a 2, 3 Sg Prs 187 b
Schlitz 171, 1
Schloss 178, 2
Schlot 126, 1
schlüpfen 67 Anm. 140 b
schmal 126, 1. Komparativ 248, 3
Schmalz 168, 1 a, b und c
schmalzen 168, 1 a
schmecken 48 a und b. 168, 1 a. 268, 11.
 schlecht schmecken (intr) 63 a
'Schmeis' (Treibschnur) 96 a 1
schmeissen 78. 181. 250
'schmelmig' 259, 4
schmersen, brennend vgl 'hehren'
Schmiede 126, 1
Schmiele 259, 4
Schmiss 171, 1
'schmorgens' 126 Anm 4
schmutzig von Charakter 71 Anm 4

Schnabel 49. 126, 1. 157 Anm 2, 2.
 159, 1 a und b
'schnachts' 126 Anm 4
Schnake 182 a 2. 268, 11
'schnappen' 52 a 4. 248, 4
schnattern 157 Anm 4
Schnecke 54 a. 268, 11
Schnee 76 a, b und d. 126, 1
schneiden 126, 1, Ptz 14, 1 und 2.
 162
schneien 250
schnell 203, 3. 254
Schnellkügelchen 155
Schnepfe (Vogel, 54 a
Schnepfendreck 54 b
'schneppen' 52 a 4. 248, 4
Schnitz 131. 171, 1
schnupfen 140 Anm 2. 268, 9
Schnupfen 268, 9
Schnur 92 a. 96 a 1. 193 A 1
schnurren 203, 3
schnüren, Ptz 190 a 1
schocken, 'schockeln' 61
'Schode' 80 Anm 2. 279
'schofel' 71 Anm 4
Scholle 127. 268, 1
schon 14, 8. 118 Anm 3. 127. 254
schonen 229
schoren 195, 1. 198, 1. 199
Schooss 76 a
Schöffe 268, 5
schön 14, 4. 83. 117 b. 231. 246 a.
 265, Nom Sg Fem 69. 258, 1.
 Komparativ 232. 254. Superlativ
 83. 186 a 3. 232. 263, 3
Schönfeld 257, 1
schöpfen 53. 246, 1
schräge 177 a 1
Schraubestock 263, 1
Schreckgestalt zum Verscheuchen
 der Vögel 61 Anm 1. 178, 2
schreiben 78. 250, Ptz 162
Schreibfach 168 Anm 1
schreien, Ptz 253 Anm 2. 260, 2.
 265. schreien vom Bock 268, 11.
 vom Esel 203, 3

Wörterverzeichnis.

Schrift 171, 1
'Schrot' (Weinbergreihe) 80 a. c. d
schrötig 82 a
Schuh 92 a und b. 129, Pl 132. 252, 2
Schuhmacher 256
schuldig 67 a und b. 151. 259, 3. 274, 1
Schule 92 a. 265
Schuss 174, 1. 266, Pl 157 Anm 1. 268, 6
Schuster 10. 170, 1 a. 188 a 1. 256
Schuts nicht gewährend 67 a
schüren 166, 1 a. 193 A 2
Schürze 204, 3 b
Schüssel 67 a. Dim 263, 3
schütten 68. 166, 1 a, Pts 167 Anm 1. 157 Anm 1, 2. 264. 270
schütteln 67 b
schwach 168 Anm 2
Schwager 69 a. 180 Anm 3
Schwalbe 106, 3
Schwamm 139. 167 Anm 2. 168 Anm 3
Schwanz 142, 2. 207, Pl 209
Schwarm 49. 247, 2
Schwarte 48 a. 193
Schwartenmagen 109 Anm 3. 114 Anm 1
schwarz 126, 1. 168, 1 a und c
schwatzen 52 a 4
Schwäche 152
schwätzen 52 a 4
Schwefel 157 Anm 2, 2. 161, 1 c
Schwein vgl 'Barg' und 'Laufer'
Schweinberg 257, 2. 275, 2
Schweinberger 257 Anm 3
Schweinsmagen 114 Anm 1
Schweiss 96 a 1
schwemmen 268, 3
schwer 73 a und c. 193 A 1. 198, 2. Komparativ und Superlativ 114 Anm 2. 183 a 3. 202, 2
Schwester 55, 2. 126 Anm 1
Schwiegervater 198, 2
schwimmen 112. 126, 1. 268, 3, Ptz 218
Schwindel 165, 1. 275, 3

schwindeln, 3 Sg Prs 275, 3
'schwirbeln' 202, 5 a
'schwirmeln' 202, 5 a
Sebastian 114 Anm 3. 142 Anm 5. 274, 7. 277 Anm 2
sechs 55, 4 a. 133. sechs Uhr 89
sechzehn 55, 4 a. 133
sechzig 54 b
See 76 a
Seele 73 Anm 1. 76 a, b und d
Segen 161, 1 a
sehen 114 Anm 5. 161, 1 c. 205 Anm 1, 2 und 3 Sg 132. 252, 2, Pts 14, 8. 132. 137 Anm 4. 252, 2. 260, 2
sehr 260, 4
'Seichameise', 'Seicheemest' 190 a 1 und Anm 2
seichen 190 a 1 und Anm 2
seiden 258 Anm
Seife 120. 190 a 2 und b. 268, 5
Seil 92 a. 96 a 1
sein (Inf) 117 a. 228, 1, 1 Sg Prs 73 Anm 3, 2 Sg Prs 126 Anm 1, 3 Sg Prs 14, 1. 124 Anm 4. 254. 271, sind 14, 1. 142 Anm 2. 254, sind (wir) 60, 2. 105 Anm 3. war, waren 198 Anm 1. gewesen 14, 1. 55, 2. 126 Anm 1. 260, 2
seitdem 157 Anm 4
selbander 108 Anm 2. 144. 274, 4
'Selbende' (Zettelende) 55, 1
selbst 144
selig 73 Anm 1
'sellere' 265 Anm 5
Sellerie 124 a
'selt' 139. 174 Anm 1
Senf 144. 157 Anm 3. 275, 2
Senkung 78. 144
Sense 77. 125 a und b. 118. 184 a 1 und 3. 227. 253
Seppel 108 Anm 4. Sepper 277 Anm 2
Sester 55 Anm
setzen 51
sich 126, 2. 171, 1. 254
Sichel 128 a. Sichel hämmern 274, 5.

Sichelmesser 51 Anm 1
Sieb 78
sieben 162
siebente 115, 2 a. 276
sieden 90 a, Ptz 157 Anm 2, 4. 178, 1
Signal 147 Anm 3
singen 119 a. 124 a. 270. 274, 5
sinken lassen (den Kopf) 155
sitzen 61. 142, 2, Ptz 51 a und b. 122 Anm 2
Sitzung 65 Anm 3. 259, 1
Slowak 250
's morgens 126 Anm 4
's nachts 126 Anm 4
so 14. 80 Anm 1. 80 c. 255
so beschaffen 115, 1
soeben 108 Anm 3. 277, 1
Sohn 219
solch 115, 1
Soldat 61 Anm 2
Soldätchenspiel 52 Anm
sollen, 3 Sg Prs 126, 2
Sommer 111 a. 157 Anm 2, 1 a. 218
Sonne 116. 218. 268, 4
sonst 144. 260, 6
Sophie 277 Anm 2
Sorge 203, 1
sorgfältig 99 a 1
'sotaner' 115, 1
Span 222. 246 a, Pl 224 Anm
Spannen 206. 268, 4
Sparren 268, 2
Spatz 126, 1. 168 Anm 3
Spänebrenner 74. 224 Anm
spärlich 198, 2
spät 14, 3. 73 Anm 4. später 74. 183 a 4
Speck 170, 1 a und b
Speckbrocken 90 a
speckig 259 Anm 4
'Speierling' 78. 193 A 1
speien 190 a 1, Ptz 253 Anm 2. 260, 2. 265
'Speitzich' 190 a 1
'Spelter' (Holzstück) 55, 4 b
'Spenn' (Baumrinde) 213

Spiegel 90 a. 147, 1 b. 180 Anm 3
Spinat 71 a
'Spind' (Baumrinde) 213
Spindel 209
Spinne 268, 4
spinnen 268, 4, Ptz 218
Spiess 122. 126, 1
Spottname der Königheimer 102 Anm 2
Spottnamen geben 222
Sprache 69 a und b. 182 Anm
'Spreit' (Flur) 96 a 1
'Spretze' 51
'spretzen' 51
'Spretzer' 51
Spritze 51
spritzen 51
Sprung 174, 1. 219
'Sprussel' 65. 268, 6
Spühlich 50, 1. 94 a
spüren 166, 1 a
Staat 71 b
Stab 54 a. Dim 42 b
Stadtviertel Taubhaus 144
Staffel 48 b
Stall 108. 167 Anm 3. 168, 1 a, Pl 52 a 4
Stange 140 a 2, Pl 133, am Pflug 252, 2
'stat' 73 Anm 4
Stauche 87 Anm 4. Dim 87 Anm 4
Staude 124 a
Städter 257 Anm 3
Stämme anhauen 159 Anm 4
Ständer 274, 4. 275 Anm 2
'stät' 73 Anm 4
stechen 54 a. 268, 8, Ptz 61
Stechfliege 211
Stecken 54 a. 155
stehen 96 Anm. 117 a und Anm 1. 226. 106 Anm 1, 2 Sg Prs 184 a 1, 3 Sg Prs 76 d, 1 Pl Prs 117 Anm 1, Ptz 270. 274, 4
stehlen 161, 1 a, b und c
steif 12 Anm. 15. 250. steif auf den Beinen 73 Anm 3

Wörterverzeichnis.

steigen, Ptz 162
steigern 87 Anm 4
Stein 117 a und b. 126, 1
Steinbach 50, 2
Steinberg 16, 2. 190 a 1. 242. 275, 2
Steinfurt 115, 1. 117 a. 257, 2
Stelze 55, 1
Stempel 140 b
Stengel vom Kraut 195, 1. 199. Stengel vom Salat 157 Anm 3. 193. 193 A 2
steppen 54 a
sterben 54 b. 56. 137, 1 a. 202, 1, Ptz 14, 1. 62. 203, 1
Stern 198, 2
Steuer 87 b. 197 Anm
'Steuper' 140 a 2
Stickel 58. 155
Stiefel 162
Stiel, Pl 265 Anm 3
Stier 90 a. 126, 1. 193 A 1
Stimme 268, 3
stinken 119 a, Ptz 218. stinken wie ein Bock vgl 'böcken', 'böckseln'
Stipendium 280
Stock 126, 1. 178, 2, Pl 63 a und b. 268, 11
Stoff aus zweierlei Tuch 259 Anm 2
'Stoffel' 61
stolz 178, 2
stopfen 140 a 1
Stoppel 140 a 1
Storch 195, 2. 198, 1. 278 und Anm
stossen 80 c. 155. 180 Anm 2. 185 a 2. 268, 6, 2 und 3 Sg Prs 126 Anm 1. 186 a 1
stören 82 c
Strafe 182 a 2
strafen 180 b. 182 a 2. 268, 5
Strahl 71 b
Strang 119 a. 207. 275 Anm 3. Strang der Weide 162, Pl 119 a
Strasse 180 Anm 2. 180 b. 182 a 2. 268, 6
Strassenrinne 104
Strauss 204, 3 b

streifen 96 b
streiten, Ptz 157 Anm 2, 4
Streue 87 b. 101 a 2, b und c
streuen 101 a 2 und c. 106, 1 und Anm 2, 1 Sg Prs 107, 1
Strick 96 a 1. 171, 1, Pl 268, 11
Strobel 61 Anm 1. 157 Anm 2, 1 a und b
Stroh 80 a und b. 82 a. Dim 82 a. Vgl auch 'Wirrstroh'
'Strubel' 61 Anm 1
Strumpf 174, 1. 219
Stube 46 b. 137, 1 a und b. 165, 1 und Anm 1
Stuhl 92 a und b
stummer 268, 3
stumpf 219. 259, 4
Stumpf 220
Stunde 265. Dim 220
'stupfeln' 67 Anm
Sturm 61 Anm 1. 203 Anm. 278, Pl 204, 3 a
Stutz 254
'Stübich' 67 Anm
Stück 67. Stück Zeug 268, 9
Stündlein 220
stürmisch 204, 3 a
stürmisch regnen und schneien 69 a
'Stütze' (Gefäss) 67 Anm
suchen 92 b. 128 a. 169 a 2 und b. 268. 268, 8
sudeln 165, 1
summen 268, 3
Suppe 140 a 2. 268, 9
Suttel 157 Anm 2, 1 a und b
Sünde 124 a. 220. 274, 4
süss 189 a 2. 266. 268, 6
'Süt' 166, 1 a

'Tacke' 52 a 4 und b
Tafel 10. 71 Anm 3. 159, 1 c
Tag 52 a. 142, 1. 151, Pl 52 a 5
Tal 142, 1
Tanne 49. 206. 268, 4
Tanz 207, Pl 208
Tanzball 168, 1 a

15*

tanzen 206
'Tape' 182 a 2. 268, 9
tappen 248, 2
Tasche 48 a. 127. 157 und Anm 1, 1
'tatschen' 52 a 4
Tatze 182 a 1
taub 99 a 1. 139 Anm 2
Taube 84. 203, 3
Taubhaus 144. 257, 3
Tauber (Fluss) 109. 118, 2. 137, 1 a
Tauberthal 257, 1. 263, 2
tauen, 3 Sg Prs 107, 2
Taufe 99 b. 100. 180 b. 191, 2. 266. 268, 5
taufen 101 b und c
tausend 115, 2 a. 259 Anm 2. 263, 3
'Täcke' 52 a 4 und b
'Täppelchen' 248, 2
'tätscheln' 52 a 3
Täuberich 87 a 1 und b
Teich 78. 144. 254
Teig 150 a
Teig rühren 194, 1
Teil 96 b
Teller 51. 248, 2
'tellern' 248, 2
'Tendel' 208
Teppich 248, 2. 259 Anm 2
teuer 87 a 1. 197, 2 a und c
Teufel 87 Anm 3
Theater 51 Anm 4
Thomas 230
Thonerde 55, 4 b
Thor 196, 1
tief 90 a. 180 Anm 2
Tiefenthal 180 Anm 2. 187 a 1. 257, 1
Tiegel 162
Tisch 171, 1
Tochter 96 a 1. 148. 253
Tolde 270. 274, 1
'Tope' 182 a 2. 268, 9
Topf 52 a 4. 177, 8
'Torse' 157 Anm 3. 193. 193 A 2. 195, 1. 199. 278
tot 80 a und c

'Tote' 179 a 1. Dim 179 a 1
'töbisch' 179 a 1
traben 268, 9
tragen 159, 1 a und c, 2 Sg Prs 118 Anm 2. 177 a 1. 253 Anm 1, 3 Sg Prs 264
Traggestell 73
Tragkorb 186 a 1
Traube 84. 102 Anm 2
Traubenpresse 54 a und b
trauen 106 Anm 2
Traum 99 b. 113, 1. 243. 246 c, Pl 101 a 1. 245
träumen 245, Ptz 246 c
Treff 170, 1 a
treffen 170, 1 a. 268, 5, Ptz 17 b
treiben 250
Treibschnur 96 a 1
trennen 268, 4
Treppe 48 a. 140 a 2. 268, 9
Trester 126 Anm 1
treten 142, 1. 161, 1 a
treu 87 a 2
Treue 106 Anm 2
trocken 61 Anm 1. 259, 4
Trog 150 a
Trommel 64. 155
Tropf 140 a 1
Trost 80 c
trösten 82 b und c. 186 a 1
Trunk 219
trutzen 61 Anm 1
trübe 94 a, b und c. 139
Tuch 92 a und b, Pl 189 a 2. 268, 8. Tuch aus 2 Stoffen vgl 'Beiderich'
Tugend 165, 1
tummeln 218
tun 93. 117 a und Anm 1. 126, 2. 142, 1. 237, tue ich 114 Anm 5. 205 Anm 1, 2 Sg Prs 126 Anm 2. 188 b, 1 Pl Prs 117 Anm 1, tätest 143, Ptz 14, 7. 117 a
'turkeln' 203, 1
Turm 61 Anm 1. 165, 1. 203 Anm
Turmgau 101 a 3
Turteltaube 203, 3

tuten vgl tüten
Tücke 174, 1
tünchen 78a. 181. 277 Anm 2
Türe 142, 1
Türke 204, 3a
Türmersturm 126, 2. 204, 3a
tüten 166, 1a

Uiffingen 257, 6
Uissigheim 257, 6
Uissigheimer 257 Anm 3
um 220
umnachtet im Kopfe 179a 1
Umzäunung 268, 11
und 142 Anm 1. 254. 274, 4
Ungeziefer 157 Anm 2, 1a
Unkosten 63 Anm 1
Unkraut 121. 159
unordentlicher Mensch vgl Lottel
unser 114b. 124 Anm 3. 274, 4
Unschlitt 126, 1
'unschützig' 67a
'Untätelchen' 183a 1 und b. 263, 2
unten 218. 274, 4
unverheiratet 55, 4a
Ursula 126, 2. 203, 3

übel 157 Anm 2 und 3
überall 89 Anm
Überzug 187a 2

Vakanz 109 Anm 2
Vater 14, 8. 16, 4 und 5. 24. 42b und Anm. 49. 52a 4. 142, 1. 159 Anm 1. 247, 1. 263, 3, Pl 52a 4
Vettel 55, 4c. 142, 1
Veilchen 78. 103. 250. 253
verderben 54b. 202, 1. 260, 1
Verdruss 174, 1
verdursten 174, 1. 204, 3a
vergeben 290, 1
vergessen (Adj und Verbum) 54a
vergittern 208
'vergremsen' 208
Verhütungsform 'zum Teufel' 87 Anm 3

verkommen 222
'verleppern' 248, 1
verleugnen 191, 1. 192b
verlogen 147, 1a
verloren 198, 1
vermehren 76a
'vernarren' 115, 2a
Vernunft 174, 1
'verquamt' 222
verrecken 260, 1, Ptz 14, 5
verschänden 274, 4
Verschmitzter 150a
verschütten 248, 1
verschwiegen 147, 1a
Verse 157 Anm 3
'versiehen' 132. 252, 2
verwittert 259, 4
verworgen 203, 1
verwünschender Fluch 152
Vettel 55, 4c
Vieh, junges 84. Vieh (dummer Mensch) 162, 1. Vieh leihen 155 Anm 3
vielleicht 109 Anm 2
viel 254. 257, 1. 271
vier 96 a 2, flektiert 91. 187a 3. 202, 6. vier Uhr 258, 1
vierschrötig 82a
vierzig 142, 2
Vilchband 259 Anm 2
Vogel 62. 147, 1a und b. 157 Anm 2, 2. 178, 1, Pl 178 a 1. Vogel Goldhans 274, 1. Vogel Här 161, 1a. 193 A 2
Vogelscheuche 61 Anm 1
Vokativus (Schalk) 50, 3 259, 5
Volk 156. 167 Anm 2
voll 167 Anm 1. 172. 178, 2. 260, 2
von 115, 2a. 117 Anm 1. 214. 271
vor 68. 175, 1. 254
vorhin 118, 1a. 254. 258 Anm
Vormund 275 Anm 2, Pl 274, 4
vorn, nach 118, 1a. 254. 258 Anm
vornehmes Fräulein 208
vornen 203, 1
vornherein 118, 1a

vornhin 118, 1 a. 254. 258 Anm
Vorrichtung am Wagen 208
Vorstadt 257, 3
Vorstädter 257 Anm 3
Vorteil 203, 1. 257, 1
vorwärts 126, 2. 204, 3 a

wachen 268, 8
Wachholder(beeren) 48 b. 268. 8. 277 Anm 1
Wachs 133. 159 Anm 2. 168 Anm 2
wachsen 51. 133. 168 Anm 2, 3 Sg Prs 51
Wage 69 a
Wagen 16, 2. Wägelchen 52 a 4 und Anm
Wagenspur 190 Anm 1
Wagenstangen 133
Wagenvorrichtung 208
Wagner 159 Anm 1
Wahl 160 Anm 1
wahr 69 a. 193 A 1. 198, 1. 257, 2
Wahrheit 258, 5
Wald 105. 168, 1 a, b und c, Pl 274 Anm
Walldürn 257 Anm 3
Walldürner 257 Anm 3
wallen 268, 1
Wams 274, 2
Wand 207. 246 a, Pl 274, 4
wanken 203, 3
Wappen 182 a 2. 268, 9
warum 50, 3
was 118 Anm 2. 254
waschen 48 a und b. 127. 157
'Wasen' 113 Anm 1
Wasser 48 b. 268, 6. Wasser vom Spülen 50, 1
Wasserbehälter 67 Anm
waten 105 Anm 2. 159 a
Wäsche 51
weben 161, 1 b
Weber 161, 1 a
Wechsel 133
Wedel 157 Anm 2. 177 a 1
wedeln 157 Anm 2

weg 150 a. b. 174 Anm 1. 260, 6
Weg 150 a. 178, 1
Weh 76 a und d
wehren 194, 1. 198 Anm 2
Weibsbild 138 und Anm 1
weich 96 a 1. 105. 128 a. 129
Weichsel 78. 277 Anm 1
Weichselkirsche 10. 78. 133
Weickerstetten 256
Weide 141, 1 b
Weidenstrang 59. 162
Weihnachten 228, 1
Weile 78
Wein 228, 1
Weinberg 119 Anm 2. 228, 1. 257, 2
Weinbergreihe 80 a und d
Weinbergzeile 102. 206. 222. 274. 4
weinen 79. 121. 145, 1. 208. 228. 1
weisen 250
'weisseln' 78. 114 Anm 3. 181. 277 Anm 2
Weite 274, 5
Weizen 96 b. 105. 122 Anm 2. 142, 2. 190 Anm 2. 190 b. 265. 268, 6
welcher, welchen 55, 1. 285 Anm 5
welk 55, 1. 278
Wellenberg 248, 1
Wellenbündel 78
Welt 55, 1
'Weltskerl' 55, 1
'wendelich' 274, 4
wenig 77. 151. 226. 246 a
Wenkheim 210. 257, 5
Wenkheimer 257 Anm 3
wer 105. 170, 1 a. 193 A 2. 198, 2, wem 113, 1
Werbach 50, 2
Werbacher 50, 2
werden, 3 Sg Prs 14, 1. 202, 5 a
werfen 140 Anm 4. 202, 1, 3 a
Werk 156
Werktag 155 Anm 2. 202, 3 a
Wermut 105 Anm 2. 258, 4
Wert (Flussinsel) 53
wert 110. 170, 1 a. 198, 2

Wert 109
Wertheimer 257 Anm 3
Weschnitz 126 Anm 4
Wette 51
wetten 142, 3. 268, 10
Wetter 69a
wetzen 51
wichsen 133
wie viel 257, 1
'Wiebel' 111 Anm 1
'Wiede' (Weidenstrang) 59
wieder 157 Anm 2, 2 und 4. 162
wiederkauen 67 Anm 1. 101 Anm. 106 Anm 4
wiegen 162
Wiese 159 Anm 4. 162
Wiesel 157 Anm 2, 1a. 249b. 267
Wiesenbach 50, 2. 159 Anm 4. 168 Anm 1. 257 Anm 3
'Wiet' 162
'Wimmel' 111 Anm 2
Wind 114a und b. 171, 1. 174, 1. 193 A 2. 213
Winde (Pflanze) 105 Anm 2
Windfall 15
winden 274, 4, Ptz 274, 4
windig 171, 1
winken, 3Sg Prs 276
wir 105 Anm 3. 117 Anm 1. 254
Wirbel 202, 5a
Wirren 268, 2
'Wirrstroh' 202, 5a
Wirrwarr 59
Wirsing 202, 5a
Wirt 202, 5a
Wirtin 258 Anm
Wirtschaft 14, 3
Wirtshaus 14, 6
Wisch 127
wischen 67a. 249a
wissen 3. 14, 1. 105. 249b. 268, 6, 1Sg Prs 96b, 2Sg Prs 190a 1 Ptz 55, 2. 249b
'wist' 131 Anm 2
Wittstadt 257, 3
Wittstadter 257 Anm 3

wo 72. 247, 2. 254
Woche 61 Anm 1. 128a und b. 268, 8
wohlfeil 63 Anm 4. 257, 1
wohnen 114a. 163. 176a und b. 215
Wolf 63a
Wolfthal 142 Anm 3. 257, 1. 263, 2
Wolke 61 Anm 1
Wolle 61. 157 Anm 1, 1. 268, 1
wollen 268, 1, 2Sg Prs 124 Anm 2. 254, Ptz 14, 1
(ver)worgen 203, 1
Wort 198, 1
wölben 248, 1, Ptz 248, 1. 260 Anm 3
Wölfin 268, 4
Wunder 105. 274, 4
Wurm 105. 157 Anm 5. 198, 1. 203 Anm, Pl 204, 3a und b
Wurst 174, 1. 193 A 2
Wurzel 203, 3
wühlen 94a
'Wühler' (Maulwurf) 94a und b
Würzburg 202, 5a
Würzburger Kapellchen 16, 4. 248, 2
Würzbürde 204, 3b
Wüste 274, 5
wüste Gegend 10
'Wüstung' 259, 1

'zackern' 260, 4
Zahl 142, 2
zahm. 113, 1. 207
Zahn 117a und b. 207, Pl 117a. 209. 246a. 'Zähneblecker' 51. Zähne zeigen 268, 11
Zange 206
Zank 207
zanken 140 Anm 4. 206
Zapfen 140b
zappeln 137 Anm 2
Zarge 48a
zart 169, 1a. 193 A 2, flektiert 169 Anm 1
Zaun 51. 233. 234, Pl 234
'Zaute' 84
'Zäckerer' 52a 4

zähe 73 a, b und c. 252, 2
zählen 177 a 1
Zähneblecker' 51
zäunen 234
Zecke 54 a
Zehe 76 a. 252, 2
zehn 117 a
zehren 194, 1
Zeichen 97
zeigen 250
Zeile 102, im Weinberg 206. 222. 274, 4
'zeiselich' 87 Anm 4
Zeit 142, 2
Zeitung 259, 1. 274, 5
Zentner 114 b. 115 b
zerren 61 Anm 1
Zettelende an Geweben 55, 1
Zicklein 268, 11
Zieche 157 a 2 und b. 268, 8
Ziegel 127
ziehen 90 b. 128 Anm 1. 132 Anm. 3 Sg Prs 181, Ptz 260, 2
Zigeuner 228, 1. 246 b
Zimmet 263, 3
Zins 125 b
Zipfel 140 b
Zopf 140 a 1 und b. 142, 2. 178, 2
Zorn 62. 80 Anm 2. 156, 1. 195, 1. 198, 1. 204, 1 b. 259, 5. Dim 196, 1. 199. 204, 1 b
zornig aufbrausen 102 Anm 1. 146. 260, 3
zorniger Mensch 171, 1

'Zotel', 'Zötel' 157 Anm 2, 2
zu 73 Anm 3. 92 a und b. 114 Anm 5. 205 Anm 1. 254. 260, 4 und Anm 5. zum 87 Anm 3
Zuber 157 Anm 2, 1 a
zucken 61 Anm 1
'Zucker' (Zuck) 61 Anm 1
zuerst 260, 4 und 6
zufrieden 141, 1 b
Zug 142, 2
(mit) Zugtier bespannt 126 Anm 4
Zunder 274, 4
zurück 67 b. 260, 4
zusammen 111 a. 157 Anm 4. 260, 4
zusammengeschnürt 190 a 1
'zusammenkleppern' 248, 1
zusammenrühren 248, 1
zutraulich 113, 1. 130, 3. 241. 258, 3
zuwider 260, 4
Zügel 166, 1 a
zwanzig 98. 151. 242. 259, 3
zwei 96 a 2 und b. 103 Anm 2. 142, 2
zweierlei 96 a 2
Zweig 150 a
zweiter 190 a 1
'Zwetschennarren' 84. 155
Zwiebel 59. 120 Anm. 137, 1 a. 157 Anm 2, 1 a und b 249 a
zwicken 58
zwingen, 2 Sg Prs 264
zwischen 67 a. 249 a
zwölf 248, 1

Nachträge.

Seite 2, § 2, Zeile 16 hinzuzufügen: vgl auch Nachtrag zu § 114 und § 115. Vgl ferner J BERBERICH, Geschichte der Stadt Tauberbischofsheim und des Amtsbezirks. Tauberbischofsheim 1895.

S 3, Z 10 ist zu lesen: § 140 b.

S 15, § 18 unter 'Reibelaute' lies (ʒ) statt (γ).

S 17, § 24, Z 5 statt W-Ma lies: der rheinfrk und der *p*-Ma.

S 21, § 42 b, Z 4 lies: in Königheim und Hettingen.

S 21, § 42 Anm füge hinzu: In Hettingen wird, wer 'lorbst', d h das Zäpfchen-*r* spricht, verspottet.

S 22, § 45 c lies ʒ statt γ.

S 26, § 52 a, Z 2 nach $\bar{e}$ zu setzen: = mhd $\ddot{a}$ (PAUL⁴ § 6, 1).

S 29, Z 3 nach 'welcher' zu lesen: (doch vgl BRAUNE § 292, wo die ahd Form *walliher* Umlaut-*e* verlangt). — Z 4 lies: mouilliert.

S 30, § 56 Z 4 statt bɩɛŋɛ bringen lies: nɛmɛ nehmen.

S 34, § 69 b, vgl § 308 Anm.

S 35, § 71 Anm 3 nach *adermonie* zu setzen: oder < mhd *odermenie*?

S 36, § 73 Anm 5 b statt 'Auf mhd *mæwen, dræwen* usw weisen' lies: Nhd *müen, drehen* usw erscheinen als —

S 36, Z 4 lies: Reicholzheim, Eiersheim und Wertheim.

S 36, § 73 b, Z 1 ist *p*- zu streichen. — Z 3 ist zu lesen: S- und *p*-Maa.

S 36, § 73 Anm 5 b: Wie W so hat auch Hettingen *mə̄ɛ, drə̄ɛ, sə̄ɛ, bə̄ɛ*, allerdings, nach Herrn Professor Dr SCHMITT (vgl oben S 150 Fussnote) eigentlich nicht mit langem, sondern mit halblangem *e*; halblang aber nur in der Verbindung *eε*, also *mǝr méɛ* wir mähen, *mǝr séɛ* wir säen; hingegen *i mē*, *du mēst*, *ǝr mēt*, mit langem *ē*. »Allerdings ist der Unterschied kaum merklich zwischen lang und halblang.«

S 37, § 74 Anm vgl Nachtrag zu § 73 Anm 5 b.

S 37, § 76 b vgl § 308 Anm.

S 38, § 80 b vgl § 308 Anm.

S 39, § 82 b vgl § 308 Anm.

S 41, § 90 Anm 2 Z 1 ist zu lesen: Mhd *liegen* lügen und mhd *triegen* (be)trügen.

S 42, § 90 b, Z 2 lies *ïε*, ebenso Z 5—7 stets *iε* für *ie*. — Z 2 ist statt *üe* zu lesen: *üε*.

S 43, § 94 b vgl § 308 Anm.

S 46, § 102 Anm 3, Z 1 ist nach *iezund* einzuschalten: jetzt.

S 49 f, § 109 f: Auslautendes mhd -*er* sowie -*r* nach langem Vokal erscheinen in Buchen und Handschuhsheim als *a* (§ 24 und § 197 f). Zum Schwunde des *r* vor Alveolaren vgl § 151.

S 51 f, § 114 und § 115:

n vor Konsonant ist in betonter Silbe gewöhnlich erhalten. Fälle mit geschwundenem *n* sind: *bǭdslɛ* (mhd *beinzelen) ein Kind übertrieben pflegen, *gɻǭdsɛ* (mhd *greinezen, LENZ I 25) knirschen vom Leder, *hǭli* (mhd *heinlich*) zutraulich, *rǟfḷdǝɻ* (mhd *reinevaneber*, vgl Wb) Rainfarn, *gɻǭdsɛ* (mhd *gŭnezen; < mhd *gŭwezen nach LENZ I 20) bellen vom Hund, *mǭst* neben *mǭndst* meinst, *hĭb̃ɛɻ* Himbeere in Königheim; dazu *Dĭst Dĭ̃st* Dienstadt, *Hĕ̃st Hę̃nst* Hainstadt, *Sdafǝɻt* Steinfurt neben *Sdǭbox* Steinbach. Diese vor dem Einfluss der Schriftsprache geschützten Beispiele weisen darauf hin, dass früher einmal der Ausfall des Nasals vor Konsonant allgemein gegolten hat; vgl den parallelen Fall § 130 und 133. BREMER, Beiträge zur Geographie der deutschen Mundarten, S 88—92, 206 f und § 212—218, hat darauf hingewiesen, dass von Hause aus *n* vor allen Konsonanten unter Ersatzdehnung geschwunden ist, sowohl im Rheinfrk wie im Ostfrk. Für Ostfranken ebd Belege einerseits aus Oberfranken und dem Vogtland, andrerseits aus der Rhön und dem Hohenlohischen — letztere Mundart reicht bis vor die Tore von Tauberbischofsheim. Für die p-Mundart ebd Belege nach BREUNIG für die moderne Wiedereinführung des n. Ebenso liegen die Dinge in Hettingen. Nach gütiger Mitteilung des Herrn Prof. Dr. SCHMITT (vgl oben S 150 Fussnote) spricht in Hettingen die jüngere Generation $w\iota n$ Wind, $k\iota n$ Kind, $h\upsilon n$ Hund, $\upsilon n\text{ś}r$ unser, die ältere Generation $w\bar{e}d$, $k\bar{e}d$, $h\bar{o}d$, $\bar{o}\text{ś}r$ (letzteres sehr selten bei älteren Leuten). Fernere Doppelformen: $du\ k\varrho n\text{ś}d$ du kannst, daneben sehr selten $k\varrho\text{ś}t$; $g\varrho n\text{ś}$ Gans, doch häufiger $g\varrho\text{ś}$; $f\varrho n\text{ś}t\varrho$ (zuweilen auch $f\iota n\text{ś}t\varrho$) Fenster, daneben sehr selten $f\varrho\text{ś}t\varrho$. Allgemein sagt man $\text{ś}\varrho int$ scheint (n erhalten auch in 'Sand' und 'Feind'), $g\text{ś}d\varrho\eta k$ Gestank, $di\ b\varrho\eta k$ (im Sg mit Umlaut) die Bank; aber $d\iota sdi$ Dienstag, $H\varrho\text{ś}t$ (nur so!) Hainstadt, $m\varrho\text{ś}t$ meinst, $kr\varrho k$ krank. Ziehen wir BREUNIG S 23 f hinzu, so ist für den Odenwald in allen folgenden Wörtern Schwund des n unter Ersatzdehnung belegt. Für Buchen — Walldürn stimmt gewöhnlich mit Buchen überein — und Hettingen ist belegt: *meinst*, *Hainstadt*, *krank* für Hettingen ohne, für Buchen mit n; *Kind* für Buchen und Hettingen ältere Generation ohne, für Hettingen jüngere Generation mit n; *Gans* für Hettingen häufiger, *unser* und *Wind* für Hettingen ältere Generation, *kannst* und *Fenster* für Hettingen sehr selten ohne n, in Buchen diese 5 Wörter mit n; *Hund* für Hettingen ältere Generation und Buchen vereinzelt bei alten Leuten ohne n, Hettingen jüngere Generation und Buchen gewöhnlich mit n; *Sand* für Buchen vereinzelt bei alten Leuten ohne n, Buchen gewöhnlich und Hettingen mit n. *Dienstag* ist das einzige Wort, welches sowohl in Buchen wie in Hettingen den Schwund des n fest bewahrt hat. *Feind*, *scheint*, *Bank*, *Gestank* nur mit dem modernen n. In den übrigen Wörtern vollzieht sich die Wiedereinführung des n gegenwärtig, ist nach unsern Belegen bei

Fenster und *Sand* fast schon vollzogen. — Zu Tb *mąst* neben *mąndst* meinst vgl Odenwald und Hettingen *mę̄st*, *mę̄st*, Buchen und Walldürn *mę̄nst*.

S 51, § 114 Anm 2, Z 1 vor 'und' lies: schwerer.

S 52, § 114 b, Z 3 lies: *mę̄st*.

S 52, § 117, Z 5 lies *bǭ*.

S 52 f, § 117:

    1) Mhd *-ne* ist abgefallen in: *dsę̄* (Nachbarmaa *dsę̨*) Zähne, *šbę̄* (mhd *spæne*) Spähne, *šę̄* (*šǫy*) (mhd *schœne*) schön, *lę̄* Löhne, *dsǫy* Zäune, *grȳ* (mhd *grüene*) grün, *ī* (mhd *reine*) fein, dünn. Aus S *bǫy* Bohne = Tb *bǭnɛ* (< *-en*).

    2) Mhd *-nde* > *-n* : *ąn* (mhd *ande*) leid, *ęn* Ende, *syn* Sünde, *hęn* Hände, — doch *hynt* Hunde; ebenso *-nne* > *-n*, zB *dyn* dünn. Aus O: *gmē* Gemeinde.

    3) beides nebeneinander in: *gmą̄ gmą̄n* Gemeinde.

S 53, § 117 Anm 1 Z 4 vor 'häufiger' lies: Honickel ist.

S 54, § 119 Anm 2, Z 2 ist * zu streichen.

S 54, § 119 b nach Schluss zu setzen: Weitere Beispiele § 114 b.

S 56, § 124 Anm 3, Z 3 einzuschalten: vgl Beitr XXII 219 ff. Ebenso erklärt sich der Ausfall des *s* in *Isershem* > *Aiəršɛ* Eiersheim und *gwēɛ* gewesen der Nachbarmundarten nach W Horn, Beiträge zur deutschen Lautlehre, Leipzig 1898, S 23.

S 56, § 124 Anm 4: Diese Erklärung wird neuerdings verworfen von W Horn, Beiträge zur deutschen Lautlehre, Leipzig 1898, S 22.

S 56, § 124 b nach Schluss zu lesen: Desgl in der *p*-Ma (Breunig 32). In Nachbarmaa auch mhd *hs* > *ss* > *s* > *š* vgl aus § 133 *daišl* Deichsel (mhd *dīsel* neben *dīhsel*), ebenda die Flurnamen: *Ɔušɛbæ̀rix̣* Ochsenberg, *Ɔušldɹwèx̣* Ochsentalerweg, *Flə̀šlą́nɛ* Flachslanden, *Gè̓ərlɛsgrų̀nt* Gerlachsgrund.

S 58, § 127 Rheinfrk und *p*-Ma haben *ɛšɛ, wɛšɛ, dɛšɛ, flɛšɛ* für *ašɛ, wašɛ, dašɛ, flašɛ*.

S 58, § 128 b lies: *wuzɛ, gnozɛ, būzɛ*.

S 60 § 133 Z 5 ist * vor *liuhse* zu streichen.

S 61, § 137, 1 a, Z 6 zu lesen: Salbe.

S 61, § 137 Anm 4 nach Schluss: vgl dazu Beitr XXII 219 ff.

S 64, § 142 Anm 4, Z 2 lies: *Dietebure*.

S 66, § 146, Z 5 nach Eiersheim: Diese Erklärung wird neuerdings angefochten von W Horn, Beiträge zur deutschen Lautlehre, Leipzig 1898, S 28.

S 67, § 147 b lies: *jāʒɛ, kuʒl, foʒl*.

S 67, § 150 b lies: ʒ statt γ und *āʒɛ, jāʒɛ*.

S 68, § 151 nach Schluss: Vgl dagegen *Lúdwiχ* Ludwig.

S 69, § 155 Anm 3. Diese Erklärung wohl falsch. Besser: **gmɔ̃ɛ* ist von mhd *marh* Ross abzuleiten. — Ebenda als Anm 4 zu lesen: *k* erscheint als *g* in *wáigòf*, Königheim *wáigùf* (mhd *wînkouf*) nhd Weinkauf, Trunk nach Viehhandel. Vgl dazu Wb 19.

S 71, § 157 Anm 3, Z 3 lies *leddig neben *ledig*? Z 7 lies: Ferse. — Nach 'Ferse' ist einzuschalten: Doch könnte in diesen Worten auch Analogiebildung zu den gedehnten einsilbigen auf *rs* (zB *ɔɔɹʃ* Arsch) vorliegen. A Ritzert, Die Dehnung der mhd Stammsilbenvokale, Beitr XXIII 176 nimmt für diese Wörter Analogiebildung nach den einsilbigen auf *-rs* oder aber Beeinflussung des nahen Rheinfrk an.

S 71, § 157 Anm 5: A Ritzert, Beitr XXIII 177 stellt fest, dass die Svarabhaktientwickelung jünger ist als die Vokaldehnung.

S 72, § 159 1a einzuschalten *kɔ̃wɛ* (mhd *gehaben*) gehoben.

S 73, § 159 b vgl § 308 Anm.

S 73, § 159 c, Z 1 ist für 'überhaupt nicht' zu lesen: nur vor *r* (§ 197, 3 und 198, 1). — Ferner lies: *nāʒl, grāʒɛ, ŝlāʒɛ, drāʒɛ*.

S 74, § 161 lies Anm 1 und 2.

S 77, § 168, 1 b, Z 3 lies: *nöxt*. — Z 4 lies: *ŝmōlds*.

S 77, § 168, 1 b vgl § 308 Anm.

S 77, § 168, 2 lies: (§ 207).

S 79, § 175, 1, Z 2 ist zu streichen: 254 und.

S 62, § 180, letzte Zeile lies: (§ 269 Anm 1).
S 62, § 181 Anm 1 füge zum Schluss hinzu: (§ 251).
S 84, § 185 a, 1 Z 1 nach *hoxds* lies: Hochzeit; — ebd 2, Z 1 nach *grosəɪ* lies: grosser.
S 65, § 187 b, Z 3 lies: Briefe.
S 86, § 188 b vgl § 297 Anm.
S 88, Z 2 von unten lies: Ferse.
S 90, § 197, 2, Z 1 statt $\bar{w}$ lies: $\bar{e}$.
S 91, § 201 a, Z 1 lies: vor r + Konsonant.
S 93, § 204, 3 b, Z 1 lies: Reicholzheim.
S 96, § 210 wohl besser zu streichen, da uns die Etymologie *Daihęŋgəɪ* = *Deub* (Dieb) + *hinker* jetzt anfechtbar scheint. *Daihęŋgəɪ* wohl = Deub + Henker. Mhd *hinken* lautet in der Mundart *hįŋgɛ*. — Ebenda Z 3 ist das Beispiel *bręŋɛ* bringen zu streichen.
S 98, § 225, Z 2 lies: *dsix̨ą́inəɪ*.
S 101, § 246 b, Z 3 und 4 lies: *nams, bramɛ, grämy, ʃugnä́m*. — Vorletzte Zeile: statt *mō* lies *mɔ̄* und *mɔ̄ɛ*. — Letzte Zeile lies: § 117 b.
S 101, § 246 c, Z 6 lies: mhd *ou > q̄* (Hainstadt und Walldürn $\bar{\varrho}$, BREUNIG 16), zB *bą̄ɪɪ (bǭɪɪ)* Baum, *drą̄ɪɪ (drǭɪɪ)* Traum.
S 101, § 246 füge am Schluss hinzu: d) Mhd $\bar{æ}$ vor n im Rheinfrk und in der *p*-Ma von Hollerbach, Buchen und Bödigheim > *ẹị*, zB *šẹị* schön.
S 103, § 251, Z 1 nach *giullīn lies: oder *giulelīn. — Z 3: die erschlossene Form *gɔyłɛ* liegt tatsächlich in der Hettinger Mundart vor (vgl S 159). — Z 3 und 4 lies: (§ 268, 1).
S 105, Z 6 lies: md *sīn*.
S 107, § 257, 2 nach Schluss: Ebenso sollte -*łērɛ* bezw -*łērg* > -*ɛıɩ* werden; doch kenne ich nur nach dem Simplex *bēɪx̨* wieder hergestellte Beispiele wie *Šdą́mbēɪx̨* Steinberg, *Hą́mbēɪx̨* oder *Hą́mbāɪx̨* Heimberg.
S 109, § 259, 2 nach Schluss lies: daneben *frą̨ndsə́ys*.
S 112, Z 18 von unten lies: Beispiel. — Z 17 und 16 von unten lies: Leber < mhd obliquen Kasus *lëberen verallgemeinert. Ebenso usw. — Z 12 von unten lies: auf *əɪɪ* oder *ɛɪɩ* endigt.

S 120, § 274, 4 als Anm: In *šįndl* (mhd *schindel*) Holzziegel liegt zwischen *nḷ* erzeugter Übergangslaut vor.
S 120, § 274, 5 Z 2 lies: mhd *brengen*.
S 132 b lies: *a* < *r* § 24, § 197 und § 198.
S 144 b oben lies ʒ statt γ.
S 157, Z 2 von unten lies *sd* statt *-sd*.
S 174, § 309, 15—17: Es ist nicht ausgeschlossen, dass sich *iε*, *uε*, *yε* der S- und O-Mundarten erst neuerdings aus *ī*, *ū*, *ȳ*, die in den übrigen Mundarten vorliegen, entwickelt hat, vgl als Parallele zB *mɔε* < *mō* Mann.
S 176, § 312: *odermenie*.
S 177 fälschliche Form mhd *brëngen* statt *brengen*.
S 180: Das *ë* in *hëderich* und *hëppe* kann auch zweiter Umlaut zu mhd *hadrich*, *happe* sein.

www.ingramcontent.com/pod-product-compliance
Lightning Source LLC
Chambersburg PA
CBHW020800230426
43666CB00007B/781